国家示范性高等职业院校课程改革教材

Qiche Shushi yu Anquan Xitong Jianxiu

汽车舒适与安全系统检修

袁　辉　邓妹纯　主编

陈曙红　主审

人民交通出版社

内 容 提 要

本书为国家示范性高等职业院校课程改革教材。本书面向高职高专教育编写，以丰田车系为例，结合不同车型的系统电路图，采用汽车实际维修操作中工作任务驱动方式，详细介绍了汽车电动车窗玻璃不升降的检测与修复，汽车电动后视镜不能调整的检测与修复，汽车遥控器不能控制门锁、防盗功能无法开启的检测与修复，安全气囊指示灯常亮的检测与修复，汽车电动座椅不能调整的检测与修复，汽车空调温控不良的检测与修复，汽车视听控制工作不良的检测与修复，并将汽车电工电子基础知识融入各学习情境中。内容力求广泛，教材配备了相应的实操训练项目与工单，注重理论与实践的紧密结合，既有汽车电路的基础知识，电器设备的使用、检测、维修知识，又有电路的诊断与排除知识。

本书适合高职高专汽车运用与维修、汽车检测与维修等相关专业师生使用，也可作为汽车维修人员、驾驶员、汽车行业工程技术人员阅读参考。

图书在版编目（CIP）数据

汽车舒适与安全系统检修/袁辉，邓妹纯主编. ——
北京：人民交通出版社，2010.8
ISBN 978-7-114-08554-3

Ⅰ.①汽… Ⅱ.①袁… ②.邓… Ⅲ.①汽车 – 安全装置 – 检修 – 高等学校：技术学校 – 教材 Ⅳ.①U472.41

中国版本图书馆 CIP 数据核字（2010）第 136579 号

国家示范性高等职业院校课程改革教材

书　　名：汽车舒适与安全系统检修
著 作 者：袁　辉　邓妹纯
责任编辑：黎小东
出版发行：人民交通出版社
地　　址：(100011) 北京市朝阳区安定门外外馆斜街 3 号
网　　址：http://www.ccpress.com.cn
销售电话：(010)59757973
总 经 销：人民交通出版社发行部
经　　销：各地新华书店
印　　刷：北京鑫正大印刷有限公司
开　　本：787×1092　1/16
印　　张：14.75
字　　数：339 千
版　　次：2010 年 8 月　第 1 版
印　　次：2018 年 7 月　第 7 次印刷
书　　号：ISBN 978-7-114-08554-3
定　　价：36.00 元

（有印刷、装订质量问题的图书由本社负责调换）

国家示范性高等职业院校课程改革教材
编审委员会

序　言

我院在长期的办学实践中，不断深化职业教育教学改革，先后与 80 多家大中型企业开展合作办学，探索出了"订单"培养、"秋去春回、工学交替"等人才培养模式，毕业生深受用人单位的欢迎，实现了学校、企业、学生等"多赢"。在校企合作中，我们深刻体会到，要真正实现"技能训练与岗位要求对接、培养目标与用人标准对接"，就必须有一套适合"订单"教学的工学结合的教材，于是就有了与企业技术骨干一起编写教材之愿望，随后几年，各种讲义便呼之欲出。

教育部《关于全面提高高等职业教育教学质量的若干意见》中指出："高等职业院校要积极与行业企业合作开发课程，根据技术领域和职业岗位（群）的任职要求，参照相关的职业资格标准，改革课程体系和教学内容。""与行业企业共同开发紧密结合生产实际的实训教材，并确保优质教材进课堂。"2007 年，我院被正式列为第二批国家示范性高等职业院校建设单位，开发"工学结合特色教材"作为国家示范重要建设项目，被郑重的写入了建设任务书。

三年来，各教材主要撰写人带领教学团队成员，深入"订单"企业调研，广泛听取企业、学生、职教专家等多方人士意见，并结合国外先进的职教经验，遵循基于工作过程导向的课程开发理念，夙兴夜寐，多易其稿，进一步丰富了原讲义的内容，并付诸教学实践。正是有了各专业教学团队的辛勤耕耘，这套工学结合的系列教材才得以顺利付梓。在这里，我要道三声感谢：感谢国家示范建设项目的实施给我们提供了千载难逢的参与机会，感谢各位领导、省内外职教专家的悉心指导，感谢各位老师、主要撰稿人为之付出的劳动。

诚然，由于我们课程开发的理论功底不深，深入实践的时间有限，教材中错误也在所难免。正如著名职教专家姜大源在国家示范性高等职业院校建设课程开发案例汇编《工作过程导向的高职课程开发探索与实践》序言中所说："这只是一部习作。习者，蹒跚学步也"。它"虽显稚嫩，却是新起点"。诚恳希望各位同行、专家批评指正。

工学结合是职业教育永恒的主题。即将颁布和实施的《国家中长期教育改革和发展规划纲要（2010～2020）》对大力发展职业教育做出了许多重大举措，特别提出了制定校企合作法规，调动企业参与职业教育的积极性。可以说，职业教育将迎来又一个新的春天。欣逢盛世，责任重大。我们将一如既往地加强与企业的合作，积极探索多种形式的职业教育模式，开发适应企业和市场需求的专业教材，努力培养更多的高技能人才，为实现我国从人力资源大国到人力资源强国的转变作出应有的贡献。

　　路漫漫其修远兮，吾将上下而求索。

　　是为序。

王章华

2010 年 3 月于岳麓山下

（王章华为湖南交通职业技术学院院长、教授，中南大学硕士生导师）

前　言

在"汽车电路与电子系统检修"和"汽车电源与启动系统检修"课程学习的基础上，为了适应汽车舒适与安全系统技术的发展，更好地把电工电子与汽车电气整合起来，结合本专业的教学，按照汽车维修实际工作任务编写该教材。本书从学习情境入手，针对汽车电动车窗玻璃不升降的检测与修复，汽车电动后视镜不能调整的检测与修复，汽车遥控器不能控制门锁、防盗功能无法开启的检测与修复，安全气囊指示灯常亮的检测与修复，汽车电动座椅不能调整的检测与修复，汽车空调温控不良的检测与修复和汽车视听控制工作不良的检测与修复7个学习情境作了详细介绍，使初学者能尽快进入汽车舒适与安全系统学习领域。还讲述了威驰轿车舒适与安全系统控制电路的检测与维修，为"车载网络系统检修"课程的学习和从事汽车电器装置的检测与维修工作打下一定的基础。

本书由湖南交通职业技术学院袁辉、邓姝纯任主编。具体编写分工是：湖南交通职业技术学院袁辉编写了学习情境1、2、3，湖南交通职业技术学院邓姝纯编写了学习情境6，湖南交通职业技术学院赵进福编写了学习情境4、5，湖南交通职业技术学院黄鹏编写了学习情境7，湖南交通职业技术学院龚瑜编写了实训指导和实操工单。全书由袁辉统稿，湖南交通职业技术学院陈曙红主审。

由于编者水平有限，编写时间仓促，书中难免有不足和疏漏，恳请广大读者批评指正。

编　者
2010年6月

目　录

汽车电动车窗玻璃不升降的检测与修复

××××××汽车维修有限公司
维修委托书

工单号 No: 200806312

客户名称: 张三　　车牌号: ×××0088　购车日期: 2005 年 3 月 6 日　联系电话: ×××××××××

联系人: 张三　　车　型: 丰田威驰　Vin No.: LTVBA423X5009409075

送修日期: 2008 年 6 月 10 日　交付日期: 2008年 6 月 12 日　行驶里程: 100000

故障报修描述症状	右前侧车窗玻璃不能升降	交接物品	无
提车要求	付款方式: ☑现金　□刷卡　□支票　其他:	其他	洗车 是☑ 否□　带走旧件 是☑ 否□

序号	报　修　项　目
1	更换右前玻璃升降器
2	
3	
4	
5	
6	

小计: 250元

维修检查及施工情况详细见《维修检查·施工单》

备注	旧件检查	空罐		旧件		油量

油量: E　1/4　1/2　3/4　F

全车外观检查

车身如有变形、油漆划痕、玻璃、灯具裂痕等损伤，请在示意图中的方格内标注"√"。

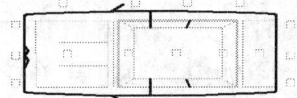

维修委托书细则

甲方: （客户）
乙方: ××××××汽车维修有限公司
维修细则:
1. 甲方已确认无包括现金在内的贵重物品遗留在车上。
2. 甲方已阅读并理解了本委托书及对应的《维修检查·施工单》上的所有内容，同意按乙方所列的维修项目和价格进行维修，甲方愿意支付相关的维修服务费及零件费。
3. 乙方同意甲方对维修车辆进行维修试车，包括场地试验或路试。
4. 如果甲方不带走旧件，乙方可以在甲方提车后对旧件进行处理。
5. 甲方确认并理解乙方已经充分告知的关于车辆检测或维修的相关情况，同时乙方有权采取必要的措施（包括但不限于拆解车辆的机械、电路及发动机等）进行检测或维修。同意乙方在对车辆进行进一步检测或维修时不再另行通知甲方。
6. 如因乙方过失致使维修车辆或部件损坏，乙方赔偿的范围仅限于维修或更换损坏车辆的部件，甲方同意不再提出其他赔偿要求。
7. 甲方应事先备份维修车辆上安装的所有软件或可存储数据信息。无论如何，维修车辆上安装的所有软件或可存储数据信息的损坏或丢失，乙方不作赔偿。
8. 甲方应在乙方通知提取车辆之日起壹个月内提取车辆，逾期不取，乙方有权按政府公布的停车费价格收取保管费用。
本人确认已经清楚理解并接受以上维修细则。

甲方(客户)签名
张三
日期: 2008年6月10日

公司地址: ××××××
救援热线: ××××××　服务热线: 020-××××××××　传真: 020-××××××××
开户行: ××××××　账号: ××××××××××××　乙方代表(接待员): 王先生

某客户驾驶的威驰轿车，右前侧车窗玻璃不能升降，要求给予维修。

要完成这个工作任务，首先得知道汽车车窗的构成及其工作原理，并且能识读车窗电路图，掌握汽车车窗电路的检修方法。下面就分步来完成本学习情境的学习任务。

任务一　右前侧车窗不工作

一、电动车窗的组成

电动车窗又称电动门窗，它可以使驾驶员或乘客在座位上控制车窗玻璃自动上升或下降。

电动车窗控制系统主要由车窗、直流电动机、电动玻璃升降器、开关（主控开关、分控开关）、继电器、断路器等装置组成。

电动车窗的结构如图1-1所示。

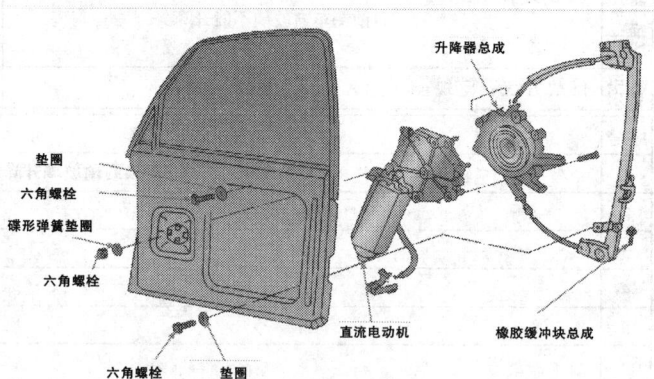

图1-1　电动车窗结构图

1.直流电动机

直流电动机有永磁式和双绕组式两种。每个车窗都装有一套玻璃升降机构，通过开关控制它的电流或磁场方向，使车窗玻璃上升或下降。

2.玻璃升降器

车窗玻璃升降器常见的有钢丝滚筒式和齿扇式两种。

钢丝滚筒式玻璃升降器（图1-2），双向直流电动机前端安装有减速机构，其上安装一个绕有钢丝的滚筒，玻璃卡座固定在钢丝上且可在滑动支架上移动。

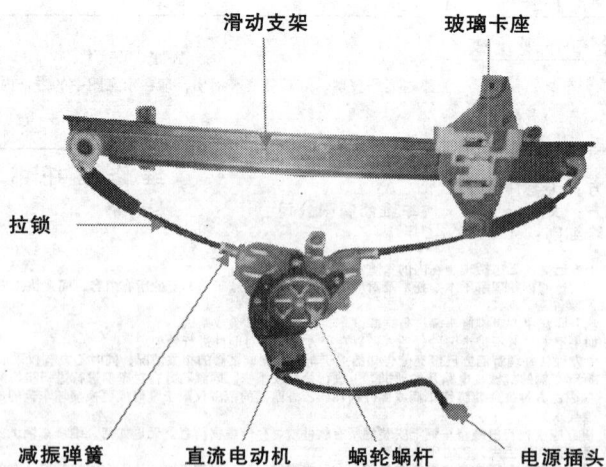

图1-2　钢丝滚筒式玻璃升降器

齿扇式玻璃升降器（图1-3），双向直流电机带动蜗轮蜗杆减速改变方向后，驱动齿扇，从而使玻璃上下移动，齿扇上安有螺旋弹簧。当门窗下降时螺旋弹簧收缩，将一部分能量转化为弹性势能；当门窗上升时，螺旋弹簧伸展，释放出储存的弹性势能，达到直流电机双向负荷平衡的目的。

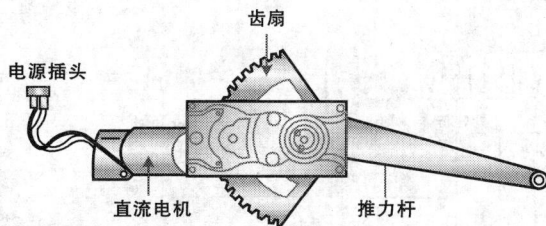

图1-3 齿扇式玻璃升降器

3.控制开关

所有电动车窗都有两套控制开关：一套为主控开关，安装在驾驶员侧车门扶手或仪表板上，由驾驶员控制玻璃升降。另一套为分控开关，安装在乘客侧车窗中部，可由乘客操纵。主控开关上还安装有控制分开关的总开关，如果断开它，分开关就不起作用。若带有延迟开关的电动车窗系统，可在点火开关断开后约10 min内，或在车门打开以前，仍提供电源，使驾驶员和乘客有时间关闭车窗。丰田威驰轿车车窗控制开关如图1-4所示。

图1-4 丰田威驰轿车车窗控制开关

4.断路器

为了防止电动机过载，在电路或电动机内装有一个或多个双金属片式热敏断路器，用以控制电动机中的电流。若车窗玻璃因某种原因卡住（如密封条老化），即使操纵开关没有断开，双金属片式热敏断路器也会因电流过大自动断路，从而保护电动机不被烧毁。

二、电动车窗的工作原理与控制

车窗电动机都是双向的，分永磁式和双绕组串励式两类，永磁式直流电动机是通过改变输入电枢绕组的电流方向使电动机以相反的方向旋转。双绕组串励式直流电动机有两个绕向相反的磁场绕组，一个称为上升绕组，另一个称为下降绕组，通电后产生相反方向的磁场，即可改变电动机的旋转方向。这里以永磁式直流电动车窗为例进行分析。

图1-5所示为丰田卡罗拉轿车电动车窗控制系统线路图。它采用永磁式直流电动机驱动车窗玻璃升降。

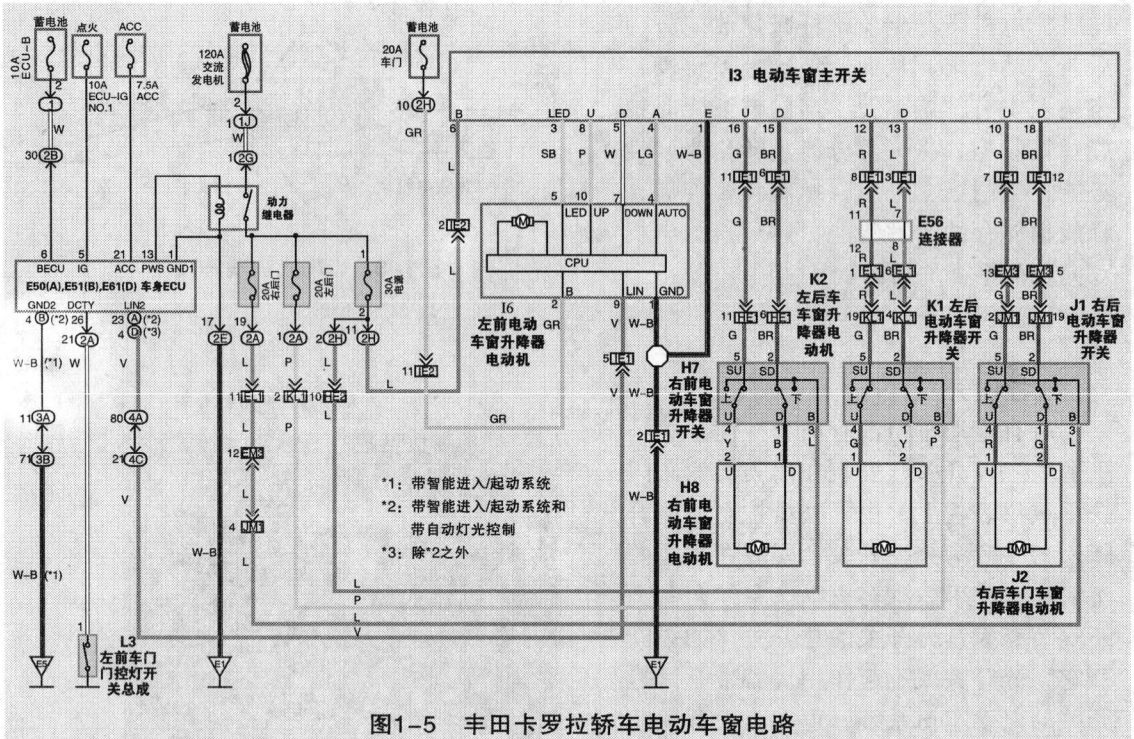

图1-5　丰田卡罗拉轿车电动车窗电路

工作过程如下：

（1）车身ECU的13脚是信号输出控制脚，当车身ECU的13脚输出高电平信号时，电源继电器线圈得电，其触点闭合，电流流向为：**蓄电池"+"→主熔断丝→动力继电器触点，而后分三路供电。**

　　第一路　经30A电源熔断丝后分两路：一路供电给电动车窗主开关的6脚；另一路供电给右前电动车窗升降开关H7的3脚。

　　第二路　经20A右后门熔断丝后供电给右后电动车窗升降器开关J1的3脚。

　　第三路　经20A左后门熔断丝后供电给左后电动车窗开关K1的3脚。

　　蓄电池电流经20A电源熔断丝后供电给左前电动车窗调节电动机I6的2脚；电动车窗主开关的1脚和左前电动车窗调节电动机I6的1脚都为搭铁脚；电动车窗主开关的5脚为电动窗下降控制信号；电动车窗主开关的8脚为电动车窗上升控制信号。

（2）当电动车窗主开关断开时，除驾驶侧外，其他车门窗玻璃驱动电动机的搭铁线均被切断，驾驶侧车窗由对应的分开关控制。如当按下驾驶侧电动车窗UP按钮时，左前电动车窗上升关窗；当按下驾驶侧电动车窗DOWN按钮时，左前电动车窗下降开窗。

　　（3）当总开关闭合时，驾驶员可对其他车门窗玻璃进行控制。如驾驶员按下电动车窗主开关相应的后座左侧门窗UP按钮时，电流流向为：蓄电池"+"→120A交流发电机熔断丝→动力继电器触点→30A电源熔断丝→电动窗主开关的6脚→电动窗主开关的12脚→左后电动车窗升降器开关的5脚→左后电动车窗升降器开关的4脚→左后车窗升降器电动机→左后电动车窗升降器开关的1脚→电动窗主开关的13脚→电动窗主开关的1脚→E1搭铁→蓄电池"−"。此时，左后电动窗升降器调节电动机得电，车窗上升关窗。

　　（4）当总开关闭合时，乘客可对相应车门窗玻璃进行控制。如乘客按下分开关相应的左后电动车窗升降器开关UP按钮时，电流流向为：蓄电池"+"→120A交流发电机熔断丝→动力继电器触点→20A左后门熔断丝→左后电动车窗升降器开关3脚→左后电动车窗升降器开关4脚→左后车窗升降器电动机→左后电动车窗升降器开关的1脚→电动车窗主开关的13脚→电动车窗主开关的1脚→E1搭铁→蓄电池"−"。此时，左后电动窗升降器调节电动机得电，车窗上升关窗。

　　（5）其他门窗的升降操纵与上述操纵方法相同。

三、电动车窗机械部分的故障检修

　　电动车窗机械部分故障最常见的就是升降器变形，各滑动零部件运行不畅。

　　对于升降器变形故障，维修时须作更换处理；对于滑动零部件运行不畅的故障，须在相应部位（图1-6中箭头所示部位）加润滑脂。

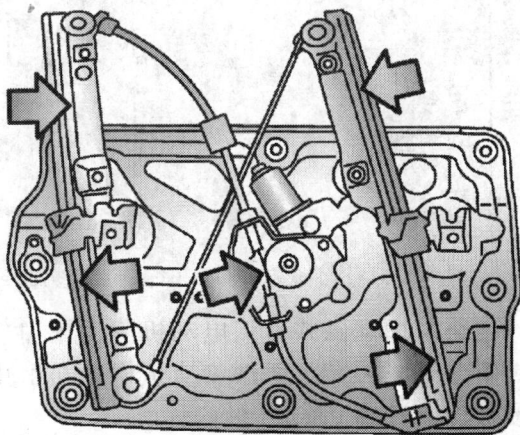

图1-6　加润滑脂的部位

任务二　所有车窗均不工作

在学习排除所有车窗均不工作故障之前，先来识读一下车窗电路原理图。

一、控制线路识图

以丰田威驰轿车为例对电动车窗电路原理图进行识读，图1-7所示为丰田威驰电动车窗电路图。

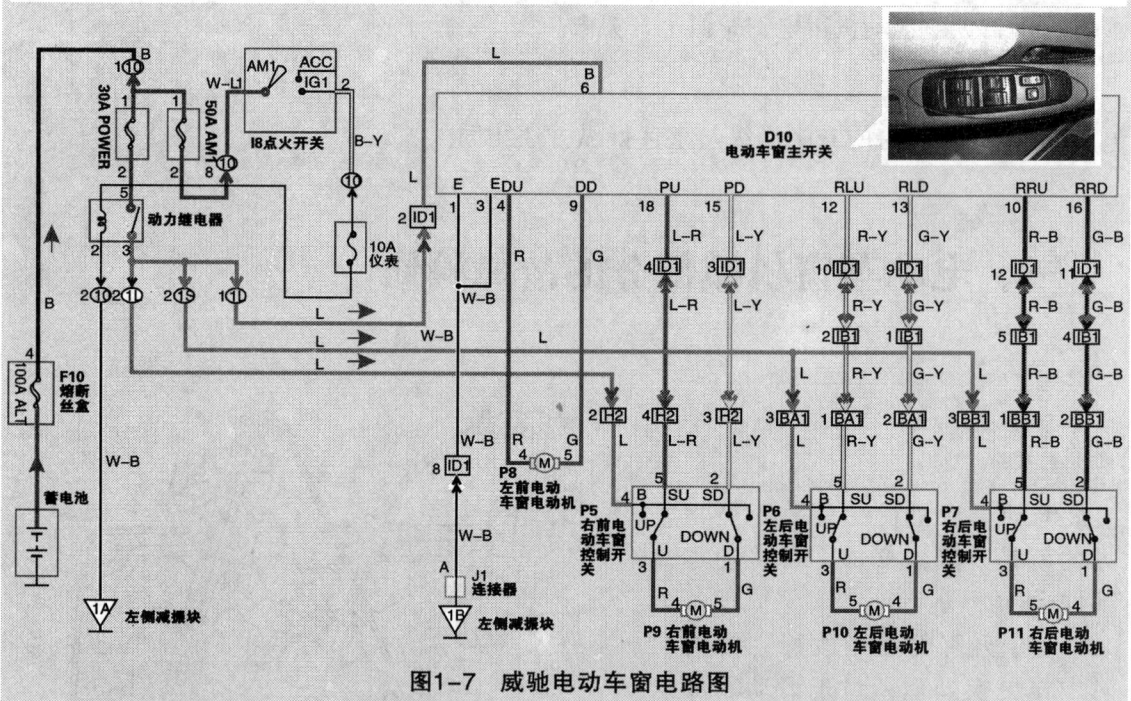

图1-7　威驰电动车窗电路图

该电路采用永磁式直流电动机驱动车窗玻璃升降，其基本原理与卡罗拉电动车窗一样，都是通过控制开关改变直流电动机的电枢电流方向，从而改变电动机的运转方向，使玻璃上升或下降。

工作过程如下：

（1）当点火开关闭合时，电流流向为：蓄电池"+"→ALT熔断丝→AM1熔断丝→点火开关→仪表熔断丝→动力继电器线圈→1A搭铁→蓄电池"-"。动力继电器触点闭合，给电动车窗控制电路提供电源。

（2）当电动车窗主开关断开时，除驾驶侧外，其他车门窗玻璃驱动电动机的搭铁线均被切断，驾驶侧车窗由对应的分开关控制。如驾驶侧车窗玻璃上升时，电流流向为：蓄电池"+"→ALT熔断丝→30A POWER熔断丝→动力继电器触点→电动车窗主开关6接线柱→电动车窗主开关→电动车窗主开关4接线柱→左前电动车窗电动机→电动车窗主开关9接线柱→电动车窗主开关3或1接线柱→1B搭铁→蓄电池"−"，完成上升动作。另外，驾驶侧车门窗玻璃在下降的同时，也可受触点式开关电路的点动控制。

（3）当总开关闭合时，驾驶员对其他车门窗玻璃的控制。如驾驶员按下电动车窗主开关相应的后座左侧车窗上升开关时，电流流向为：蓄电池"+"→ALT熔断丝→30A POWER熔断丝→动力继电器触点→电动车窗主开关6接线柱→电动车窗主开关→电动车窗主开关12接线柱→左后电动车窗控制开关5接线柱→左后电动车窗控制开关3接线柱→左后电动车窗电动机→左后电动车窗控制开关1接线柱→左后电动车窗控制开关2接线柱→电动车窗主开关13接柱→电动车窗主开关3或1接线柱→1B搭铁→蓄电池"−"，完成上升动作。

（4）当总开关闭合时，乘客对相应车门窗玻璃的控制。如乘客按下分开关相应的后座左侧门窗上升开关时，电流流向为：蓄电池"+"→ALT熔断丝→30APOWER熔断丝→动力继电器触点→左后电动车窗控制开关4接线柱→左后电动车窗控制开关3接线柱→左后电动车窗电动机→左后电动车窗控制开关1接线柱→左后电动车窗控制开关2接线柱→电动车窗主开关13接柱→电动车窗主开关3或1接线柱→1B搭铁→蓄电池"−"，使门窗上升。

（5）其他门窗的升降操纵与上述操纵方法相同。

二、控制电路分析与检测

1. 故障诊断

对于电动车窗故障，可以根据故障症状及电路原理，分析、确定故障区域。表1-1所示为丰田威驰轿车故障诊断表。

故障诊断表　　　表1−1

症状	检查区域
电动车窗不能运作（全部） （电动车门锁不能运作）	1. AMI熔断丝 2. 动力继电器 3. POWER熔断丝 4. 仪表熔断丝 5. 线束
电动车窗不能运作（全部） （电动车门锁正常）	1. 点火开关 2. 电动车窗主开关 3. 线束 4. 电动车窗电动机
AUTO DOWN（自动下降） 功能不能运作	1. 电动车窗主开关 2. 电动车窗电动机
仅一个车窗玻璃不能动	1. 电动车窗主开关 2. 电动车窗调节器开关 3. 电动车窗电动机 4. 线束
"窗锁止系统"不能动作	电动车窗主开关

2. 电动车窗调节器主开关总成的检查

（1）检查主开关导通性，如图1-8所示。

①驾驶员侧车窗开关（车窗未锁和上锁）标准如表1-2所示。

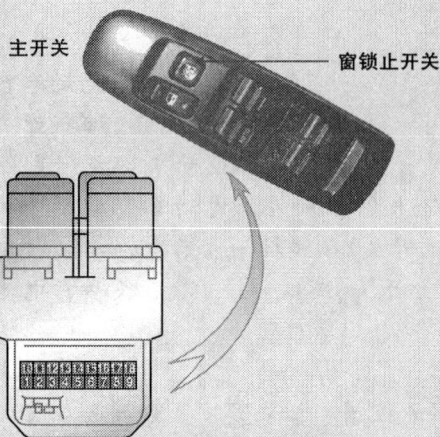

图1-8　检查主开关导通性

主开关　　窗锁止开关

驾驶员侧车窗开关的导通情况　　表1-2

开关位置	端子	规定情况
UP	4-6-7	导通
	1-3-9	
OFF	1-3-4	导通
	1-3-9	
DOWN	1-3-4	导通
	6-7-9	
AUTO DOWN	1-3-4	导通
	6-7-9	

②前乘员侧车窗开关（车窗未锁）标准如表1-3所示。

前乘员侧车窗开关的导通情况（车窗未锁）　　表1-3

开关位置	端子	规定情况
UP	1-3-15	导通
	6-7-18	
OFF	1-3-15	导通
	1-3-18	
DOWN	1-3-18	导通
	6-7-15	

③前乘员侧车窗开关（车窗上锁）标准如表1-4所示。

前乘员侧车窗开关的导通情况（车窗上锁）　　表1-4

开关位置	端子	规定情况
UP	6-7-18	导通
OFF	15-18	导通
DOWN	6-7-15	导通

④左后侧车窗开关（车窗未锁）检测标准如表1-5所示。

左后侧车窗开关的导通情况（车窗未锁）　　表1-5

开关位置	端子	规定情况
UP	1-3-13	导通
	6-7-12	
OFF	1-3-13	导通
	1-3-12	
DOWN	1-3-12	导通
	6-7-13	

⑤左后侧车窗开关（车窗上锁）检测标准如表1-6所示。

左后侧车窗开关的导通情况（车窗上锁）　　表1-6

开关位置	端子	规定情况
UP	6-7-12	导通
OFF	12-13	导通
DOWN	6-7-13	导通

⑥右后侧车窗开关（车窗未锁）标准如表1-7所示。

右后侧车窗开关的导通情况（车窗未锁） 表1-7

开关位置	端子	规定情况
UP	6-7-10	导通
	1-3-16	
OFF	1-3-10	导通
	1-3-16	
DOWN	1-3-10、	导通
	6-7-16	

⑦右后侧车窗开关（车窗上锁）。标准如表1-8所示。

右后侧车窗开关的导通情况（车窗上锁） 表1-8

开关位置	端子	规定情况
UP	6-7-10	导通
OFF	10-16	导通
DOWN	6-7-16	导通

注：如结果不符合规定，更换主开关总成。

（2）检查主开关照明，如图1-9和表1-9所示。如结果不符合规定，更换主开关总成。

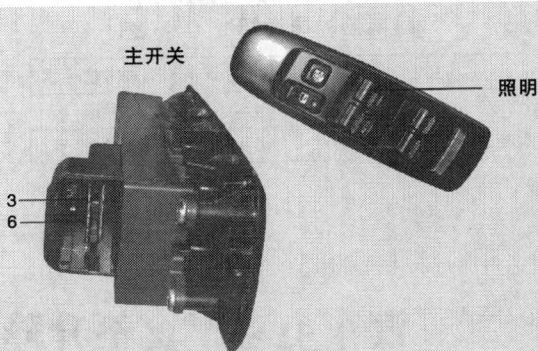

图1-9　检查主开关照明

检查主开关照明情况 表1-9

测量情况	规定情况
蓄电池正极-端子6	开关照明灯亮
蓄电池负极-端子3	

3. 检查电动车窗调节器开关总成

所有的调节器开关（前乘客侧、左后侧、右后侧）都应以同样方法进行检查，如图1-10和表1-10所示。

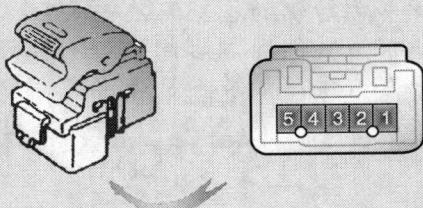

图1-10　检查调节器开关

检查调节器开关 表1-10

开关位置	端子	规定情况
UP	1-2	导通
	3-4	
OFF	1-2	导通
	3-5	
DOWN	1-4	导通
	3-5	

注：如结果不符合规定，更换调节开关总成。

4. 检查电动车窗调节器电动机

（1）检查调节器电动机的运动，如图1-11所示。

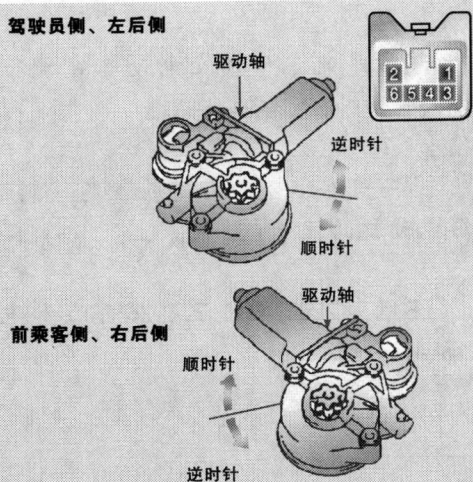

图1-11　检查调节器电动机

注意：

（1）驾驶员侧和左后侧的调节器电动机应以相同方法进行检测。

（2）前乘员侧和右后侧的调节器电动机应以相同方法进行检测。

当接头和每个端子加以蓄电池正极电压时，检查电动机运动平顺性。驾驶员侧和左后侧的检测标准如表1-11所示，前乘员侧和右后侧的检测标准如表1-12所示。如果不符合规定，更换电动机。

驾驶员侧和左后侧的检测标准 表1-11

测量情况	规定情况
蓄电池正极一端子4 蓄电池负极一端子5	顺时针
蓄电池正极一端子5 蓄电池负极一端子4	逆时针

前乘员侧和右后侧的检测标准 表1-12

测量情况	规定情况
蓄电池正极一端子4 蓄电池负极一端子5	顺时针
蓄电池正极一端子4 蓄电池负极一端子5	逆时针

（2）检查调节器电动机内PTC热敏电阻的工作情况。

注意： 此工作须在电动车窗调节器和门玻璃安装在车上进行。

①将直流400A的万用表表笔接到调节器电动机的端子4或5线束上。

注意： 万用表的表笔正负极和电流方向一致。

②完全关上窗玻璃。

③将主开关切至UP（上）（电流切断检查），风窗玻璃完全关上60s后，检查电流经过多长时间由16～34A降到1A。标准值应为4～90s。

④将电流切断60s后，当主开关或调节器开关切为DOWN（下）时，玻璃应向下。

如果不符合规定，更换电动机。

5. 检查继电器（记号：POWER）

（1）从仪表板总成接线盒上拆下电动车窗继电器。

（2）检查导通性，见图1-12。标准如表1-13所示。

如果不符合规定，更换继电器。

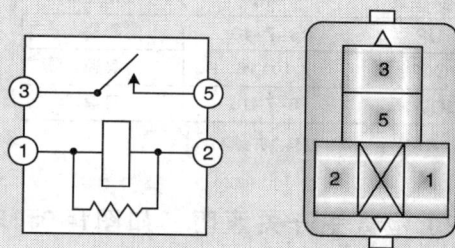

图1-12 检查继电器的导通性

继电器的导通情况 表1-13

情况	端子	规定情况
常态	1-2	导通
端子1和2接蓄电池正极	3-5	导通

三、汽车电动车窗不升降的检修实训指导与实操工单

详见附录一。

××××××汽车维修有限公司
维修委托书

工单号 No: 200807622

客户名称: 张三　　车牌号: ×××0088　购车日期: 2005 年 3 月 6 日　联系电话: ××××××××××

联系人: 张三　　车　型: 丰田威驰　Vin No.: L T V B A 4 2 3 X 5 0 0 9 4 0 7 5

送修日期: 2008 年 7 月 15 日　交付日期: 2008 年 7 月 18 日　行驶里程: 1 0 0 0 0 0

故障报修描述症状	左侧后视镜不能调整	交接物品	无
提车要求	付款方式: ☑现金　□刷卡　□支票　其他:	其他	洗车 是☑ 否□　带走旧件 是☑ 否□

序号	报　修　项　目
1	更换左侧后视镜
2	
3	
4	
5	
6	

小 计: 900元

维修检查及施工情况详细见《维修检查·施工单》

备注	旧件检查	空罐		旧件	

油量　E　1/4　1/2　3/4　F

全车外观检查
车身如有变形、油漆划痕、玻璃、灯具裂痕等损伤，请在示意图中的方格内标注"√"。

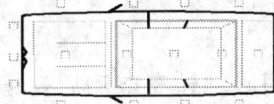

维修委托书细则

甲方:（客户）
乙方: ××××××汽车维修有限公司
维修细则:

1. 甲方已确认无包括现金在内的贵重物品遗留在车上。
2. 甲方已阅读并理解了本委托书及对应的《维修检查·施工单》上的所有内容，同意按乙方所列的维修项目和价格进行维修，甲方愿意支付相关的维修服务费及零件费。
3. 乙方同意甲方对维修车辆进行维修试车，包括场地试验或路试。
4. 如果甲方同意不带走旧件，乙方可以在甲方提车后对旧件进行处理。
5. 甲方确认并理解乙方已经充分告知的关于车辆检测或维修的相关情况，同时乙方有权采取必要的措施（包括但不限于拆解车辆的机械、电路及发动机等）进行检测或维修。同意乙方在对车辆进行进一步检测或维修时不再另行通知甲方。
6. 如因乙方过失致使维修车辆或部件损坏，乙方赔偿的范围仅限于维修或更换损坏车辆的部件，甲方同意不再提出其他赔偿要求。
7. 甲方应事先备份维修车辆上安装的所有软件或可存储数据信息。无论如何，维修车辆上安装的所有软件或可存储数据信息的损坏或丢失，乙方不作赔偿。
8. 甲方应在乙方通知提取车辆之日起壹个月内提取车辆，逾期不取，乙方有权按政府公布的停车费价格收取保管费用。
本人确认已经清楚理解并接受以上维修细则。

甲方(客户)签名

张三

日期: 2008年7月15日

公司地址: ××××××
救援热线: ××××××××××　服务热线: 020-××××××××　传真: 020-××××××××
开户行: ××××××　账号: ××××××××××××　乙方代表(接待员): 王先生

　　某客户驾驶的威驰轿车，左侧后视镜不能调整，要求给予维修。
　　要完成这个工作任务，首先得知道汽车电动后视镜的组成及其工作原理，并且能识读电动后视镜电路图，掌握汽车电动后视镜电路的检修方法。下面就分步来完成本学习情境的学习任务。

任务一　电动后视镜不能伸缩

一、电动后视镜的组成

电动后视镜主要由直流电动机、车镜支架、连接机构、镜面玻璃等构成，如图2-1所示。

　　直流电动机采用双向永磁式，每个后视镜安装两个，一个电动机控制上下方向的转动，另一个电动机控制左右方向的转动。每个电动后视镜都用一个独立开关控制，控制杆可多方向移动，可使一个电动机工作或两个电动机同时工作。有的电动后视镜还带有伸缩功能，由伸缩开关控制伸缩电动机工作，使后视镜伸出或缩回。

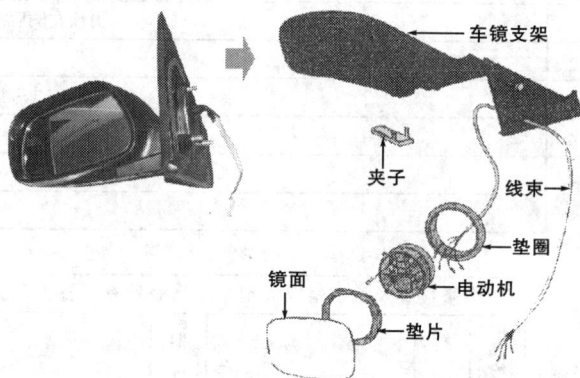

图2-1　电动后视镜结构图

丰田威驰轿车电动后视镜实物及安装位置如图2-2所示。

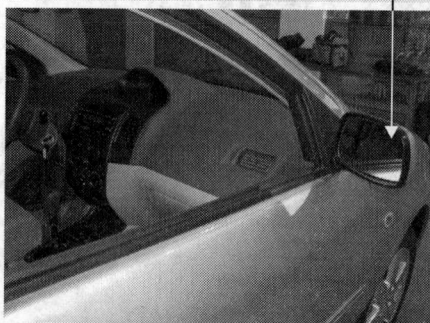

图2-2　威驰轿车电动后视镜安装位置图

二、电动后视镜的工作原理

后视镜的运动方向由开关控制，当开关在不同位置时，由于流经电动机的电流方向不同，电动机的转向就不同，从而使后视镜向不同的方向运动。图2-3所示为丰田锐志电动后视镜电路。

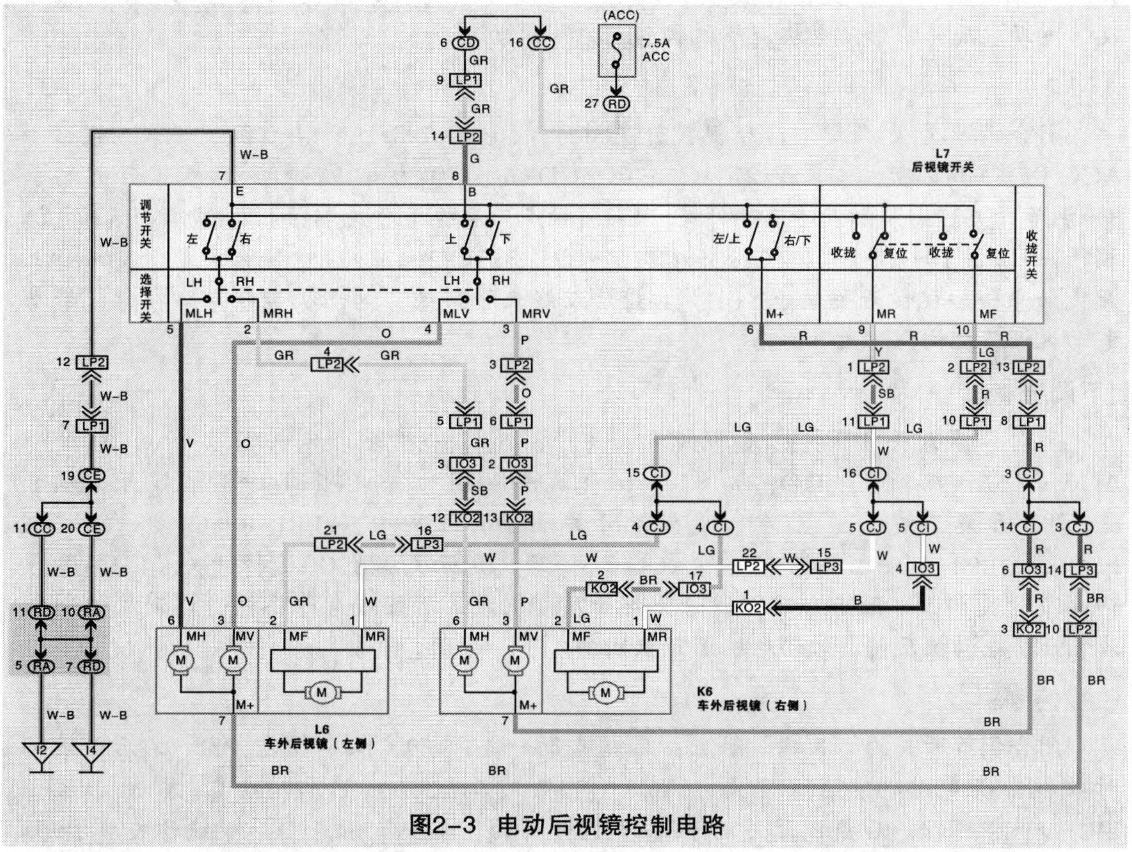

图2-3　电动后视镜控制电路

锐志电动后视镜除具有对左/右、上/下的控制外，还具有伸缩控制功能，就是驾驶员可在停车时使后视镜处于与车身平行放置的状态（即收拢），也可在行驶时使后视镜处于正常的放置状态（即复位）。整个过程通过操作后视镜伸缩开关来完成。下面以左后视镜为例，来分析其控制过程。

操作"选择开关"，闭合"LH"开关。

左调节：

闭合调节开关"左"，后视镜开关端子8-5、6-7相连，其电路为：ACC电源→ACC（7.5A）熔断丝→RD-27→CC-16→CD-6→LP1-9→LP2-14→后视镜开关端子8→调节开关"左"触点→选择开关"LH"触点→后视镜开关端子5→电动机端子6→电动机端子7→LP2-10→LP3-14→CJ-3→CI-3→LP1-8→LP2-13→后视镜开关端子6→调节开关"左/上"触点→后视镜开关端子7（E）。最后经线束等搭铁，电动机控制回路接通，带动电动机调节机构向"左"运动。

右调节：

闭合调节开关"右"，后视镜开关端子8-6，5-7相连，其电路为：ACC电源→ACC（7.5A）熔断丝→RD-27→CC-16→CD-6→LP1-9→LP2-14→后视镜开关端子8→调节开关"右/下"触点→后视镜开关端子6→LP2-13→LP1-8→CI-3→CJ-3→LP3-14→LP2-10→电机端子7→电机端子6→后视镜开关端子5→选择开关"LH"触点→调节开关"右"触点→后视镜开关端子7（E）。最后经线束等搭铁，电动机控制电流相反，电动机反转，带动电机调节机构向"右"运动。

上调节：

闭合调节开关"上"，后视镜开关端子8-4，6-7相连，其电路为：ACC电源→ACC（7.5A）熔断丝→RD-27→CC-16→CD-6→LP1-9→LP2-14→后视镜开关端子8→调节开关"上"触点→选择开关"LH"触点→后视镜开关端子4→电机端子3→电机端子7→LP2-10→LP3-14→CJ-3→CI-3→LP1-8→LP2-13→后视镜开关端子6→左/上开关触点→后视镜开关端子7（E）。最后经线束等搭铁，电动机控制回路接通，带动电动机调节机构向"上"运动。

下调节：

闭合调节开关"下"，后视镜开关端子8-6，4-7相连，其电路为：ACC电源→ACC（7.5A）熔断丝→RD-27→CC-16→CD-6→LP1-9→LP2-14→后视镜开关端子8→调节开关"右/下"触点→后视镜开关端子6→LP2-13→LP1-8→CI-3→CJ-3→LP3-14→LP2-10→电机端子7→电机端子3→后视镜开关端子4→选择开关"LH"触点→调节开关"下"触点→后视镜开关端子7（E）。最后经线束等搭铁，电动机控制电流相反，电动机反转，带动电机调节机构向"下"运动。

收拢控制：

闭合调节开关的"收拢"触点，后视镜开关端子8-9，10-7相连，左、右后视镜同时收拢。其电路为：ACC电源→ACC（7.5A）熔断丝→RD-27→CC-16→CD-6→LP1-9→LP2-14→后视镜开关端子8→收拢开关的"收拢"触点→后视镜开关端子9→LP2-1→LP1-11→CI-16。从此处分两路分别由后视镜电动机端子1（MR）进，端子2（MF）出，接至后视镜开关端子10，经"收拢"开关触点，由端子7接至搭铁线。电动机运转，带动连动机构使后视镜向车身收拢。

复位控制：

闭合收拢开关的"复位"触点，后视镜开关端子8-10，9-7相连，左、右后视镜同时收拢。其电路为：ACC电源→ACC（7.5A）熔断丝→RD-27→CC-16→CD-6→LP1-9→LP2-14→后视镜开关端子8→收拢开关的"复位"触点→后视镜开关端子10→LP2-2→LP1-10→CI-15。从此处分两路分别由后视镜电机端子2（MF）进，端子1（MR）出，接至后视镜开关端子9，经"复位"开关触点，由端子7接至搭铁线。电动机运转，带动连动机构使后视镜回复原始位置。

　　右后视镜的工作原理与左后视镜相似，读者可参照左后视镜的控制过程自行分析。

任务二　镜面不能调整

一、控制线路识图

下面以威驰轿车为例来讲解电动后视镜电路图的识读。

当点火开关处于ACC挡时，蓄电池电源通过一系列熔断丝，通过遥控后视镜开关的上/下、左/右操作，控制后视镜电动机相应动作，从而带动后视镜作上/下或左/右方向的运动，如图2-4所示。

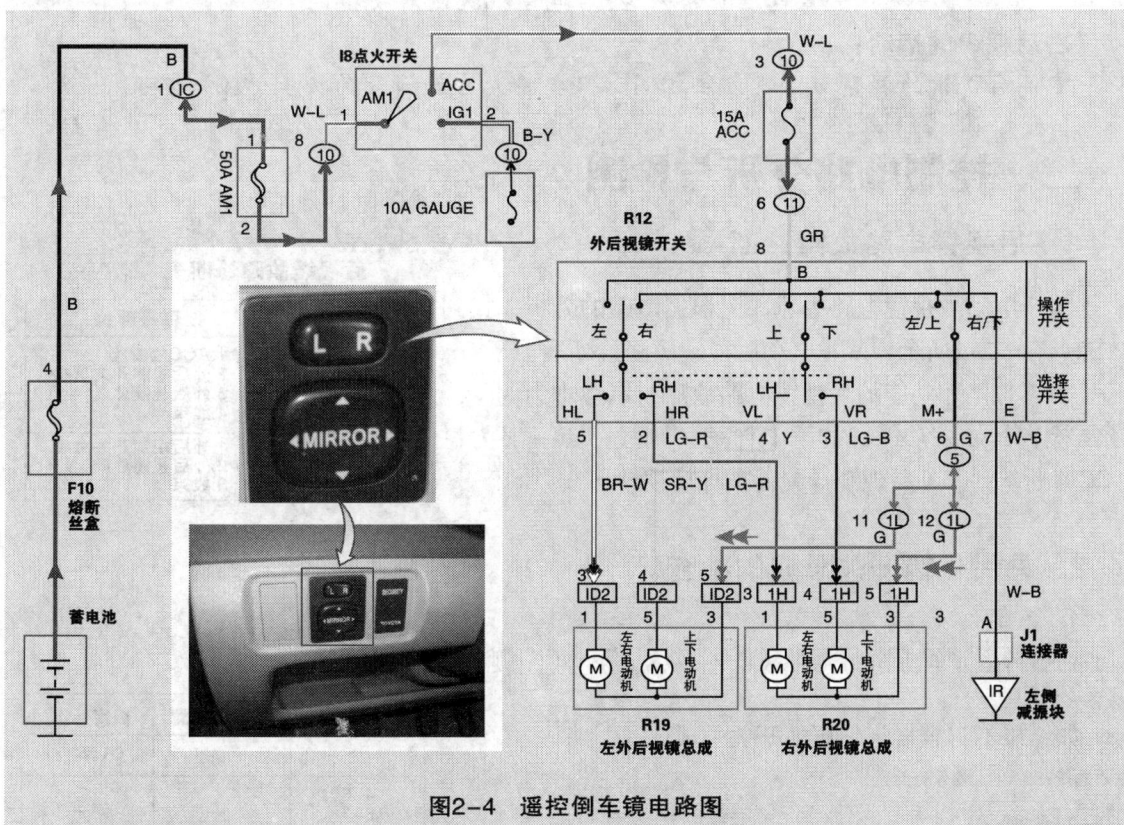

图2-4　遥控倒车镜电路图

电源电流：

蓄电池电源→F10熔断丝盒→50A AM1熔断丝→点火开关ACC挡→15A ACC熔断丝→外后视镜开关端子8。

左后视镜的运动：

将左右选择开关拨至"L"。

左后视镜向上运动：

当后视镜操作开关处于"上"位置时，开关端子4-8、6-7接通，**电流方向为：**外后视镜开关端子8→外后视镜开关端子4→上/下电动机→外后视镜开关端子6→外后视镜开关端子7→搭铁→蓄电池负极。上/下电动机控制后视镜向上运动。

左后视镜向下运动：

当后视镜操作开关处于"下"位置时，开关端子6-8、4-7接通，**电流方向为：**外后视镜开关端子8→外后视镜开关端子6→上/下电动机→外后视镜开关端子4→外后视镜开关端子7→搭铁→蓄电池负极。上/下电动机控制后视镜向下运动。

左后视镜向左运动：

当后视镜操作开关处于"左"位置时，开关端子5-8、6-7接通，**电流方向为：**外后视镜开关端子8→外后视镜开关端子5→左/右电动机→外后视镜开关端子6→外后视镜开关端子7→搭铁→蓄电池负极。左/右电动机控制后视镜向左运动。

左后视镜向右运动：

当后视镜操作开关处于"右"位置时，开关端子5-7、6-8接通，**电流方向为：**外后视镜开关端子8→外后视镜开关端子6→左/右电动机→外后视镜开关端子5→外后视镜开关端子7→搭铁→蓄电池负极。左/右电动机控制后视镜向右运动。

右后视镜的运动：

右侧后视镜的调整与上述方法相同，只要将左右选择开关拨至"R"即可。

二、控制电路分析与检测

1. 后视镜电路故障诊断

对于电动后视镜电路故障，可根据电路的分析，找到故障点，表2-1所示为威驰电动后视镜故障诊断表。

对于带伸缩功能的后视镜电路故障（以锐志为例），还需检查其伸缩功能，如不能伸缩，则故障点一般为：ACC熔断丝；车外后视镜开关；车外后视镜；线束。

后视镜故障诊断表　表2-1

症状	可疑部位
后视镜不运作	1.ACC熔断丝 2.外后视镜开关总成 3.外后视镜总成 4.线束
后视镜运作不正常	1.外后视镜开关总成 2.外后视镜总成 3.线束

2. 外后视镜开关总成的检查

1）左侧

检查外后视镜开关导通性（图2-5），标准（左侧）如表2-2所示。

如结果不符合规定，更换开关总成。

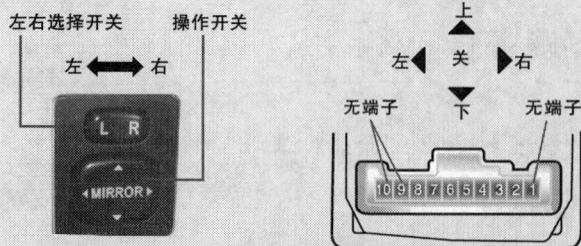

检查开关的导通性　表2-2（左侧）

端子	开关位置	规定情况
一	关	不导通
4-8 6-7	上	导通
4-7 6-8	下	导通
5-8 6-7	左	导通
5-7 6-8	右	导通

图2-5　外后视镜开关

2）右侧

检查开关的导通性，标准（右侧）如表2-3所示。

如结果不符合规定，更换开关总成。

检查开关的导通性（右侧）　　表2-3

端子	开关位置	规定情况
一	关	不导通
3-8 6-7	上	导通
3-7 6-8	下	导通
2-8 6-7	左	导通
2-7 6-8	右	导通

3. 左侧外后视镜总成的检查

（1）断开后视镜接头。

（2）加蓄电池电压检查后视镜面运动（图2-6），标准（左侧）如表2-4所示。

如结果不符合规定，更换后视镜总成。

检查后视镜面运动　　表2-4

测量情况	后视镜动作
蓄电池正极-MV（5） 蓄电池负极-COM（3）	后视镜向上（A）
蓄电池正极-COM（3） 蓄电池负极-MV（5）	后视镜向下（B）
蓄电池正极-COM（1） 蓄电池负极-MH（3）	后视镜向左（C）
蓄电池正极-MH（3） 蓄电池负极-COM（1）	后视镜向右（D）

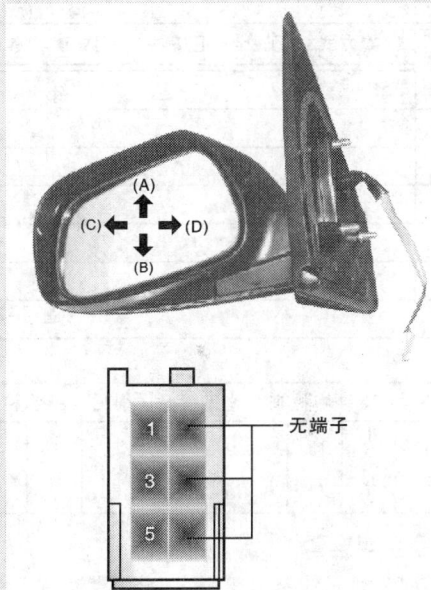

图2-6　左侧外后视镜

4. 右侧外后视镜总成的检查

右侧外后视镜总成的检查与左侧外后视镜总成相同。

三、汽车电动后视镜不能调整的检修实训指导与实操工单

详见附录二。

汽车遥控器不能控制门锁、防盗功能无法开启的检测与修复

××××××汽车维修有限公司
维修委托书

工单号 No: 200807622

客户名称： 张三　　车牌号：×××0088　　购车日期：2005 年 3 月 6 日　联系电话：×××××××××

联系人： 张三　　车型：丰田威驰　Vin No.: L T V B A 4 2 3 X 5 0 0 9 4 0 7 5

送修日期：2008 年 3 月 20 日　　交付日期：2008年 3 月 22 日　　行驶里程：1 0 0 0 0 0

故障报修症状描述	汽车遥控器不能控制门锁	交接物品	无
提车要求	付款方式：☑现金　□刷卡　□支票　其他：	其他	洗车 是☑ 否□　带走旧件是☑ 否□

序号	报　修　项　目
1	更换遥控器
2	
3	
4	
5	
6	

小计：　　　　　元

维修检查及施工情况详细见《维修检查·施工单》

备注	旧件检查	空罐		旧件	

油量　E　1/4　1/2　3/4　F

全车外观检查

车身如有变形、油漆划痕、玻璃、灯具裂痕等损伤，请在示意图中的方格内标注"√"。

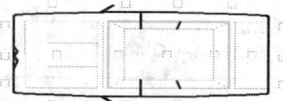

维修委托书细则

甲方：（客户）
乙方：××××××汽车维修有限公司
维修细则：

1. 甲方已确认无包括现金在内的贵重物品遗留在车上。
2. 甲方已阅读并理解了本委托书及对应的《维修检查·施工单》上的所有内容，同意按乙方所列的维修项目和价格进行维修，甲方愿意支付相关的维修服务费及零件费。
3. 乙方同意甲方对维修车辆进行维修试车，包括场地试验或路试。
4. 如果甲方同意不带走旧件，乙方可以在甲方取车后对旧件进行处理。
5. 甲方确认并理解乙方已经充分告知的关于车辆检测或维修的相关情况，同时乙方有权采取必要的措施（包括但不限于拆解车辆的机械、电路及发动机等）进行检测或维修。同意乙方在对车辆进行进一步检测或维修时不再另行通知甲方。
6. 如因乙方过失致使维修车辆或部件损坏，乙方赔偿的范围仅限于维修或更换损坏车辆的部件，甲方同意不再提出其他赔偿要求。
7. 甲方应事先备份维修车辆上安装的所有软件或可存储数据信息。无论如何，维修车辆上安装的所有软件或可存储数据信息的损坏或丢失，乙方不作赔偿。
8. 甲方应在乙方通知提取车辆之日起壹个月内提取车辆，逾期不取，乙方有权按政府公布的停车费价格收取保管费用。
本人确认已经清楚理解并接受以上维修细则。

甲方(客户)签名
张三
日期：2008年3月20日

公司地址：××××××
救援热线：×××××××××　服务热线：020-×××××××　传真：020-×××××××
开户行：××××××　账号：×××××××××××　乙方代表(接待员)：王先生

　　某客户驾驶的威驰轿车，汽车遥控器不能控制门锁，要求给予维修。

　　要完成这个工作任务，首先得知道汽车电脑的基础知识、汽车中控门锁的结构及工作原理、汽车中控门锁的检修方法、汽车防盗系统的工作原理与运用。下面就分步来完成本学习情境的学习任务。

任务一　汽车电脑的识别

一、数字电路基本知识

　　电子技术中，电子电路分为两大类，一类是传输和处理模拟信号的电路，称为模拟电路；另一类是传输和处理数字信号的电路，称为数字电路。

1. 什么是数字信号

　　模拟信号是指在时间和数值上都是连续变化的信号，如发动机进气压力传感器输出的信号，它是随着进气压力变化而连续变化的，如图3-1a）所示；数字信号是指在时间和数值上都不连续变化的离散的脉冲信号，如光电式曲轴位置传感输出的信号，它是遮光盘不断通过光电耦合器而产生"有"或"无"（透光或遮光）的规律变化的脉冲信号，如图3-1b）所示。

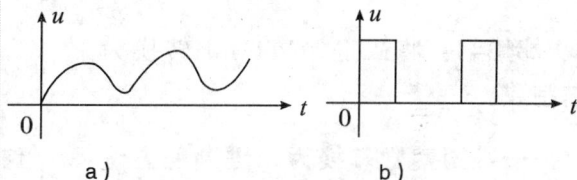

图3-1　模拟信号和数字信号
a）模拟信号；b）数字信号

　　数字信号与模拟信号不同，它的电压值本身没有什么意义，而我们关心的只是有无电压（脉冲）、间隔电压出现的次数（脉冲数量）、高电压或低电压维持的时间（脉冲宽度）等。数字信号与模拟信号的特性不同，在检测时一定要区分开。

　　汽车上传递的电信号绝大部分都是数字信号。数字信号的特点是只与电平高低的变化有关，而与电平的具体大小关系不大，传递的信息经常是"有"或"无"，"开"或"关"等非此即彼的关系。这种关系被称为"二值逻辑"。

　　在二值逻辑中用数字1和0代表两个状态，与之对应的电路是三极管的开或关，或者是电平的高或低。由于数字电路处理的是状态变换，所以对元件精度要求不高，易于集成，成本低廉，使用方便。组成的数字系统工作可靠，精度高，抗干扰能力强，在各个领域应用很广。

2. 二进制

数字电路只处理1和0两种状态，所以在数字电路中广泛采用二进制。二进制包括二进制数和二进制数码。二进制数表示电路状态和数量大小，二进制数码不仅表示数量大小，还可以表示一定的信息，称为代码。

1）二进制数

人们日常生活中最常用的是十进制。十进制用0～9共10个数字来表示数量的大小，比如：68，个位上的8表示8个1，而十位上的6表示6个10，即60。所谓"逢十进一"。

● 位权：6与8表示的数量不同是因为它们所处的位不同，不同的位具有不同的权重，这叫位权。

十进制位权的表示方法是10^i（i=1，2，3，…）。在二值逻辑中，只存在两个状态，那么，用两个数字0和1就可以表示所有状态，0和1就构成了二进制。

二进制顾名思义就是"逢二进一"，位权的表示方法是2^i（i=1，2，3，…）。数字也是从右向左依次排列，如11（读作"一一"），右边的1表示1个1，左边的1表示1个2。

日常生活中，人们习惯使用的是十进制。十进制数可以和二进制数字进行互换。

二进制数转换成十进制的方法：按权展开，再把各位加权系数相加。

例3-1：将二进制数11001转换为十进制数。

解　$(11001)_2=1\times2^4+1\times2^3+0\times2^2+0\times2^1+1\times2^0$
$=16+8+0+0+1=(25)_{10}$

十进制整数转换为二进制的方法：将十进制数连续除以2，直至商为0。每次所得的余数即为二进制数码，且最初得到的余数为最低位，最后所得的余数为最高位。

例3-2：将十进制数202转换为二进制数。

解　$(202)_{10}=(11001010)_2$

2	202	……余0=a_0 最低位
2	101	……余1=a_1
2	50	……余0=a_2
2	25	……余1=a_3
2	12	……余0=a_4
2	6	……余0=a_5
2	3	……余1=a_6
2	1	……余1=a_7 最高位
	0	

2）二进制码

二进制数按照一定的规律组合在一起，表示一定的信息，这样的一组二进制数称为二进制码。最常用的二进制代码是8421BCD码。8421码的含义如表3-1所示。

8421BCD码表　表3-1

十进制数	8421BCD码
0	0000
1	0001
2	0010
3	0011
4	0100
5	0101
6	0110
7	0111
8	1000
9	1001

3. 常用逻辑门电路

在二值逻辑中,输入和输出信号(称为变量)只能有两个状态1或0,这里他们不再表示数值的大小而只表示两种对立的状态。输入输出之间的关系称为逻辑关系,实现逻辑关系的电路称为逻辑电路。常用真值表来描述逻辑电路的逻辑关系。

逻辑电路中实现最基本逻辑关系的电路称为逻辑门电路,简称为门电路。最基本的门电路有与门、或门、非门、与非门和或非门。

1)与门

图3-2a)为与逻辑关系图。开关A与B串联后控制指示灯Y,只有A、B全部闭合,灯Y才亮;A、B中只要一个断开,则Y不亮。Y与A、B的这种关系称为与逻辑,实现逻辑与关系的门电路称为与门。图3-2b)所示为二极管表示的与门电路,与门的符号如图3-2c)。与门的逻辑表达式为:

$$Y = A \cdot B \text{ 或 } Y = AB$$

与门逻辑状态表　　表3-2

A	B	Y
0	0	0
0	1	0
1	0	0
1	1	1

注:开关A、B:断开-0,闭合-1;灯Y:亮-1,灭-0。

2)或门

图3-3a)为或逻辑关系图,开关A与B并联后控制指示灯Y。只要A、B有一个闭合,灯Y就亮;只有A、B全断开,Y才不亮。Y与A、B的这种关系称为或逻辑,图3-3b)为由二极管组成的或门电路,图3-3c)为或门的逻辑符号。或逻辑表达式为:

$$Y = A + B$$

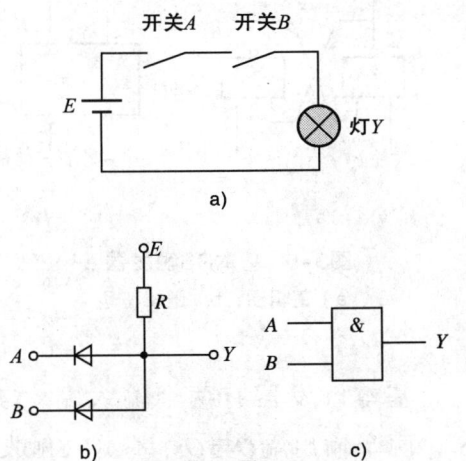

图3-2 与门电路
a)与逻辑关系图;b)二极管组成的与门电路;
c)与门的逻辑符号

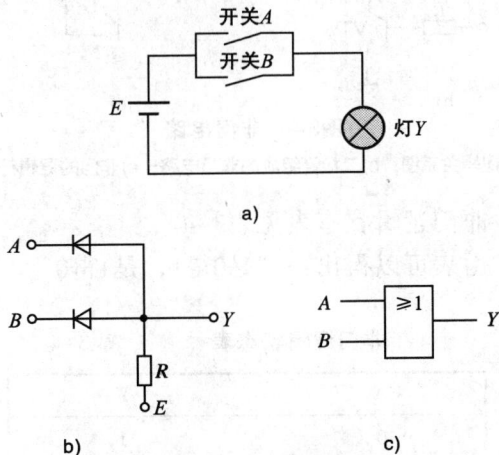

图3-3 或门电路
a)或逻辑关系图;b)二极管组成的或门电路;
c)或门的逻辑符号

如果把输入变量的所有可能取值的组合列出,对应地给出它们输出变量的逻辑值,所得图表称为逻辑状态表(真值表),如表3-2所示。

由表可以得出:"见0得0,全1得1"。

或门的逻辑状态表如表3-3所示。

由表可以得出："见1得1，全0得0"。

或门逻辑状态表 表3-3

A	B	Y
0	0	0
0	1	1
1	0	1
1	1	1

注：开关A、B：断开-0，闭合-1；灯Y：亮-1，灭-0。

3）非门

图3-4a）为非逻辑关系图，开关A与电灯Y并联。当开关A闭合时，灯Y不亮；当A断开时，灯Y亮，Y与A的状态相反。这种关系称非逻辑。逻辑表达式为：

$$Y=\overline{A}$$

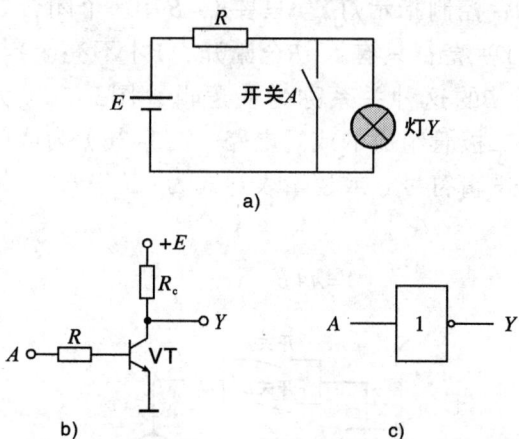

图3-4 非门电路

a)非逻辑关系图；b)二极管组成的非门电路；c)非门的逻辑符号

非门逻辑状态表见表3-4。

由表可以得出："是0得1，是1得0"。

非门逻辑状态表 表3-4

A	Y
0	1
1	0

注：开关A、B：断开-0，闭合-1；灯Y：亮-1，灭-0。

4. 集成触发器

数字电路中除了门电路之外，还有触发器电路。触发器起到信息接收、存储、传输的作用。触发器按其稳定工作状态可分为双稳态触发器、单稳态触发器、无稳态触发器（多谐振荡器）等；按其功能可分为RS触发器、JK触发器和D触发器等。在汽车电路中应用较多的主要有RS触发器、D触发器等。

1）基本RS触发器

基本触发器可以用两个与非门或两个或非门交叉连接而成。图3-5a）是由两个与非门组成的基本触发器逻辑电路图，图3-5b）是其逻辑符号。

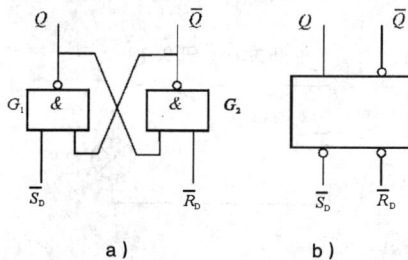

图3-5 基本RS触发器

a）逻辑图；b）逻辑符号

基本触发器有两个输入端$\overline{R}_D$与$\overline{S}_D$，两个输出端Q与$\overline{Q}$。基本RS触发器有两个状态：一个状态是$Q=1$，$\overline{Q}=0$；另一个状态是$Q=0$，$\overline{Q}=1$。正常情况下，两个输出端的状态总是互补的，两者的逻辑状态在正常条件下保持反相。下面按输入的不同组合，分析基本RS触发器的逻辑功能。

①当$\overline{S}_D$=1、$\overline{R}_D$=0时，对于与非门G_2，有一个输入为0，所以其输出$\overline{Q}$=1；对于与非门G_1，两个输入端均为1，其输出Q=0。

②当$\overline{S}_D$=0、$\overline{R}_D$=1时，对于与非门G_1，有一个输入为0，所以其输出Q=1；对于与非门G_2，两个输入端均为1，其输出$\overline{Q}$=0。

③当$\overline{S}_D$=1、$\overline{R}_D$=1时，两个与非门原工作状态不受影响，触发器输出保持不变，这就是它具有的记忆功能，**具体分析如下。**

若此前Q=0，$\overline{Q}$=1，这时与非门G_1两个输入端均为1，其输出$\overline{Q}$=0，G_2门有一个输入为0，其输出$\overline{Q}$=1，触发器状态不变；若此前Q=1，$\overline{Q}$=0，则与非门G_1有一个输入为0，其输出$\overline{Q}$=1，G_2门两个输入端均为1，$\overline{Q}$=0，状态仍保持不变。

④当$\overline{S}_D$=0、$\overline{R}_D$=0时，$\overline{Q}$=$\overline{Q}$=1，破坏了$\overline{Q}$与$\overline{Q}$的互补关系，在两个输入信号同时消失后，$\overline{Q}$和$\overline{Q}$的状态将是不确定的，这种情况应避免。

用与非门组成的基本触发器的工作状态如表3-5所示。

基本触发器的工作状态表　表3-5

$\overline{S}_D$	$\overline{R}_D$	Q
1	0	0
0	1	1
1	1	保持
0	0	不定

2）同步RS触发器

基本触发器只要输入信号发生变化，触发器的状态就会立即发生变化。为了提高基本RS触发器的抗干扰能力，实际应用中更多地采用一种工作状态不仅受输入端（R、S）控制，而且还受时钟脉冲（CP）控制的同步触发器。

图3-6a）、b）分别为同步RS触发器的逻辑图和逻辑符号，表3-6为同步触发器工作状态表。它是在基本RS触发器的基础上，增加了一个由控制门G_3、G_4构成的导引电路。其中CP是时钟输入端。当脉冲为高电平即CP=1期间，触发器接收输入信号，开始工作；当脉冲为低电平即CP=0期间，触发器不工作。

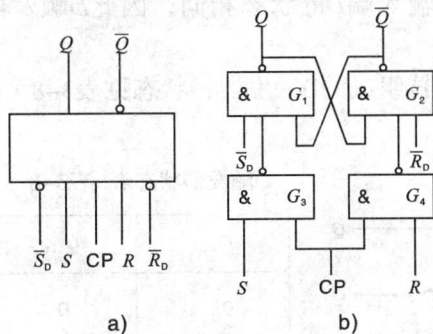

图3-6　同步RS触发器
a)逻辑图；b)逻辑符号

同步RS触发器工作状态表　表3-6

CP	S	R	Q_{n+1}
0	X	X	Q_n
1	0	0	Q_n
1	0	1	0
1	1	0	1
1	1	1	不定

注：X表示任意状态。

3）JK触发器

在CP时钟脉冲作用下，两个输入信号J、K取值不同时，具有保持、置0、置1、翻转功能的电路，都叫做JK触发器。

JK触发器的逻辑功能如下：

$J=K=0$时，CP脉冲作用后（即CP脉冲由0到1，再由1到0时），触发器维持原来的状态，即$Q_{n+1}=Q_n$（保持）；

$J=0$，$K=1$时，CP脉冲作用后，$Q_{n+1}=0$（置0）；

$J=1$，$K=0$时，CP脉冲作用后，$Q_{n+1}=1$（置1）；

$J=1$，$K=1$时，CP脉冲作用后，$Q_{n+1}=\overline{Q_n}$（触发器翻转）。

图3-7所示为JK触发器的符号，表3-7所示为JK触发器的状态表。

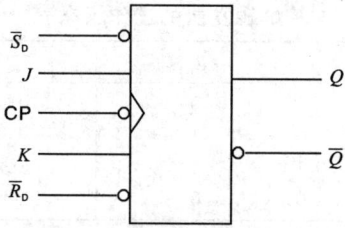

图3-7　JK触发器的逻辑符号

JK触发器状态表　表3-7

J	K	Q_{n+1}
0	0	Q_n
0	1	0
1	0	1
1	1	$\overline{Q_n}$

4）D触发器

D触发器又称数据锁存器。

当$D=0$时，CP脉冲到来后，$Q_{n+1}=0$；

当$D=1$时，CP脉冲到来后，$Q_{n+1}=1$，即

$$Q_{n+1}=D$$

由于D触发器的输出状态总是与CP脉冲到来之前输入端D的状态相同，因此D触发器也叫延迟触发器。

D触发器逻辑符号见图3-8。图3-9所示为由JK触发器组成的D触发器，状态见表3-8。

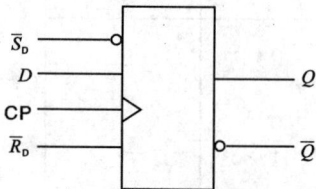

图3-8　D触发器逻辑符号　　图3-9　JK触发器组成的D触发器

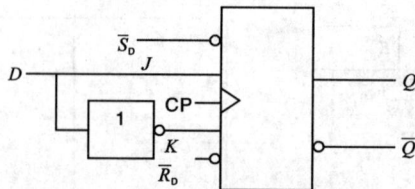

D触发器状态表　表3-8

D	Q_{n+1}
0	0
1	1

5. 基本数字部件

在数字系统中，为了实现测量、运算和控制，需要各种数字部件，如计数器、寄存器、译码器等。下面就分别进行介绍。

1）计数器

计数器是一种常用的数字电路部件，它能累计输入脉冲的个数。

按计数器中各触发器翻转的次序，可分为同步计数器和异步计数器。在同步计数器中，时钟脉冲同时加到各触发器上，时钟脉冲到达时，各个触发器的翻转是同时发生的；在异步计数器中，当时钟脉冲到达时，各触发器的翻转不同时发生，有先有后。

计数器可以进行加法计数，也可以进行减法计数。以进位制来分，有二进制计数器、十进制计数器等。

◆二进制计数器

由触发器组成的二进制加法计数器，将计数脉冲由CP端输入，则触发器的输出Q端在每个CP脉冲的作用下，其变化规律必须满足"逢二进一"的规则。

（1）异步二进制加法计数器。

图3-10所示是3个JK触发器组成的3位二进制异步加法计数器。工作波形如图3-11所示。触发器输出与计数脉冲个数的关系见表3-9。由表3-9可知，最低位触发器在计数脉冲的触发下，每来一个脉冲，翻转一次。

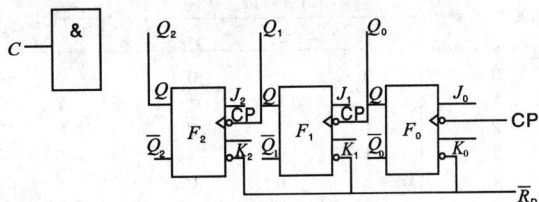

图3-10　异步二进制加法计数器

二进制加法计数器状态表　　表3-9

计数脉冲数	二进制数			十进制数
	Q_2	Q_1	Q_0	
0	0	0	0	0
1	0	0	1	1
2	0	1	0	2
3	0	1	1	3
4	1	0	0	4
5	1	0	1	5
6	1	1	0	6
7	1	1	1	7
8	0	0	0	8

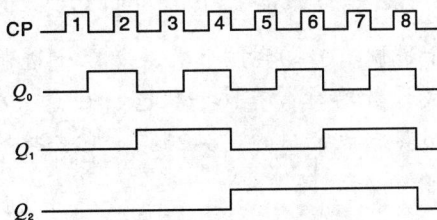

图3-11　异步二进制加法计数器工作波形图

当输入第7个信号以后，计数器状态为111，并向高位输出$C=1$，第8个时钟信号输入后，计数器返回000初始态，并向高位输出$C=0$，完成输出一个进位脉冲。

（2）异步二进制减法计数器。

图3-12所示为三位异步二进制减法计数器电路，此电路与异步加法计数器电路比较，差别在于减法计数器的连接方式是低位的$\overline{Q}$端与高位的CP相连。

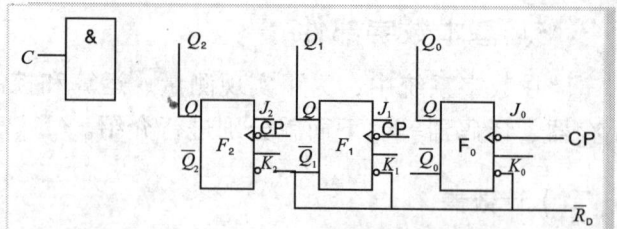

图3-12 三位异步二进制减法计数器

工作过程分析如下：

计数之前先清零，令$\overline{R}_D=0$，触发器置0，$Q_2Q_1Q_0=000$。

第1个计数脉冲CP到来时，F_0翻转，$Q_0=1$，则$\overline{Q}_0=0$，$\overline{Q}_0$产生的负跳变使F_1翻转，$Q_1=1$，则$\overline{Q}_1=0$，$\overline{Q}_1$产生的负脉冲又使F_2翻转，$Q_2=1$，此时$Q_2Q_1Q_0=111$。

第2个计数脉冲到来后，F_0再次翻转，$Q_0=0$，F_1、F_2状态不变，$Q_2Q_1Q_0=110$。

依此类推，每输入一个计数脉冲，都使计数器减1，直到输入第8个脉冲时，计数器中的数全部减完，回到000状态。

三位二进制减法计数器状态表如表3-10所示，工作波形如图3-13所示。

三位二进制异步减法状态表　　表3-10

计数脉冲数	二进制数			十进制数
	Q_2	Q_1	Q_0	
0	0	0	0	0
1	1	1	1	7
2	1	1	0	6
3	1	0	1	5
4	1	0	0	4
5	0	1	1	3
6	0	1	0	2
7	0	0	1	1
8	0	0	0	0

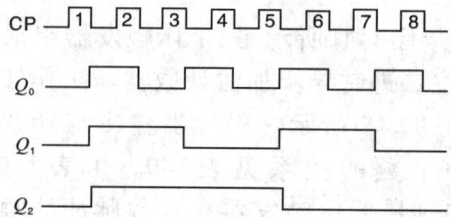

图3-13 三位异步二进制减法计数器波形图

◆ **十进制计数器**

十进制有0～9共10个数，所以十进制计数器必须要由4个触发器来构成，而4个触发器构成计数器时，有16个状态，任意去掉6个状态就可用四位二进制数表示一个十进制数，而其中最常用的是8421码，它去掉的是1010～1111共6个状态，如表3-11所示。

十进数计数器状态表　　　　　　表3-11

计数脉冲数	二进制数				十进制数	计数脉冲数	二进制数				十进制数
	Q_3	Q_2	Q_1	Q_0			Q_3	Q_2	Q_1	Q_0	
0	0	0	0	0	0	6	0	1	1	0	6
1	0	0	0	1	1	7	0	1	1	1	7
2	0	0	1	0	2	8	1	0	0	0	8
3	0	0	1	1	3	9	1	0	0	1	9
4	0	1	0	0	4	10	0	0	0	0	0
5	0	1	0	1	5						

图3-14所示为同步十进制加法计数器的逻辑图。它由4个JK触发器组成，其中F_3的输入端$J_3 = Q_2 Q_1 Q_0$，F_3的输出端$\overline{Q_3}$反送到F_1的J_1端，即$J_1 = \overline{Q_3}$，这种结构使该计数器电路在计数到9（计数器的状态$Q_3 Q_2 Q_1 Q_0 = 1001$）时，再来一个脉冲，它不是像二进制计数器一样翻转成1010，而是翻转成000，从而实现十进制计数，工作波形图如图3-15所示。

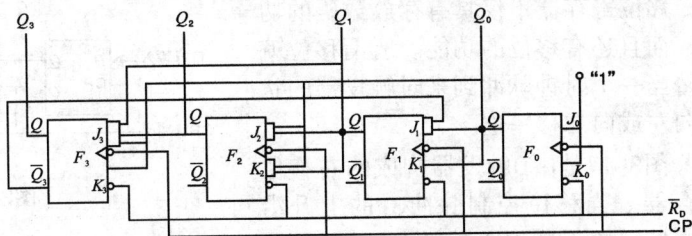

图3-14　同步十进制加法计数器逻辑图

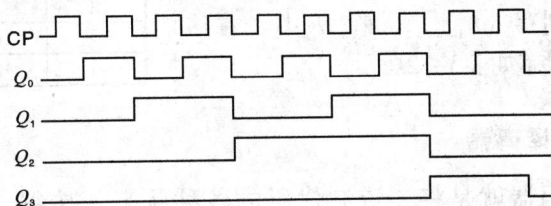

图3-15　同步十进制计数器工作波形图

2）寄存器

寄存器是用来存放和传送数码的具有记忆功能的数字单元电路。分为数码寄存器和移位寄存器两大类。

（1）数码寄存器。

数码寄存器也称为基本寄存器，它仅具有接收数码和清除数码的功能。其中又分为多位D寄存器、D锁存器和寄存器3种。

多位D寄存器构成的数码寄存器。图3-16是由4个D触发器和两个反相器构成的四位D寄存器。

图中$\overline{C_r}$为清零端，$\overline{C_r} = 0$时，4个D触发器的输出均为0。

当$\overline{C_r} = 1$时，寄存器具有送数和保持功能。在CP上升沿到来之后，输入端$D_1 \sim D_4$的状态被送到输出端；当CP=0时，因$\overline{C_r} = 1$，各触发器处于保持状态。

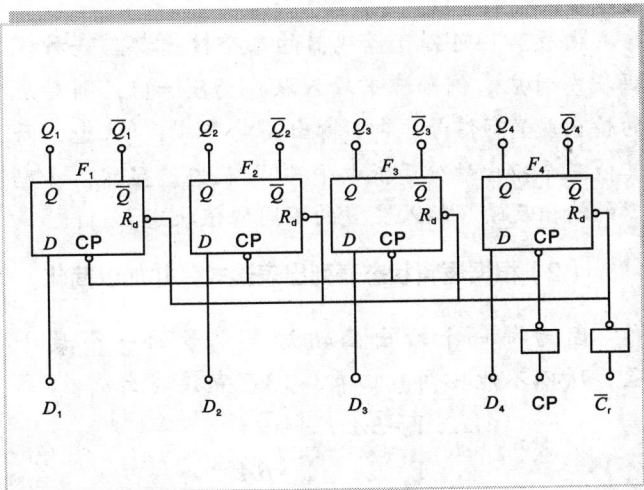

图3-16　四位D寄存器

（2）移位寄存器。

移位寄存器不仅具有存放数码的功能，而且还有移位的功能。所谓移位就是每当一个时钟脉冲到来时触发器的状态向左或向右移一位。

图3-17是由D触发器构成的右移位寄存器。当移位控制脉冲CP的上升沿到来后，输入数据由D_1移入F_1，F_1的状态移入F_2，F_2的状态移入F_3，F_3的状态移入F_4，F_4的状态输出寄存器。假设各触发器的初态均为0，若输入数据是1100，则经过4个CP移位脉冲后，1100分别存入F_1、F_2、F_3、F_4中。右移寄存器状态如表3-12所示。

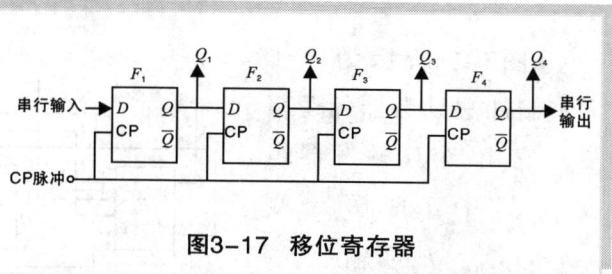

图3-17 移位寄存器

右移寄存器状态表 表3-12

CP	输入数据	Q_4	Q_3	Q_2	Q_1
0	0	0	0	0	0
1	1	0	0	0	1
2	1	0	0	1	1
3	0	0	1	1	0
4	0	1	1	0	0

3）译码器

译码器就是将二进制代码的各种状态，按编码时的原意转换为相应输出信号的电路。

例3-3： 设计一个二位二进制代码的译码器，其示意图如图3-18所示。因为一个变量仅有两个状态（"0"和"1"），而两个变量便有4个状态（"00"、"01"、"10"和"11"），所以该译码器的输入是一组二位二进制代码，输出应该是与代码状态相对应的4个信号。

（1）根据设计要求列出逻辑状态表，见表3-13。

由表3-13可知，译码器的每个输出都与一种代码状态对应。例如，若输入状态为$BA=11$，则对应的输出端Y_3有信号，即Y_3输出高电平"1"状态，而其他三个输出端处于低电平"0"状态。显然，译码器的输出反映了输入变量的不同取值状态。

（2）根据逻辑状态表列出表达式，并加以简化。

因为每一个输出函数就是变量的一个最小项，所以不能化简。由表3-13可直接写出：

$$Y_0=\overline{B}\,\overline{A}, \quad Y_1=\overline{B}A$$
$$Y_2=B\overline{A}, \quad Y_3=BA$$

（3）画逻辑图，见图3-19。

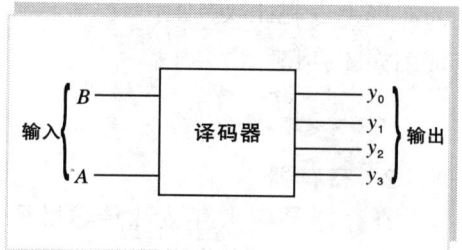

图3-18 二位二进制代码的译码器示意图

逻辑状态表 表3-13

B	A	Y_3	Y_2	Y_1	Y_0
0	0	0	0	0	1
0	1	0	0	1	0
1	0	0	1	0	0
1	1	1	0	0	0

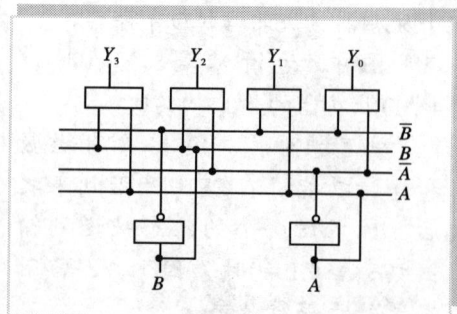

图3-19 二位二进制代码的译码器示意图

①二—十进制译码器。

二—十进制译码器也称4线—10线（4/10）译码器，它是将4位BCD代码译成10个十进制数字信号的电路，译码器示意图如图3-20所示。

当输入一个8421 BCD码，就会在它所表示的十进制数的对应输出端产生一个有效信号。

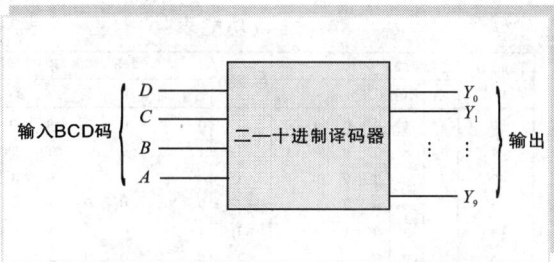

图3-20 译码器示意图

②显示译码器。

在汽车数字式仪表中，常常要把数据或字符直观显示出来。最常用的显示译码器是直接驱动数码管的七段显示译码器。

常用的显示器有荧光数码管、发光二极管（LED）、液晶数码管（LCD）等。以下介绍应用较广的LED数码管，其结构如图3-21所示。七段显示器由7个条形二极管组成8字形），每一段含有一个发光二极管。控制a、b、c、d、e、f、g各段的亮灭，就可以显示不同的字形。例如全亮时表示"8"，a、b、c、d、e、f段亮显示"0"。LED数码管有共阴极和共阳极两种接法，如图3-22所示。共阴极时，输入高电平二极管亮；共阳极时，输入低电平二极管亮。

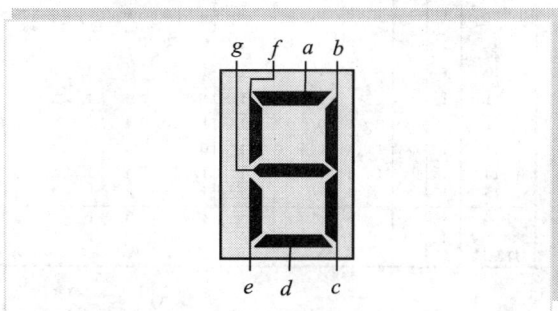

图3-21 七段数码管

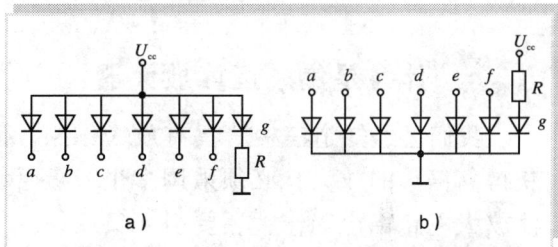

图3-22 七段发光二极管的两种接法
a）共阳极接法；b）共阴极接法

能驱动共阴极结构LED数码管的集成电路有：74LS48、74LS49、74LS248、74LS249、CC4511、MC14495等；能驱动共阳极结构LED数码管的集成电路有：74LS47、74LS246、74LS247等。下面以74LS247为例，说明译码器的应用。

74LS247为集电极开路输出的BCD七段译码器，它的外引线排列图如图3-23所示，功能如表3-14所示。图中$A_0 \sim A_3$是译码地址输入端，$\overline{Y}_a \sim \overline{Y}_g$是低电平有效的七段输出端，$\overline{BI}/\overline{RBO}$和$\overline{RBI}$是消隐输入端，$\overline{LT}$是灯测试输入端。用74LS247驱动一位共阳极数码管的电路如图3-24所示。在地址码输入端（$A_0 \sim A_3$）输入不同的BCD码，74LS247的输出端就产生不同的七段字型编码，经内部的驱动电路加到LED数码管的输入端，使其发光显示字符。

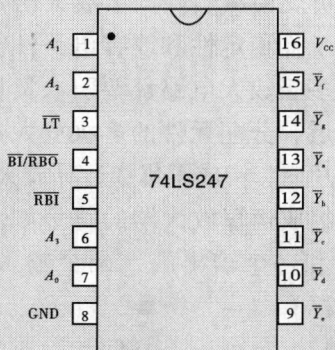

图3-23 74LS247外引线排列图

表3-14

74LS247功能表

十进制数或功能	LT	RBI	A_3	A_2	A_1	A_0	BI/RBO	$\bar{Y}_a$	$\bar{Y}_b$	$\bar{Y}_c$	$\bar{Y}_d$	$\bar{Y}_e$	$\bar{Y}_f$	$\bar{Y}_g$	字型
0	1	1	0	0	0	0	1	0	0	0	0	0	0	1	0
1	1	×	0	0	0	1	1	1	0	0	0	1	1	1	1
2	1	×	0	0	1	0	1	0	0	1	0	0	1	0	2
3	1	×	0	0	1	1	1	0	0	0	0	1	1	0	3
4	1	×	0	1	0	0	1	1	0	0	1	1	0	0	4
5	1	×	0	1	0	1	1	0	1	0	0	1	0	0	5
6	1	×	0	1	1	0	1	1	1	0	0	0	0	0	6
7	1	×	0	1	1	1	1	0	0	0	1	1	1	1	7
8	1	×	1	0	0	0	1	0	0	0	0	0	0	0	8
9	1	×	1	0	0	1	1	0	0	0	1	1	0	0	9
10	1	×	1	0	1	0	1	1	1	1	0	0	1	0	
11	1	×	1	0	1	1	1	1	1	0	0	1	1	0	
12	1	×	1	1	0	0	1	1	0	1	1	1	0	0	
13	1	×	1	1	0	1	1	0	1	1	0	1	0	0	
14	1	×	1	1	1	0	1	1	1	1	0	0	0	0	
15	1	×	1	1	1	1	1	1	1	1	1	1	1	1	
消隐	×	×	×	×	×	×	0	1	1	1	1	1	1	1	
脉冲消隐	1	0	0	0	0	0	0	1	1	1	1	1	1	1	
灯测试	0	×	×	×	×	×	1	0	0	0	0	0	0	0	8

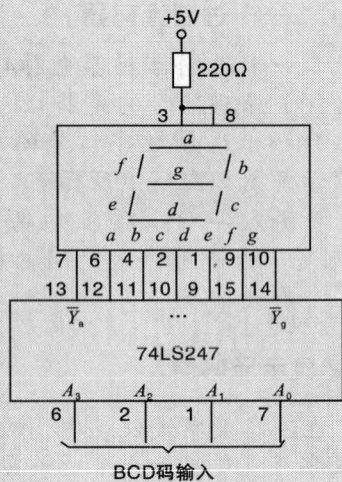

图3-24 一位共阳极数码管的译码驱动电路

二、集成运算放大器

1. 什么是集成运算放大器

我们已经知道三极管具有放大作用，但是一个三极管的放大倍数是有限的，为了获得高倍数的放大，必须采用多个三极管级联的方式构成多级放大电路。同时，为了使放大电路稳定工作，还要引入负反馈。

反馈的概念

把电子系统输出量（电压或电流）的一部分或全部，经过一定的电路送回到它的输入端，称为反馈。如果引入的反馈使放大电路的放大倍数降低，就称为负反馈；如果引入的反馈使放大电路的放大倍数增大，就称为正反馈。

负反馈虽然降低了放大倍数，但是它对提高放大电路的工作稳定性和改善电路性能指标起到了重要作用，一般多级放大电路都要引入负反馈。随着电子技术的不断发展，分立元件的多级放大器已经被集成在一块半导体芯片内，构成了集成运算放大器（简称集成运放）。

集成运算放大器的符号如图3-25所示。它有两个输入端和一个输出端，两个输入端中，一个是反相输入端，标有"—"符号，表示输出电压u_0与该输入电压u_-相位相反；另外一个是同相输入端，标有"＋"符号，表示输出电压u_0与该输入电压u_+相位相同。

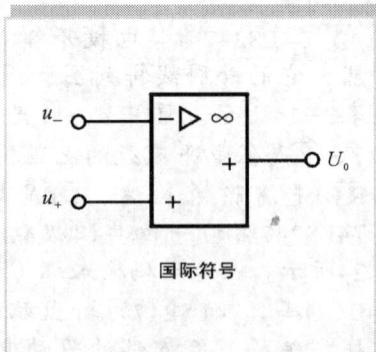

国际符号

图3-25 集成运算放大器的符号

> **提示**：实际上，在构成集成运放的电路中都需要有连接正负电源的引脚，但在电路图中一般都略去不画，而在实际电路中是必须有的。

集成运放的外形是塑料封装的双列直插集成电路。不同型号的集成运放，插脚个数不同，从8~14个不等。

> **提示**：在汽车电子电路中集成运放一般都安装在ECU模块内部，在外部看不到独立的集成运放。

通常集成运放必须外接负反馈网络，才能正常工作。根据输入方式的不同，构成3种最基本的实用放大器电路，成为其他各种应用电路的基础。

1）反相放大器

反相放大器电路如图3-26所示。输入信号u_1经电阻R_1加到反相输入端，同相输入端经R_2搭铁，电阻R_f跨接在反相输入端和输出端之间，形成一个负反馈放大器。

反相放大器的放大倍数：

$$A_f = -\frac{R_f}{R_1}$$

式中，A_f为负值，表明集成运放输出电压与输入电压反相，所以叫反相放大器。而且，A_f仅取决于R_f/R_1的比值，而与集成运放本身无关。电阻R_2叫平衡电阻，其作用是保证放大器稳定工作。

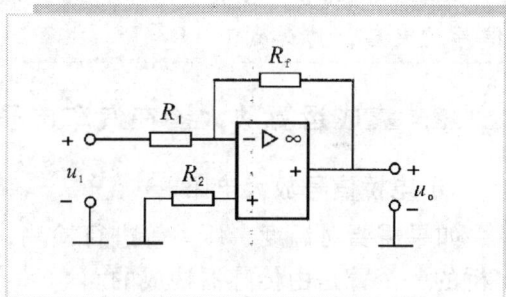

图3-26 反相放大器

2）同相放大器

同相放大器电路如图3-27所示。输入信号u_1经电阻R_2加到同相输入端，反相输入端经R_1接地，负反馈由电阻R_f接到反相输入端而形成，放大倍数：

$$A_f = 1 + \frac{R_f}{R_1}$$

A_f大于零，表明输出电压u_0与输入电压u_1同相。如果$R_1=\infty$（开路）或$R_f=0$，则$A_f=1$。构成的电路称为电压跟随器，如图3-28所示。电压跟随器一般作为信号与其负载之间的缓冲隔离。

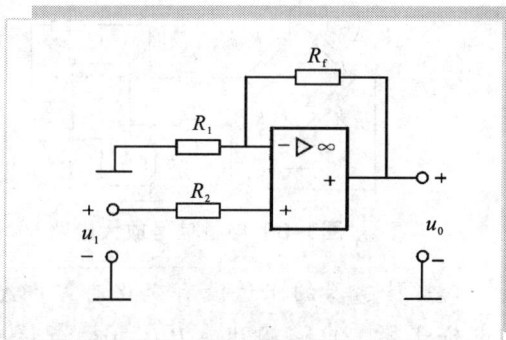

图3-27 同相放大器

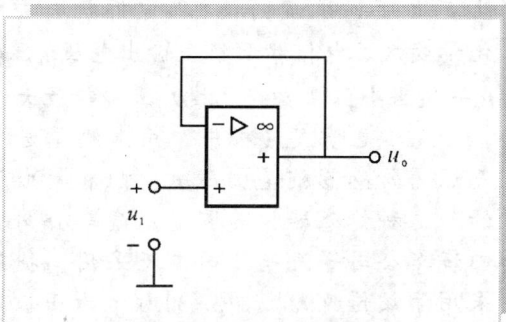

图3-28 电压跟随器

3）差分放大器

如果两个输入端都有信号输入，就构成了差分放大器，如图3-29所示。差分放大器放大的是两个输入信号的差，输出电压u_0与两个输入电压的关系是：

$$U_0 = A_f(u_{I1} - u_{I2})$$

放大倍数为：

$$A_f = \frac{R_f}{R_1}$$

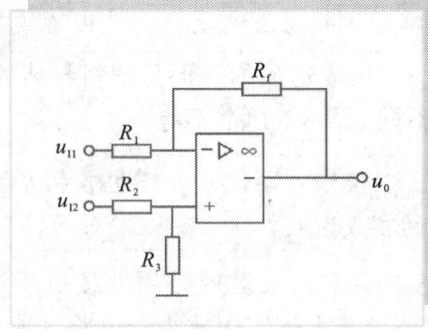

图3-29 差分放大器

提示：在汽车电子电路中，差分放大器常被用作传感器信号放大器。将传感器信号放大后，传送到ECU。

2. 集成运算放大器在汽车电子电路中的应用

1）电桥信号放大电路

如果需要对温度、压力等进行检测，可采用图3-30所示的电桥信号放大电路。图中电桥的一个臂是由传感器构成的。

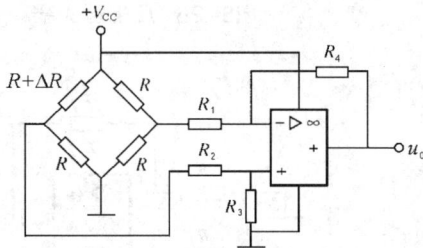

图3-30 电桥信号放大电路

当传感器的阻值没有变化时，即$\Delta R = 0$时，电桥平衡，电路输出电压$u_0 = 0$；当传感器因温度、压力或其他变化而使传感元件的电阻值发生变化时（用ΔR表示），电桥就失去平衡，变化量变成了电信号而产生输出电压u_0，输出电压u_0一般很小，需要经过放大器进行放大。

汽车电喷发动机中，用来测量进气量的进气压力传感器就是由压敏电阻和集成运放制成的。这种传感器被美国通用汽车公司、日本丰田汽车公司等汽车公司广泛采用，捷达轿车也采用了该传感器。图3-31所示为压敏电阻式进气压力传感器的结构示意图和工作原理图。

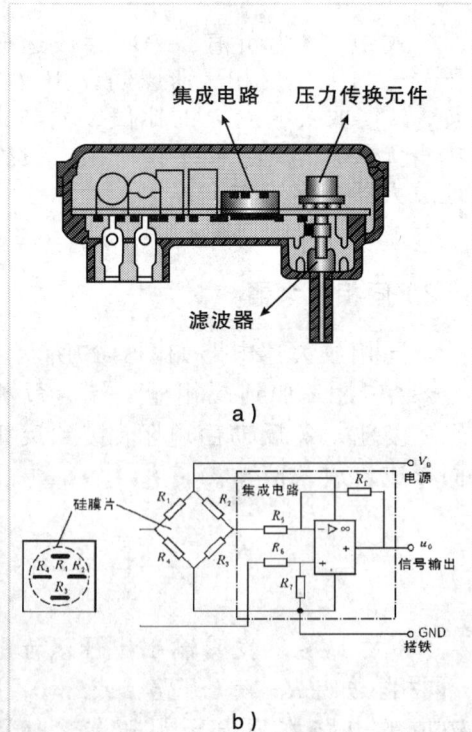

a)

b)

图3-31 压敏电阻式进气压力传感器
a）结构示意图；b）工作原理示意图

该传感器有一个通气口与进气管相通，进气压力通过该口加到压力转换元件上。压力转换元件是由4个压敏电阻构成的硅膜片。硅膜片受压力变形后，电桥输出信号，压力越大，输出信号越强。该信号经集成运放放大后传送给ECU，该进气压力传感器与进气温度传感器制成一体，它的外形如图3-32所示。

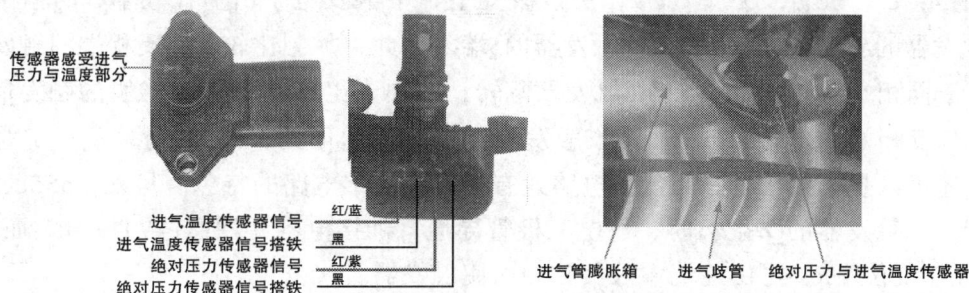

图3-32　进气压力与温度传感器实物与位置图

2）光电测量电路

光电二极管、光电三极管或其他光电器件能够将光信号转变为电信号。图3-33所示为一种最简单的光电测量电路。

无光照时，光电二极管的反向电流很小。有光照时，二极管有光电流流过，光的照度越大，光电流越大，经过集成运放后，输出电压$u_0=IR_f$。汽车自动空调控制系统中，用作检测日照量的传感器就是经过设置在ECU内部的上述电路进行信号放大的。

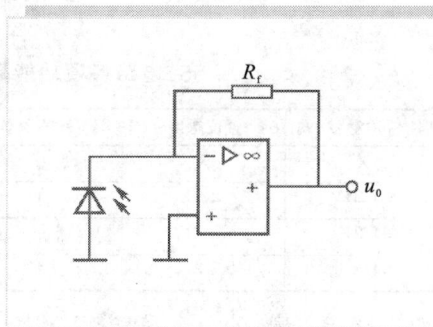

图3-33　光电测量电路

3. 555电路

555时基电路是一种能够产生定时信号（或称时钟信号），能够完成各种定时或延时功能的中规模集成电路。它将模拟功能和数字逻辑功能巧妙结合在一起。电路功能灵活，适用范围广，只要在外部配上几个阻容元件，就可以构成性能稳定而准确的方波发生器、单稳态触发器和施密特触发器等。它的应用相当广泛，在汽车电子电路中随处可见。

555的基本结构：

555的原始产品是NE555，后来又出现了LM555、μA555、XR555、CA555、RM555、FX555、5G1555等，统称为"555"，它们的等效电路、形式和内电阻值虽然略有不同，但基本结构并无根本差别，按其内部电路、功能结构可简化为图3-34的形式。

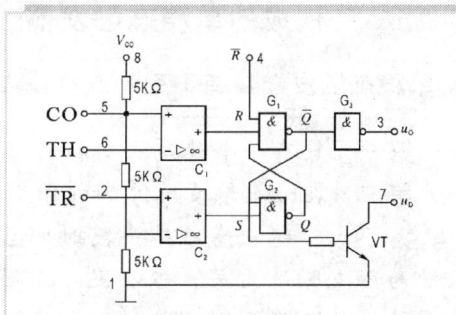

图3-34　555内部结构图

555时基电路含有两个电压比较器C_1、C_2，是一个由与非门组成的基本RS触发器，一个放电三极管VT以及由三个5 kΩ电阻组成的分压器（集成电路也因此得名）。分压器设定的$1/3V_{cc}$作为比较器C_2的基准电压，$2/3V_{cc}$作为比较器C_1的基准电压。在5脚控制端（CO端）外接控制电压时（CO端一般通过0.01 μF电容搭铁），两个比较器的基准电压分别是：$U_{C_1}^+ = U_{CO}$，$U_{C_2}^- = U_{CO}/2$，用以改变上、下触发电平值。比较器C_1的输出接基本RS触发器的R端，C_2的输出接RS触发器的S端。因此，加到比较器C_1反相端的触发信号电位高于同相端5脚的电位时，RS触发器翻转；而加到比较器C_2同相端2脚的触发信号电位低于C_2反相端的电位$1/3V_{cc}$时，RS触发器翻转。由此可见，555的输入不一定是逻辑电平，还可以是模拟信号，因此该电路兼有模拟和数字电路的特色。另外，555的7脚为放电端，当触发器的Q端为1时，放电三极管导通，外接电容元件通过VT放电。而555的4脚为强制复位端R，可由此端输入负脉冲而使触发器直接复位。

通过以上分析，得出555各功能的真值表，如表3-15所示，555时基电路引脚图如图3-35所示。

555电路各项功能真值表				表3-15
2脚(置位触发S端)	6脚(置位触发R端)	4脚(外部复位端)	3脚(输出端u_0)	7脚(放电u_D)
X	X	0	0	搭铁
$\leq 1/3V_{cc}$	$\leq 2/3V_{cc}$	1	1	断路
$\geq 1/3V_{cc}$	$\leq 2/3V_{cc}$	1	不变	不变
$\geq 1/3V_{cc}$	$\geq 2/3V_{cc}$	1	0	搭铁

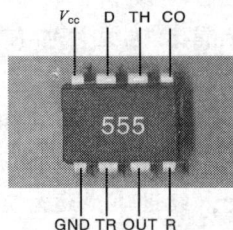

图3-35 555时基电路引脚图

三、555时基电路的基本应用

555时基电路的基本应用电路有3种：①单稳态触发器；②多谐振荡器；③施密特触发器。

1. 555构成的单稳态触发器

单稳态触发器具有下列特点：

第一，它有一个稳定状态和一个暂稳状态。

第二，在外来触发脉冲的作用下，能够由稳定状态翻转到暂稳状态。

第三，暂稳状态维持一段时间后，将自动返回到稳定状态，而暂稳状态时间的长短与触发脉冲无关，仅决定于电路本身的参数。单稳态触发器一般用于定时、整形以及延时电路。

图3-36是用555电路构成的单稳态触发器。R、C是定时元件；u_1是输入触发信号，下降沿有效，接到555的2脚；3脚u_0是输出信号。

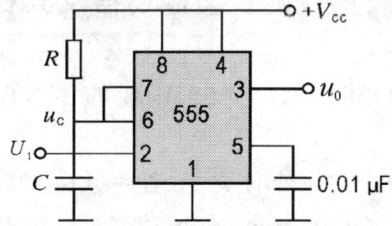

图3-36 555电路构成的单稳态触发器

在没有触发信号时，电路工作在稳态。即u_1是高电平时，$u_0=0$，VT饱和导通。接通电源后，电路会自动达到稳定状态。当u_1下降沿到来时，电路被触发，$u_0=1$，VT截止，这时电容C开始充电，在电容电压u_C上升到$2/3 V_{CC}$以前，电路保持暂态不变。随着电容C的充电，当u_C上升到$2/3 V_{CC}$时，触发器翻转，$u_0=0$，VT饱和导通，暂态结束。电容C通过三极管VT放电，C放电结束后，电路回到稳定状态，等待下一个触发脉冲。

图3-37是555电路构成的单稳态触发器工作波形图。

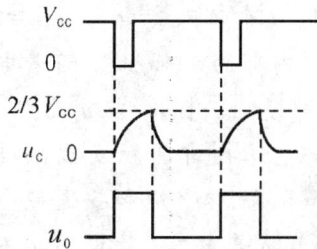

图3-37 555电路构成的单稳态触发器的工作波形图

下面以发动机555转速表为例进行介绍。本转速表实际是一个单稳态触发器，其中，L_{1G}是点火线圈一次绕组，P是继电器触点，电路如图3-38所示。

每当继电器触点断开而产生一个脉冲时，通过R_1和VZ_1的钳位限幅，由C_1耦合去触发555电路。在555电路输出端3脚输出高电平期间，VD反向截止，由R_5及R_p供给指示表。单脉冲过后，555电路输出端为低电平，VD将R_5提供的电流旁路，不再经过电位器R_p和指示表。因此，指示表通过的电流平均值与继电器触点P所产生的脉冲频率成正比，这就可以由指示表来指示发动机的转速。

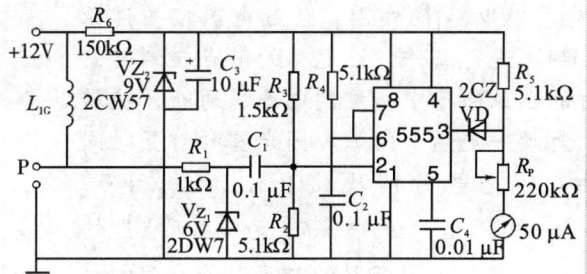

图3-38 发动机555转速表

2. 555构成的多谐振荡器及其在汽车上的应用

如图3-39所示,为555构成的多谐振荡器。

R_1、R_2、C是外接定时元件,6、2脚连接起来(u_C)接搭铁电容C,三极管VT集电极7脚接到R_1、R_2的连接点P。

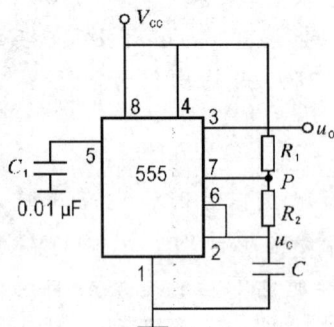

图3-39 555构成的多谐振荡器

接通电源前,电容C上无电荷,所以接通电源瞬间,C来不及充电,故$u_C=0$、$u_0=1$,555电路内部的VT截止。随着电容C充电、u_C缓慢上升,当u_C上升到$2/3V_{CC}$时,555电路内部的触发器翻转,$u_0=0$,VT饱和导通,VT饱和导通使电容C通过R_2放电。随着电容C放电,u_C不断下降。当u_C下降到$1/3V_{CC}$时,触发器翻转,$u_0=1$,VT截止。随后电容C又开始充电,进入下一个循环,于是在输出端3脚产生了矩形脉冲。电路的工作波形如图3-40所示。

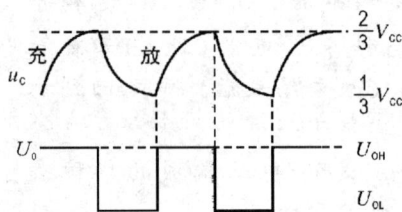

图3-40 555构成的多谐振荡器工作波形

下面以汽车转向灯闪光器为例进行介绍。

如图3-41所示,利用555定时器的输出端3接继电器J的线圈,使继电器按多谐振荡频率进行工作,继电器的触点接到转向灯的电源回路中,控制电源的通断,使转向灯按一定频率闪烁。闪光器的灯亮时间由C_1的充电时间决定:$t_{灯亮}=t_{C1充}\approx0.7(R_A+R_{VD1})C_1$(式中,$R_{VD1}$为二极管$VD_1$的正向电阻)。闪光器的灯灭时间由$C_1$的放电时间决定:$t_{灯灭}=t_{C1放}\approx0.7R_BC_1$。闪光器的灯亮灯灭周期即多谐振荡器的振荡周期,为$T=t_{C1充}+t_{C1放}=0.7(R_A+R_B+R_{VD1})C_1$。信号灯的闪烁频率为$f=1/T\times60$(次/min)。通过适当选择$R_A$、$R_B$和$C_1$的值,即可取得一定的闪烁频率。

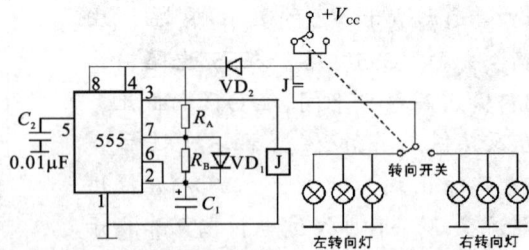

图3-41 555构成的汽车转向闪光器

3. 555构成的施密特触发器

施密特触发器一个最重要的特点，就是能够把变化非常缓慢的输入脉冲波形，整形成为适合于数字电路需要的矩形脉冲。如图3-42所示为555构成的施密特触发器。

将555时基电路的2脚、6脚连接起来作为信号输入端u_1，7脚通过电阻R接电源$+V_{DD}$，成为输出端u_{01}，输出电平可以通过改变V_{DD}进行调解；3脚是信号输出端u_{02}。

在开始时，$u_1=0V$，555内部RS触发器工作在1状态，三极管VT截止，3脚输出高电平，u_{01}、u_{02}均为高电平。随着u_1的升高，只要不达到$2/3V_{CC}$，电路保持状态不变；当u_1升高到$2/3V_{CC}$，555内部RS触发器翻转，3脚输出低电平，三极管VT导通，u_{01}、u_{02}均为低电平。此后u_1在上升到V_{CC}后又下降，但是没有下降到$1/3V_{CC}$以前，555电路保持输出低电平状态不变；当u_1下降到$1/3V_{CC}$时，555内部RS触发器翻转，三极管VT截止，3脚输出高电平，u_{01}、u_{02}均由低电平跳变到高电平，直到u_1下降到零时，电路的状态也不会改变。

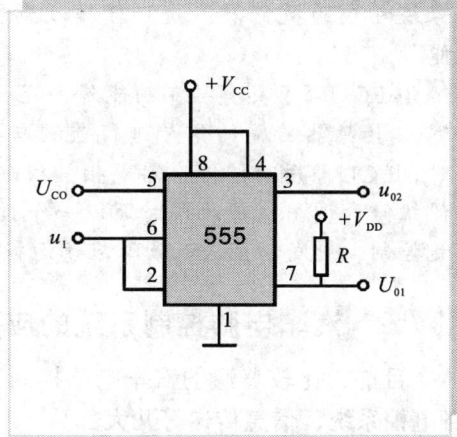

图3-42 555构成的施密特触发器

四、汽车电脑控制系统的组成及应用

1. 汽车电脑控制系统的组成

汽车电脑作为控制系统的核心，在硬件结构上一般可分为3个部分：外部传感器、汽车电脑和执行机构，如图3-43所示。汽车电脑一般被称为ECU（Electronic Control Unit）。ECU主要由输入接口、微处理器和输出接口组成。

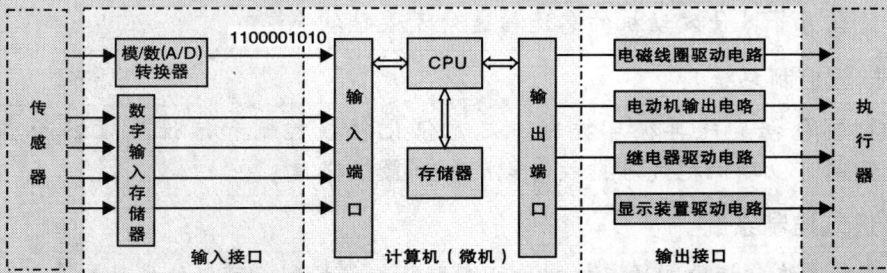

图3-43 汽车电脑控制系统基本组成

　　汽车在运行时，各传感器不断检测汽车运行的工况信息，并将这些信息实时地通过输入接口传送到ECU。ECU接收到这些信息时，根据内部预先存储的数据和编写好的控制程序，通过数学计算和逻辑判断，进行相应的决策和处理。确定出适应发动机工况的点火提前角、喷油时间等参数，并将这些数据转变为电信号，通过输出接口输出控制信号给相应的执行器，执行器接收到控制信号后，执行相应的动作，实现某种预定的功能。

　　ECU除了具有控制功能外，还具有故障自诊断功能。在发动机运行过程中，ECU对部分传感器传输的信号进行监测与鉴别。当发现某只传感器传输信号超过规定的范围时，ECU将判断该传感器或相关线路产生故障，并将故障信息代码储存在存储器中，以便维修和调用，与此同时还以一个设定的数据或用其他传感器提供的信号，对发动机实施控制，使发动机进入故障应急运行状态。

2. 汽车电脑控制系统的应用

　　目前，比较普遍的汽车电脑控制系统主要有发动机电子控制系统、底盘电控系统、车身电控系统、信息传递等几大部分。

1）汽车发动机电子控制系统

　　发动机电子控制系统主要包括电控汽油喷射系统、电控汽油点火系统、发动机怠速控制系统、排放控制系统、汽油机进气控制系统、汽缸变排量控制系统、可变压缩比系统、柴油机电控系统等。

（1）电控汽油喷射系统

　　汽油喷射控制主要是最佳空燃比的控制。它能有效地控制混合气空燃比，使发动机在各种工况以及有关因素的影响下，空燃比达到最佳值，从而实现提高功率、降低油耗、减少排气污染的功效。

（2）电控汽油点火系统

　　点火控制系统可使发动机在不同转速、进气量等因素下，实现最佳点火提前角，使发动机能发出最大的功率或转矩，同时使油耗和排放降低到最低限度。

（3）怠速控制系统

　　怠速控制系统能根据发动机冷却液温度及其他有关参数，如空调开关信号、动力转向开关信号等，使发动机的怠速转速处于最佳状态。

（4）排放控制系统

　　排放控制包括废气再循环控制、三元催化转换控制和活性炭罐燃油蒸发控制等。排放控制可以确保把汽车排放污染降低到最低限度。

（5）进气控制系统

　　电控进气系统包括进气通道控制和可变配气相位控制，可以使发动机在任何工况和转速下，均保持最佳的进气量，使动力充沛，耗油低。

2）汽车底盘电控系统

底盘电控系统包括防抱死制动系统（ABS）、电子防滑系统（ASR）、悬架系统控制、电控动力转向系统、四轮转向控制、电控巡航系统等。

（1）防抱死制动系统和电子防滑系统

防抱死制动系统和电子防滑系统都是汽车的主要安全装置，防抱死制动系统可防止汽车制动时车轮被抱死而产生侧滑，提高车辆制动的稳定性和可操纵性；电子防滑系统用来防止汽车起步和加速时驱动轮打滑，提高车辆起步或加速时的稳定性和可操纵性。

（2）电控自动变速器

电控自动变速器能根据发动机节气门开度和车速等行驶条件，由ECU按照换挡特性和换挡规律，精确控制变速比，使汽车达到最佳挡位。它与机械系统比较，具有高精度动力传动效率、低油耗、改善换挡舒适性和延长使用寿命等优点。

（3）悬架系统控制

悬架系统控制可根据不同的路面状况和车辆运行的工况，自动控制车身高度，调整悬架的弹性刚度和阻尼，改善车辆行驶稳定性、平顺性、操纵性和乘坐舒适性。

（4）电控动力转向系统

电控动力转向系统可根据车速、转向角、转矩等传感器信号自动控制施加在转向盘上的转向力，使汽车在停车或低速行驶时转动转向盘所需的力减小，而汽车在高速行驶时转动转向盘所需的力增大，即在各种行驶条件下实现转向上所需的力都是最佳值。

（5）电控巡航系统

电控巡航系统根据车速传感器、巡航控制开关及定速取消开关信号，通过进气管的真空度或直流电动机控制节气门开度来保持预先设定车速，而驾驶员不需脚踩加速踏板。汽车在高速公路上长时间行驶时，闭合该系统的控制开关，设定巡航车速后，ECU将根据行车阻力自动增减节气门开度，使汽车行驶速度保持一定，以减轻驾驶员驾车的疲劳。

3）汽车车身电控系统

汽车车身电控系统包括车用空调控制、车辆信息显示、风窗玻璃的刮水器控制、灯光控制、汽车门锁控制、汽车车窗控制、电动座椅控制、安全气囊与安全带控制、防撞与防盗安全系统等。

（1）汽车空调控制系统

车用全自动空调的电子控制器是根据各种温度传感器（车内温度、车外温度、太阳辐射强度等）输入的信号，计算出经过空调热交换器后送入车内应该达到的出风温度。对混合气调节器开度、风扇驱动电动机转速、冷却器风门、压缩机等进行控制，自动地将车内温度保持在设定的温度范围内。

（2）信息显示系统

车辆信息显示系统也称驾驶员信息系统。该系统正处于发展和完善阶段，由车况监测部件、车载计算机和电子仪表3部分组成。汽车车况监测是传统仪表板报警功能的发展，主要通过液位、压力、温度、灯光等传感器，检测发动机系统、制动系统和电源系统。车载计算机提供的信息能提高行车的安全性、燃油经济性和乘坐舒适性等。

（3）汽车电子灯光控制系统

汽车电子灯光控制系统可根据光传感器检测到的车外天气光亮情况的信号，自动地将后灯和前灯接通和切断，以提高汽车使用的便利性和行驶安全性。

（4）安全气囊控制系统

安全气囊控制系统是一种被动安全保护装置。其功用是当传感器检测到撞车事故发生时，即向控制器发送信号，而当判断电路根据传感器送来的信号值判断为严重撞车情况时，即触发装在转向盘内的氮气发生器，点燃气体发生剂，产生高压氮气迅速吹胀气囊。吹胀的气囊将驾驶员与转向盘和风窗玻璃隔开，以防止撞车过程中，驾驶员的头部和胸部直接撞在转向盘或风窗玻璃上发生伤亡事故。

4）汽车信息传递

汽车信息传递系统通常包括多路信息传递、汽车导航和蜂窝式移动电话3部分。

（1）多路信息传递系统

多路信息传递系统由显示器电子控制器、具有操作开关的显示器和其他各种电子控制器组成。每个电子控制器通过通信网络与其他电子控制器相连。显示器电子控制器作为主控制器，通过多路通信网络进行通信及整个系统的控制，由显示器显示诸如行车用的交通地图信息资料、汽车耗油情况以及车辆行驶过程的信息等。

（2）汽车导航系统

汽车导航系统由GPS接收机、电子地图等组成。

导航系统通过GPS接收机接收卫星信号，解算出自身经纬度坐标，然后与系统内的电子地图匹配，在屏幕上动态显示车辆运行轨迹，驾驶员便可以对当前行车位置一目了然。

GPS系统和地理信息系统可提供大量有用信息，满足车辆定位与导航、交通管理与监控的需要，并为驾驶员提供旅馆、加油站、修车厂等信息。

（3）移动通信系统

移动电话与常规电话不同。首先，蜂窝式移动电话的话机及拨号的按键直接与无线电发射接收器相连，不采用电话线；其次，使电话可随汽车移动。当通信开始时，移动电话需要选择一个合适的无线电波的频道，且必须通过基站的程控电子开关板来控制蜂窝式移动电话与基站链接。由于蜂窝式移动电话是四处移动的，因此还必须了解移动电话所处的位置，这样蜂窝式移动电话才能被覆盖该地区的基站所接通。

任务二　汽车遥控器不能控制门锁

汽车门锁是汽车防盗的第一步，采用中央门锁系统的车辆，当驾驶员锁住驾驶员车门时，其他几个车门（包括后车门及行李舱门等）能同时自动锁住；当打开驾驶员车门时，其他几个车门能同时打开，并且仍可用各车门的机械或弹簧锁开关车门。

一、中央门锁控制系统的功能

中央门锁控制系统具有钥匙联动锁门和开门功能以及钥匙禁闭预防功能，具体如下。

两级开锁功能：

在钥匙联动开锁功能中，一级开锁操作，只能以机械方法打开钥匙插入的门。两级开锁操作，则同时打开其他车门。

钥匙占用预防功能：

防止钥匙插入点火开关时，没有钥匙而将车门锁住。

安全功能：

当钥匙从点火开关中拔出而门已锁住时，无论用钥匙或不用钥匙锁门，门都不能用门锁控制开关打开。

电动窗不用钥匙的动作功能：

驾驶员和乘客的车门都关上，点火开关断开后，电动窗仍可动作约60s。

一般来说，所有车门可以通过前右或前左侧门上的钥匙操纵同时关闭和打开。若已执行了锁门操纵，而一侧前门打开并且点火开关钥匙仍插在锁芯内，则所有的车门会自动打开，以防止点火开关钥匙遗忘在汽车内。

二、汽车中控门锁的分类

汽车电子锁的分类方法很多，既可以按照控制部分中主要元器件的异同进行分类，也可以按照编码方式的异同进行分类。

1. 按键式电子锁

按键式电子锁采用键盘或组合按钮输入开锁密码，操作方便。内部控制电路常采用电子密码专用集成电路。此类产品包括按键式电子锁和按键式汽车点火锁。

2. 拨盘式电子锁

拨盘式电子锁采用机械拨盘开关输入开锁密码。很多按键式电子锁可以改造成拨盘式电子锁。

3. 电子钥匙式电子锁

电子钥匙式电子锁使用电子钥匙作为开锁密码，它由元器件搭成的单元电路组成，做成小型手持单元形式，通过光、声、电或磁等多种形式与主控电路联系。此类产品包括各种遥控汽车门锁、转向锁和点火锁以及电子密码点火钥匙。

4. 触摸式电子锁

触摸式电子锁采用触摸方式输入开锁密码。装用这种锁的车门上没有一般的门把手，代之以电子锁和触摸传感器。

5. 生物特征式电子锁

生物特征式电子锁的特点是将声音、指纹等人体生物特征作为密码输入，由计算机进行模式识别，控制开锁。生物特征式电子锁的智能化程度相当高。

三、汽车中控门锁的组成

1. 汽车电控门锁的组成

汽车电控门锁系统主要由控制开关、门锁控制器和门锁执行机构等组成，如图3-44所示。

1）控制开关

（1）门锁控制开关

安装在前左门和右门的扶手上，如图3-45所示。将开关推向前门是锁门，推向后门是开门。

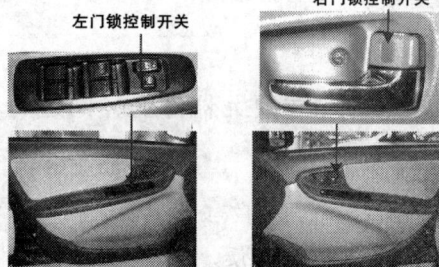

图3-44 中央门锁系统的组成

（2）钥匙开锁报警开关

用于探测点火钥匙是否插进钥匙门内。当钥匙在钥匙门内时，钥匙开锁报警开关接通电话报警；当钥匙离开钥匙门时，取消报警，如图3-46所示。

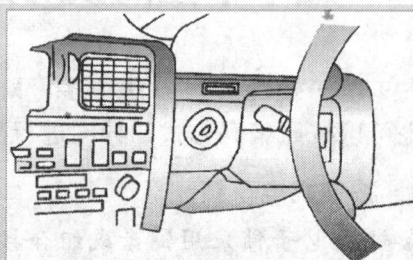

图3-45 门锁控制开关

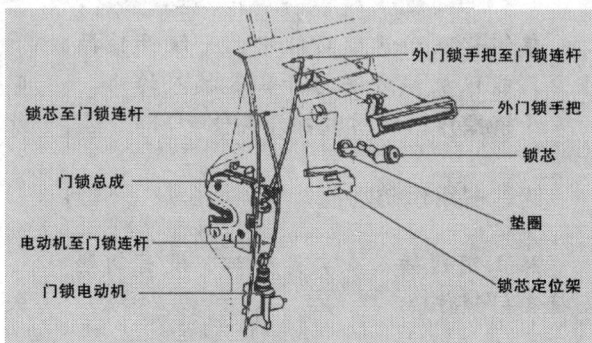

图3-46 钥匙开锁报警开关

（3）钥匙控制开关

安装在每个前门的钥匙门上，如图3-47所示。当从外面用钥匙开门和关门时，钥匙控制开关便发出开门或锁门的信号给门锁ECU。

（4）行李舱门开启器开关

位于仪表板下面，拉动此开关便能打开行李舱门，如图3-48所示。钥匙门靠近行李舱门开启器，推压钥匙门，断开行李舱内主开关，此时再拉开启器开关也不能打开行李舱门。将钥匙插进钥匙门内顺时针旋转打开钥匙门，当主开关再次接通，便可用行李舱门开启器打开行李舱。

（5）门控开关

用于探测车门的开闭情况。车门打开时，门控开关接通；车门关闭时，门控开关断开。

（6）门锁开关

用于检测车门的开闭情况。车门关闭，门锁开关断开；车门开启，门锁开关接通。

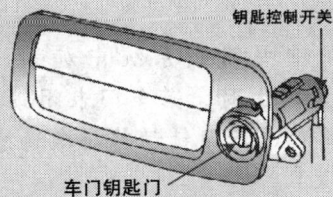

图3-47　钥匙控制开关

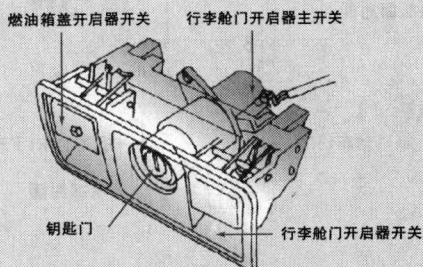

图3-48　行李舱门开启器开关

2）门锁控制器

门锁控制器为门锁执行机构提供开锁和闭锁脉冲电流，有晶体管式门锁控制器、电容式门锁控制器和车速感应式门锁控制器。

（1）晶体管式

门锁控制器内部设有闭锁和开锁两个继电器，由晶体管开关电路控制，利用电容器的充、放电过程，控制一定的脉冲电流持续时间，使门锁执行机构完成闭锁和开锁动作，如图3-49所示。

（2）电容式

该系统利用充足电的电容器，在工作时继电器（开锁或闭锁继电器）串联接入电容器的放电回路，使其触点短时间闭合。当（正向或反向）转动车门钥匙时，相应的电路开关（闭锁或开锁）接通，电容器放电电流通过继电器线圈（开锁或闭锁继电器）搭铁，线圈产生电磁吸力，触点闭合，接通执行机构电磁线圈的电路，完成闭锁或开锁的动作。当电容器放电完毕后，继电器触点打开，中央门锁系统停止工作。此时另一只电容器被充电，为下一次操纵做好准备，如图3-50所示。

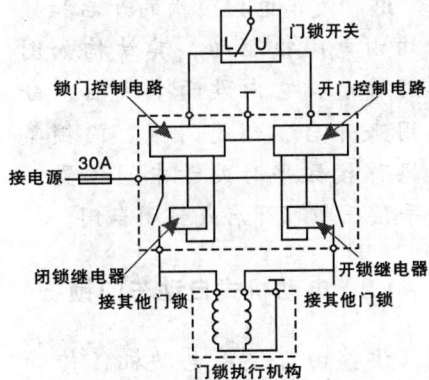

图3-49　晶体管式中央门锁系统

（3）车速感应式

在中央门锁系统中加装一车速（10km/h）感应开关，当汽车行驶速度达10km/h以上时，若车门未闭锁，不需要驾驶员操纵，门锁控制器将自动关闭。每个门可单独进行门锁动作。车速感应式中央门锁系统电路如图3-51所示。

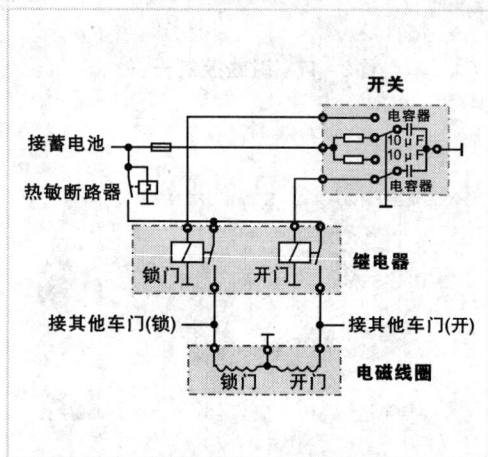

图3-50　电容控制的中央门锁系统电路

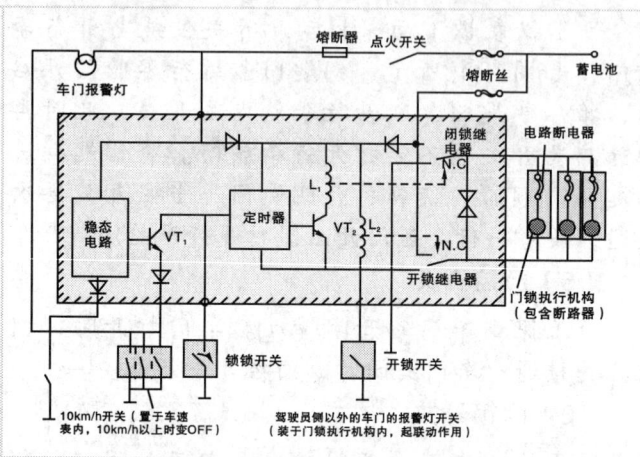

图3-51　车速感应式中央门锁系统电路

3）执行机构

汽车电子门锁的执行机构一般采用电磁铁或微型电动机控制。

（1）电磁铁式自动车门锁

这种汽车电控门锁的开启和锁闭均由电磁铁驱动，其结构如图3-52所示。它内设两个线圈，分别用来开启、锁闭门锁。门锁集中操作按钮平时处于中间位置，用手按压即可开启或锁闭车门。

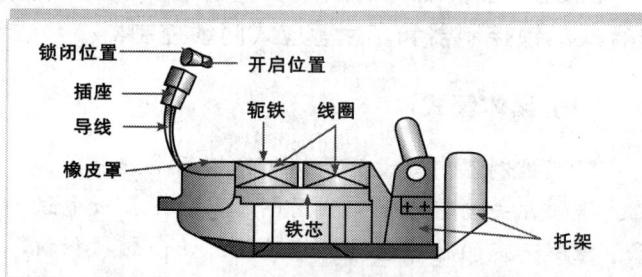

图3-52　电磁铁结构

（2）电动机式自动车门锁

该锁由可逆式电动机、传动装置及锁体总成构成。其工作原理为：由电动机带动齿轮齿条或螺杆螺母进而驱动锁体总成，驱动车门的闭锁或开启，其传动装置如图3-53所示。

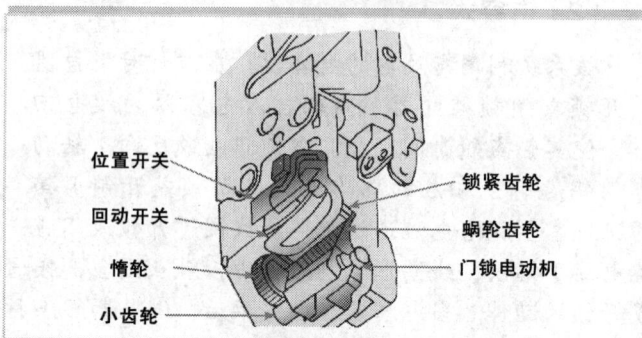

图3-53　电动机式门锁传动装置

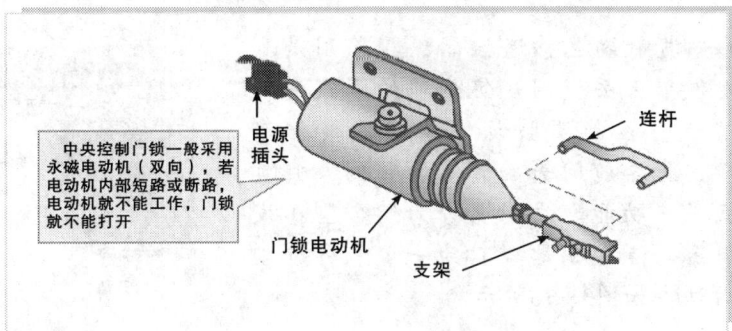

对于门锁电动机故障，可参看图3-54，检查或更换门锁电动机。

中央控制门锁一般采用永磁电动机（双向），若电动机内部短路或断路，电动机就不能工作，门锁就不能打开

连杆

电源插头

门锁电动机　支架

图3-54　门锁开关故障

2.汽车遥控车门的组成

遥控门锁系统的作用是不使用钥匙，利用遥控器在一定距离内完成车门的打开及锁止。遥控门锁系统不但能控制驾驶员侧车门，还可控制其他车门和行李舱门。 遥控门锁系统由发射器、接收器、门锁遥控控制组件（ECU）、门锁控制组件以及执行器等组成。图3-55所示为丰田威驰轿车无线遥控门锁系统零部件位置。

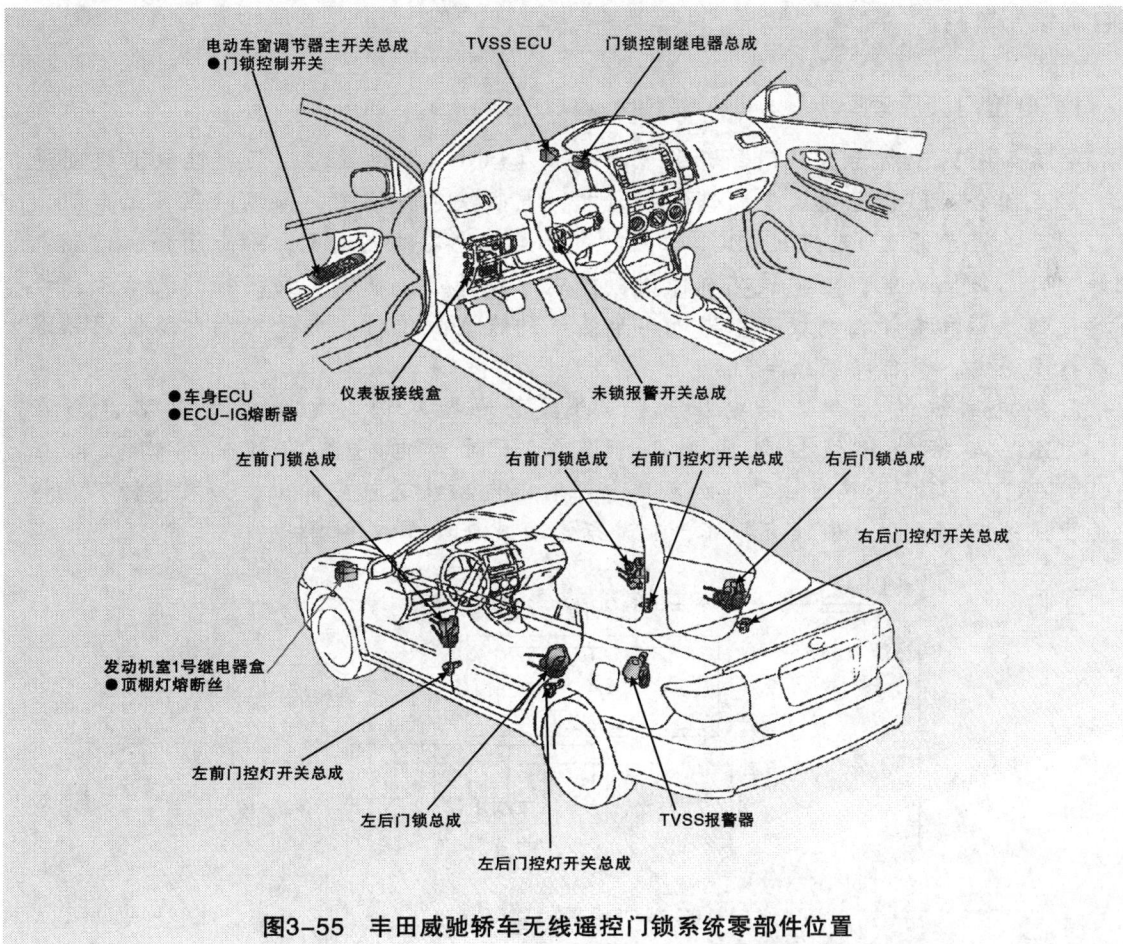

图3-55　丰田威驰轿车无线遥控门锁系统零部件位置

发射器也称遥控器，其作用是利用发射开关发射规定代码的无线遥控信号，控制驾驶员侧车门、其他车门、行李舱门等的开启和锁闭，且具有寻车功能。发射器分为组合型（发射器与点火钥匙合二为一）和分开型两种，如图3-56所示。

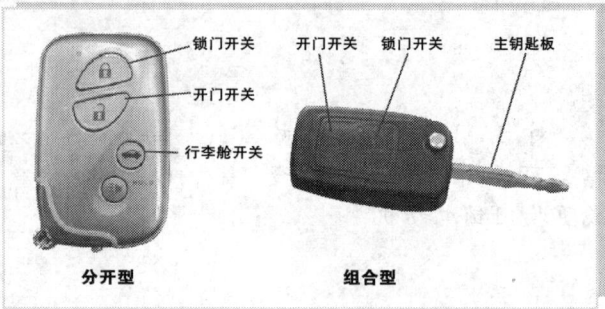

图3-56 发射器

四、汽车中控门锁的工作原理

1. 电控门锁工作原理

电控门锁的作用是通过电磁铁机构或电动机式机构来打开及锁止车门锁。由门锁执行机构及联动机构、门锁控制开关、门锁控制继电器等主要部分组成。目前，高档车一般采用的是自动锁门式，它是在手动控制门锁开闭的基础上，还可以根据汽车车速自动锁死车门。

1）电控门锁原理

电路如图3-57所示，当门锁开关置于锁止（LOCK）位置时，门锁继电器线圈通电，触点闭合，门锁电磁铁中门锁线圈通电，电磁铁芯杆缩回，操纵门锁锁止车门，当门锁开关置于开启（UNLOCK）位置时，开启继电器线圈通电，触点闭合，门锁电磁铁中开启线圈通电，电磁铁芯杆伸出，操纵门锁开启，在带自动门锁的汽车上，设有速度传感器和电子控制线路。当汽车车速达到设定数值时，电子控制电路使门锁继电器线圈通电，而自动锁止车门。

门锁电磁铁的检查，将电压为12V的蓄电池接入门锁电磁铁的电路，当在"LOCK"与搭铁接线柱之间加上额定电压时，电磁铁芯杆应缩回，当在"UNLOCK"与搭铁接线柱之间加额定电压时，电磁铁芯杆应伸出。如果芯杆不能相应伸出或缩回，表明电磁铁有损坏，应进行修理或更换。

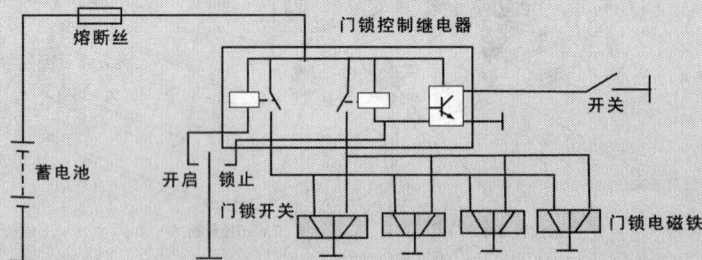

图3-57 电控门锁电路

丰田威驰轿车电动门锁电路如图3-58所示。

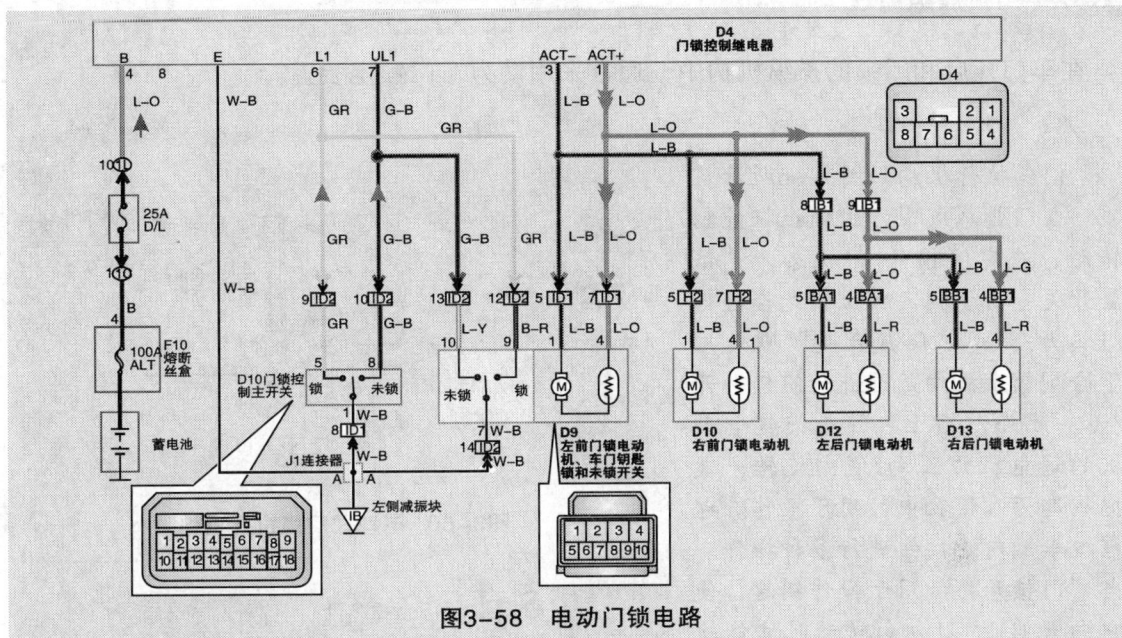

图3-58 电动门锁电路

电动门锁控制继电器D4接收来自主开关D10和左前门车门锁的信号，然后驱动门锁电动机，其中左前门锁电动机、右前门锁电动机、左后门锁电动机、右后门锁电动机并联接入门锁控制继电器的3脚和1脚，ACT+和ACT-为门锁电动机控制信号输出端。

当门锁开关置于"锁"位置时，门锁控制继电器的6脚输入搭铁信号，门锁控制继电器识别为锁门信号，继电器动作，从其1脚输出蓄电池电压，分别经左前门锁电动机、右前门锁电动机、左后门锁电动机、右后门锁电动机后回到门锁控制继电器的3脚，此时左前门、右前门、左后门、右后门电动机运转，同时上锁。

当门锁开关置于"未锁"位置时，门锁控制继电器的7脚输入搭铁信号，门锁控制继电器识别为开锁信号，继电器动作，从其3脚输出蓄电池电压，分别经左前门锁电动机、右前门锁电动机、左后门锁电动机、右后门锁电动机后回到门锁控制继电器的1脚，此时左前门、右前门、左后门、右后门电动机运转，同时开锁。

电动门锁系统电控零部件位置如图3-59所示。

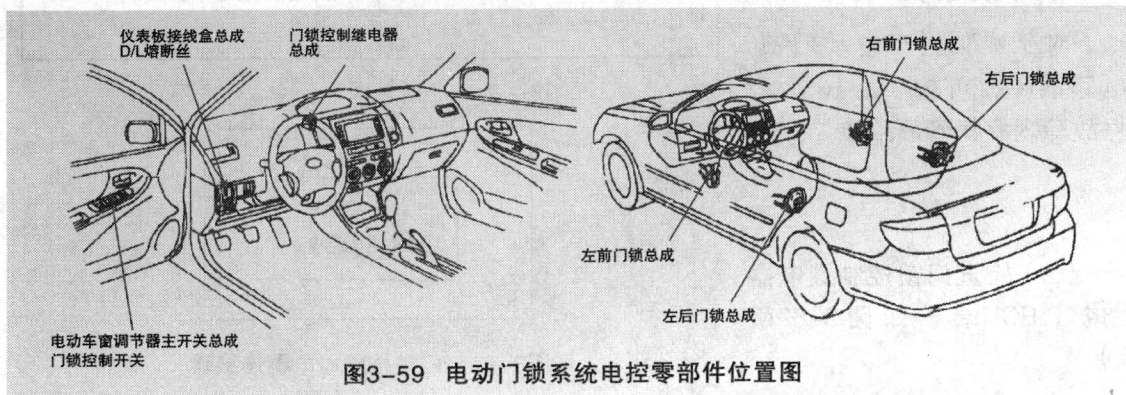

图3-59 电动门锁系统电控零部件位置图

2）门锁操纵原理

在车门开启和闭锁的操纵机构中，通常采用动力车门锁定装置。

门锁执行机构如图3-60所示。

在门锁总成中，由锁止杆控制转动，决定门锁开/闭状态。"位置开关"用于测定锁止杆是否进行门锁开/闭；"门锁开关"则是用于检测锁止机构是否进行门锁的开/闭。此外，锁止杆随着门锁电动机的通电，作正向/逆向旋转；或把钥匙插入锁孔中，用于操作。也可按车厢内的按钮进行多种操作。当"门锁开关"用于操作钥匙，使它向开启/关闭方向转动时才能输出信号。

对于门锁开关故障，可参看图3-61，检查或更换门锁开关。

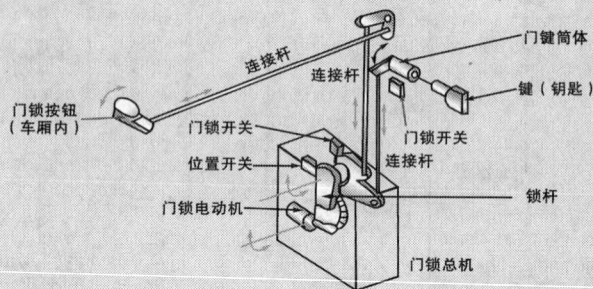

图3-60 电动式门锁执行机构

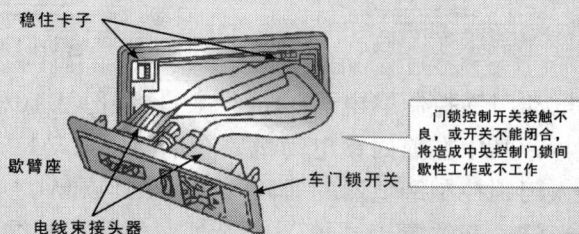

图3-61 门锁开关故障

3）电动门锁电路的检测与修复

下面以丰田威驰轿车为例，讲解电动门锁电路的检测与修复。

（1）故障诊断表

对于威驰轿车电动门锁电路故障，可按表3-16，根据故障现象找到故障点。

威驰轿车电动门锁电路故障表　　表3-16

症状	可疑区域
通过主开关、驾驶员侧车门锁不能控制所有车门的上锁和开锁	1.D/L熔断丝； 2.电动车窗调节器主开关总成； 3.左侧前门锁总成； 4.门锁控制继电器总成； 5.线束

（2）检查门锁控制继电器总成（ECU端子如图3-62所示）

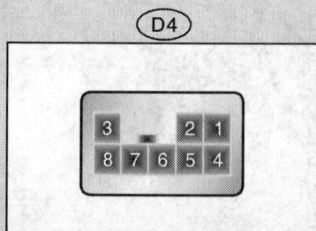

图3-62 门锁控制继电器连接器

①断开门锁控制继电器连接器D4，检查线束一侧连接器每个端子的电压和导通情况，其状态应符合表3-17的要求。如果结果不符合标准，可能是线束一侧有故障。

门锁控制继电器连接器端子的电压和导通情况（断开状态）　　　　表3-17

符号(端子号)	导线颜色	工况	标准状况
B(D4-4)搭铁	L-O⟺-	任何工况	10~14V
E(D4-8)搭铁	W-B⟺-	任何工况	导通
L1(D4-6)搭铁	GR⟺-	门控开关(主开关)OFF→LOCK	不通→导通
UL1(D4-7)搭铁	G-B⟺-	门控开关(主开关)OFF→UNLOCK	不通→导通

②重新连接门锁控制继电器连接器D4，检查连接器每个端子的电压，其值应符合表3-18所示要求。如果结果不符合标准，车辆可能有故障。此时，检查门锁控制继电器和蓄电池之间的线束、连接器和熔断丝。如果有必要，进行修理或更换。

门锁控制继电器连接器端子的电压和导通情况（连接状态）　　　　表3-18

符号(端子号)	导线颜色	工况	标准状况
ACT+(D4-1)搭铁	L-O⟺-	门控开关(主开关)或门锁(驾驶员)OFF→LOCK	低于1V→10~14V→低于1V
ACT-(D4-3)搭铁	L-B⟺-	门控开关(主开关)或门锁(驾驶员)OFF→LOCK	低于1V→10~14V→低于1V

（3）主开关、驾驶员侧车锁不能控制所有车门的上锁和开锁故障的检查
电路参看图3-58，检查程序如下。

①检查主开关或门锁操作

如果用驾驶员侧车门锁不能进行手动上锁/开锁操作，转到步骤④；如果用主开关不能进行手动上锁/开锁操作，转到下一步骤。

②检查电动车窗调节器主开关总成（图3-63）

a.拆下主开关。

b.检查门锁控制开关导通性，其状态应符合表3-19所示要求。

如果不正常，更换电动车窗调节器主开关总成；如果正常，转到下一步骤。

③检查线束（电动车窗调节器主开关总成⟺门锁控制继电器总成）（图3-64）

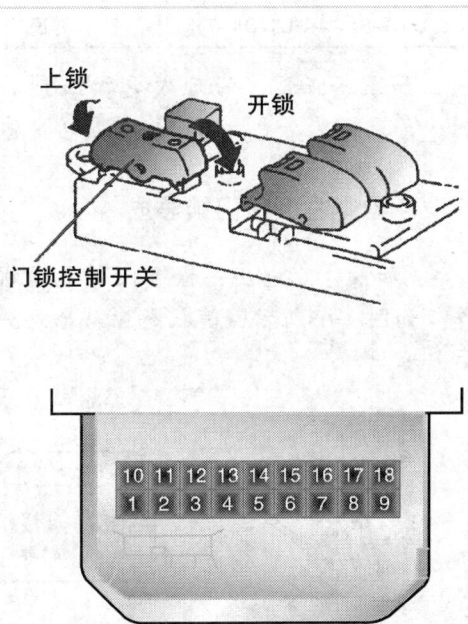

图3-63　检查电动车窗调节器主开关总成

检查门锁控制开关的导通性　表3-19

端子号	开关位置	标准状态
1⇔5	LOCK	导通
—	OFF	不导通
1⇔8	UNLOCK	导通

线束侧

D10
电动车窗调节器主开关总成

D4
门锁控制继电器总成

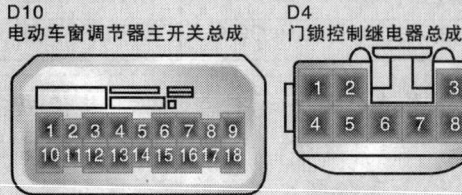

图3-64　检查线束（电动车窗调节器主开关总成到门锁控制继电器总成）

a.断开D10电动车窗主开关连接器。

b.断开D4门锁控制继电器连接器。

c.检查线束一侧连接器的导通性，其状态应符合表3-20所示要求。

检查线束一侧连接器的导通性　表3-20

符号(端子号)	标准状态
L(D10-5)⇔L1(D4-6)	导通
L(D10-8)⇔UL1(D4-7)	导通

如果不正常，修理或更换线束和连接器；如果正常，更换门锁控制继电器总成。

④检查左侧前门锁总成

a.加蓄电池电压，检查门锁电动机的动作，如图3-65所示，其状态应符合表3-21所示要求。

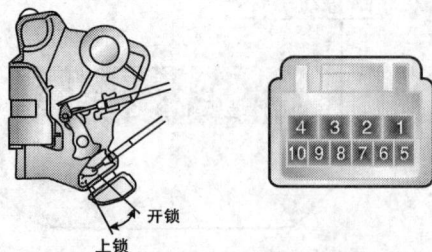

图3-65　检查门锁电动机的动作

门锁电机的动作表　表3-21

符号(端子号)	标准状态
蓄电池正极(+)⇔端子4 蓄电池负极(-)⇔端子1	上锁
蓄电池正极(+)⇔端子1 蓄电池负极(-)⇔端子4	开锁

b.检查车上锁和开锁开关的导通性，如图3-66所示，其状态应符合表3-22所示要求。

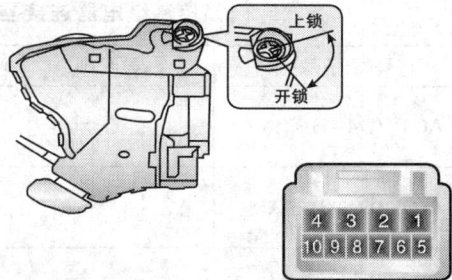

图3-66　检查车上锁和开锁开关

检查车上锁和开锁开关的导通性　表3-22

端子号	开关位置	标准状态
7⇔9	LOCK	导通
—	OFF	—
7⇔10	UNLOCK	导通

c.检查位置开关的导通性，其状态应符合表3-23所示要求。

检查位置开关的导通性　表3-23

端子号	开关位置	标准状态
7⇔8	LOCK	不通
	UNLOCK	导通

如果不正常，更换左侧前门锁总成；如果正常，转到下一步骤。

⑤检查线束（左侧前门锁总成⟺门锁控制继电器总成）（图3-67）

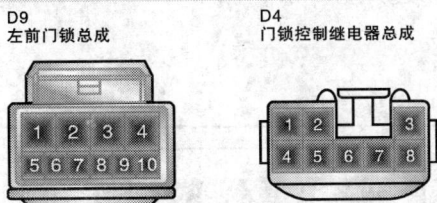

图3-67 检查线束（左侧前门锁总成到门锁控制继电器总成）

a.断开D9门锁（驾驶员侧）连接器。

b.断开D4门锁控制继电器连接器。

c.检查线束一侧连接器的导通性，其状态应符合表3-24所示要求。

检查线束一侧连接器的导通性   表3-24

符号(端子号)	标准状态
-(D9-4)⟺ACT+(D4-1)	导通
-(D9-1)⟺ACT+(D4-3)	导通

如果不正常，修理或更换线束或连接器，如果正常，更换门锁控制继电器总成。

4）电动门锁零部件的检修

（1）检查门锁总成

①加上蓄电池电压，检查门锁电动机的工作情况，如图3-68和表3-25所示。

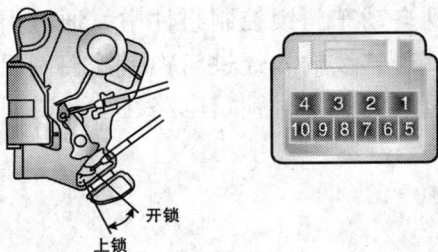

图3-68 检查门锁电动机的工作情况

门锁电动机的工作情况表   表3-25

符号(端子号)	标准状态
蓄电池正极-端子4 蓄电池负极-端子1	上锁
蓄电池正极-端子1 蓄电池负极-端子4	开锁

如果工作不符合标准，则更换门锁总成。

②检查门锁在开锁和上锁时候的导通情况，如图3-69和表3-26所示。

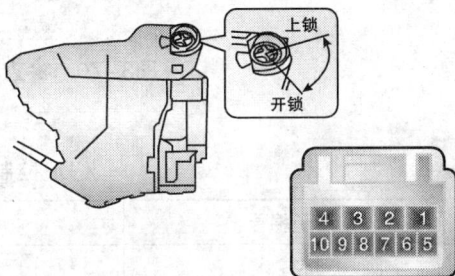

图3-69 检查门锁在开锁和上锁时的导通情况

门锁在开锁和上锁时   表3-26
的导通情况表

端子编号	门锁位置	标准状态
7⟺9	上锁	导通
—	OFF	—
7⟺10	开锁	导通

如果导通不符合标准，则更换门锁总成。

③检查开关在不同位置时的导通情况，如表3-27所示。

开关在不同位置时的   表3-27
导通情况表

端子编号	门锁位置	标准状态
7⟺8	上锁	不导通
	开锁	导通

如果工作不符合标准，则更换门锁总成。

（2）检查电动车窗调节主开关总成

检查门锁控制开关的导通情况，如图3-70和表3-28所示。

图3-70　检查门锁控制开关的导通情况

门锁控制开关的导通情况表　　　　　　　　　　表3-28

端子编号	门锁位置	标准状态
1⟺5	上锁	导通
—	OFF	—
1⟺8	开锁	导通

如果检查结果不符合标准，则更换开关总成。

2. 遥控车门系统工作原理

1）工作原理

从发射器发出的红外线信号或电磁波信号，被接收并输送到门锁遥控控制组件中。门锁遥控组件对接收器接收到的信号进行比较、判别，若为正确代码，则通过其内部的输出电路将开门或锁门信号交替输入到自动车门锁控制组件中，通过门锁电动机或电磁铁来完成车门的打开或锁止动作。若连续输入经过门锁遥控控制组件判别为不正确的代码，门锁遥控控制组件会通过其内的限时锁定电路在一定时间内停止输入。

图3-71所示为丰田威驰轿车遥控车门电路。

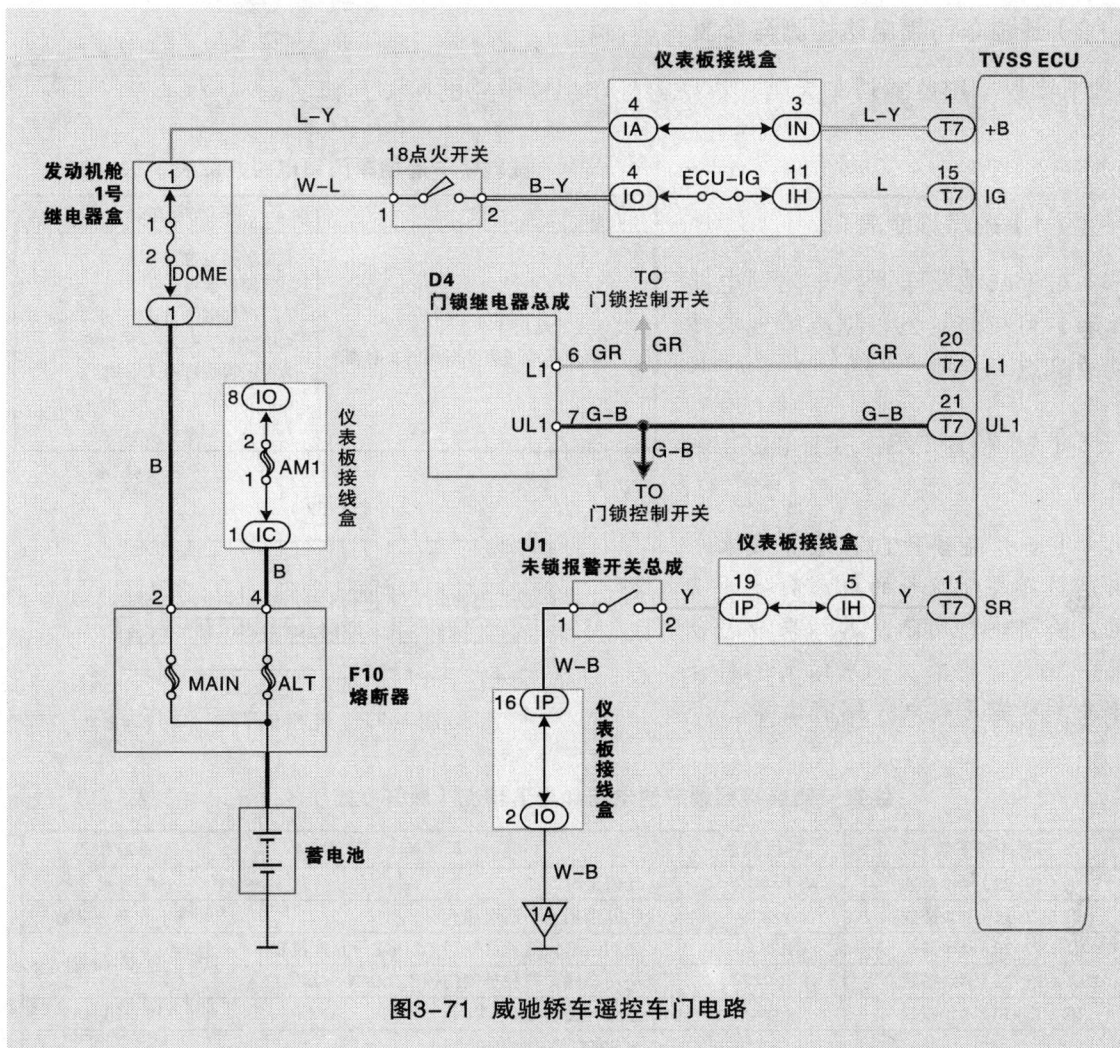

图3-71　威驰轿车遥控车门电路

电路原理分析如下：

　　蓄电池电压→MAIN熔断丝→DOME熔断丝→防盗系统TVSS ECU的1脚，此为常电源电路；当点火开关闭合时，蓄电池电压→ALT熔断丝→AM1熔断丝→点火开关→ECU-IG熔断丝→防盗系统ECU的15脚。

　　防盗系统ECU接收来自发射器的信号，并通过其20脚、21脚（其中20脚输出的是上锁信号，21脚输出的是开锁信号）把这个信号发送给门锁控制继电器总成，门锁控制继电器总成向每个门锁电动机发出上锁/开锁信号实现控制。具体上锁/开锁电路分析，参看威驰电动门锁部分。遥控车门电路零部件位置见图3-55。

2）遥控车门锁电路检测与修复

下面以丰田威驰轿车为例，讲解遥控车门锁电路的检测与修复。

（1）故障诊断表

对于威驰轿车遥控车门锁电路故障，可按表3-29根据故障现象找到故障点。

威驰轿车遥控车门锁电路故障表　表3-29

症状	可疑区域
仅无线控制功能不工作（比较新车或同类型车辆的发射器）	1.发射器电池 2.门控发射器 3.门控继电器总成 4.DOME灯和ECU-IG熔断丝 5.未锁警告灯开关总成 6.TVSS ECU 7.线束

（2）检查TVSS ECU（ECU端子）

①断开连接器T7，检查线束一侧连接器每个端子的电压和导通情况，如图3-72所示，其结果应符合表3-30所示要求。如果结果不符合标准，可能是线束一侧有故障。

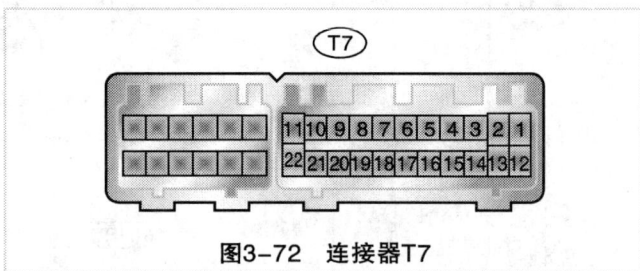

图3-72　连接器T7

线束一侧连接器端子的电压和导通情况（断开状态）　表3-30

符号（端子号）	导线颜色	工况	标准状态
E（T7-22）⟺搭铁	W-B⟺-	任何工况	导通
SR（T7-11）⟺搭铁	Y⟺-	钥匙未插入→钥匙插入	不导通→导通
L1（T7-20）⟺搭铁	GR⟺-	使用钥匙，驾驶员侧门锁LOCK→其他位置	导通→不通
UL1（T7-21）⟺搭铁	G-B⟺-	使用钥匙，驾驶员侧门锁UNLOCK→其他位置	
IG（T7-15）⟺搭铁	L⟺-	点火开关LOCK→ON	0V→10~14V
顶棚灯（T7-16）⟺搭铁	R-W⟺-	●内室灯开关DOOR ●驾驶员侧门全关→开 ●前乘客侧门全关→开 ●右后门全关→开 ●左后门全关→开	10~14V→0V

②重新连接连接器T7，检查连接器每个端子的电压，其结果应符合表3-31所示要求。如果结果不符合标准，ECU可能有故障。

线束一侧连接器端子的电压和　表3-31
导通情况（连接状态）

符号（端子号）	导线颜色
HAZ（T7-14）⟺搭铁	G-O⟺W-B

工　况	标准状态
不响应-后备状态→响应-后备状态	脉冲

（3）汽车遥控制器不能控制门锁故障的检查

电路参看图3-71。检查程序如下：

> **注意：** 以下说明的是一种发射信号的开关，它位于门控发射器内。

①置车辆于初始状态。

②检查发射器发光二极管是否闪亮：按3次开关，检查发射器发光二极管是否亮3次。

如果正常，转到步骤④；如果不正常，转到下一步骤。

③简单检查发射器电池：更换新的或完好的发射器电池后，按3次开关，检查发射器发光二极管是否亮3次。

如果不正常，更换门控发射器；如果正常，更换发射器电池。

④检查DOME、ECU-IG熔断丝：从仪表板接线盒上拆下熔断丝，检查是否导通。标准状态应为导通。

如果不正常，更换熔断丝；如果正常，转到下一步骤。

⑤检查无线门锁功能：用标准操作检查能否开锁—上锁。

注意：这里所说的标准操作指的是按发射器开关1s，发射器正对驾驶员一侧的车门外侧把手，距离车辆1000mm。

如果正常，无线门锁故障；如果不正常，转到下一步骤。

⑥检查未锁报警开关总成的导通性，如图3-73所示，应符合表3-32所示要求。如果不正常，更换未锁警告灯开关总成；如果正常，转到下一步骤。

⑦检查线束（未锁警告灯开关TVSS ECU）（未锁警告开关搭铁），如图3-74所示。

a.断开U1开关连接器。

b.断开T7 ECU连接器。

c.检查线束侧连接器的导通性，U1-2→T7-11在标准状态下应导通。

d.检查U1开关连接器和搭铁之间的导通性，U1-1→搭铁在标准状态下应导通。

如果不正常，修理或更换线束或连接器；如果正常，转到下一步骤。

⑧注册识别码。检查允许注册。

如果正常，无故障（执行功能检查）；如果不正常，转到下一步骤。

⑨检查线束（门控继电器总成TVSS ECU），如图3-75所示。

a.断开D4继电器连接器。

b.断开T7 ECU连接器。

C.检查线束一侧连接器之间的导通性，应符合表3-33所示要求。

如果不正常，修理或更换线束或连接器；如果正常，更换TVSS ECU。

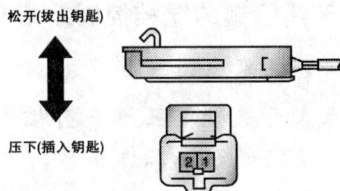

图3-73　检查未锁报警开关总成的导通性

未锁报警开关总成的导通性表　表3-32

端子号	操作	标准状态
1⟺2	开关松开（拔出钥匙）	不通
	开关压下（钥匙插入）	导通

图3-74　检查TVSS ECU与未锁报警开关间的线束

图3-75　检查门控继电器总成与TVSS ECU间的线束

检查线束一侧连接器间的导通性　表3-33

符号（端子号）	标准状态
L1（D4-6）⟺L1（T7-20）	导通
L1（D4-7）⟺UL1（T7-21）	导通

3）遥控门锁零部件的检修

（1）检查时的注意事项

①无线门锁的遥控控制功能只有在以下3种条件都满足的情况下，才能起作用：

a.所有的车门都关闭，否则，任何一扇车门打开着，其他车门就无法上锁。

b.点火开关钥匙孔里没有插入钥匙。

c.电动门锁系统工作正常。

②情况不同，无线门锁的遥控控制区域不同。

a.根据操作者和发射器所持的方式，控制区域不同。

b.在某些地方，控制区域会因为汽车车身和周围环境的影响而缩小，或者遥控控制功能只有部分起作用。

c.由于发射器采用的是微量电磁波，强烈的电磁波或者相同频率的噪声会减小控制的区域，或者遥控控制功能不起作用。

d.遥控电池缺电时，控制区域会减小，或者遥控控制功能不起作用。

注意： 如果车门控制发射器被放置在阳光直接照射的地方，比如仪表板上，也会造成电池缺电或者其他故障。

（2）车上检查（检查无线门锁的控制功能）

注意： 这里所讲的开关是指发射信号的开关（LOCK开关、UNLOCK开关，PANIC开关），它是置于车门控制发射器里的。

①把汽车放置在无线控制功能能够起作用的地方。

②检查基本功能。

a.当钥匙上的任何开关按3次时，检查LED灯是否闪烁3次。注意：如果按压不少于3次，而LED灯没有闪烁，则是缺电。

b.在遥控区域按压开关，检查所有的车门是否上锁或者开锁（然而，当钥匙在点火开关钥匙孔里或者有车门打开时，就不会发生此种情形）。注意：UNLOCK功能在任一车门打开时也能起作用。

③检查自动锁门功能。

a.按压开关，打开所有车门门锁后大约30s，如果没一扇门被打开或者点火开关没有转到ON位置，检查所有的车门应自动上锁。

b.按压开关，打开所有车门门锁后大约30s，当任意一扇门被打开或者点火开关转到ON位置，检查自动上锁功能应不工作。

④检查开关操作失效保护功能。当钥匙插在点火开关钥匙孔里，检查车门是否开锁或者上锁。

⑤当任意一扇车门打开或者没有完全关闭时，检查操作终止功能。当任意一扇车门打开或者没有完全关闭时，检查车门不能通过遥控开关上锁。

⑥检查警告灯的闪烁和警报器鸣叫功能（响应）。

a.当按下LOCK开关时，检查警告灯应闪烁1次，同时伴有所有车门上锁的动作。

b.当按下UNLOCK开关时，检查警告灯应闪烁2次，同时伴有打开所有车门开锁的动作。

⑦检查遥控功能。

当按下PANIC开关不少于1.5s时，检查TVSS警报器应有鸣叫，警告灯开始闪烁。一旦按下UNLOCK开关或者再按1次PANIC开关时，鸣叫声音和闪烁应停止。

⑧检查搜索功能。

> **注意**：在灯光昏暗的夜晚和大量停车的停车场，能够利用声音和闪光指示，较容易地找到汽车。

当车门锁住时，按LOCK开关一次，检查警告灯应闪烁15s。

（3）遥控器的检修

①遥控器电池更换。

> **注意**：操作时要格外小心，因为这些元件是精密的电子元件。

a.用螺丝刀撬开遥控器壳，如图3-76所示。

> **注意**：不要用力撬开遥控器壳。

b.拆下2粒电池（纽扣电池）。

> **注意**：不要用手指按电极弹片；向上用力撬动电池（纽扣电池），将导致变形；手不要接触电池，水分会造成生锈；不要触摸或移动发射器里的任何元件，否则会影响操作。

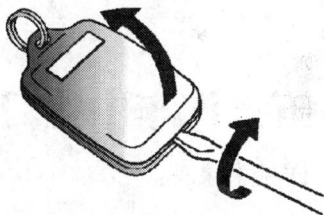

图3-76　撬开遥控器壳

c.如图3-77所示，装入2粒新电池（纽扣电池），正极（+）朝上。

> **注意**：确保发射器电池的正极与负极的朝向正确；小心不要弯曲发射器电池里的极片；小心不要让灰尘和油污污染发射器盒。

d.检查橡胶盖是否扭曲或者滑落，安装遥控器壳。

> **注意**：任何损坏均会造成电池（纽扣电池）和极片之间的接触不良。

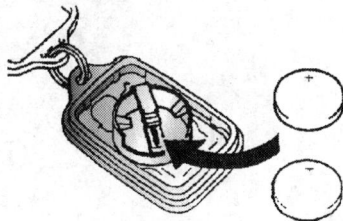

图3-77　装入新电池

②门控遥控器登记识别码

如果更换了门控遥控器或者TVSS ECU，就要登记识别码。

登记识别码的方法如下：

①在汽车处于非警戒状态时，进行以下工作。

a.打开驾驶员侧车门，把钥匙插入点火开关钥匙孔。

b.在10s内把点火开关从ON位置转到OFF位置5次。

c.使安全指示器LED灯亮。

②安全指示器LED灯亮时，在步骤①以后，于16s内按压任意遥控器的开关一次，这样会使LED灯熄灭。再次按压同样的开关一次会使LED灯闪烁一次，然后保持常亮，遥控器识别码的登记就完成了。

③为了登记其他的遥控器（识别码），在先前的登记工作完成后16s内重复步骤②。

注意：一次能登记4个识别码。如果试图登记5个遥控器（识别码），最早登记在TVSS ECU中的识别码将被清除。

④当任何一扇车门关上，点火开关转到ON位置或者遥控在登记后的16s内没有信号发出，则LED灯全熄灭，识别码的登记就结束了。

五、汽车中控门锁的检修实训指导与实操工单

详见附录三。

任务三　汽车防盗功能不能开启

随着科学技术的进步，为对付不断升级的盗车手段，人们研制出一代又一代各种方式、不同结构的防盗器。不同时期的防盗器具有不同的结构及功能。

一、汽车防盗器的分类

汽车防盗器按其结构可分为机械式、电子式、网络式三大类。

1. 机械式防盗器

主要是靠锁定离合器、制动系统、节气门或转向盘、变速杆来达到防盗的目的，它只防盗不报警，常见的结构形式有：**转向盘锁和变速手柄锁。**

1）转向盘锁

使用时，主要是将转向盘与制动踏板连接在一起，使转向盘不能作大角度转向及制动汽车。而另一款式转向盘锁，在转向盘上加一枝长铁棒，也是使转向盘不能正常使用。

2）变速手柄锁

在换挡杆附近安装转速锁，可使变速器不能换挡。通常在停车后，把换挡杆推回0位或1挡位置，加上变速器锁可使汽车不能换挡。

2. 电子式防盗器

电子防盗报警器（也称微电脑汽车防盗器），它主要是靠锁定点火系统或启动系统来达到防盗的目的，同时具有防盗和声音报警功能。

1）服务功能

包括遥控车门、遥控启动、寻车和阻吓等。

2）警惕提示功能

触发报警记录（提示车辆曾被人打开过车门）。

3）报警提示功能

即当有人动车时发出警报。

4）防盗功能

即当防盗器处于警戒状态时，切断汽车上的启动电路。

图3-78所示为奇瑞QQ汽车的遥控防盗钥匙。

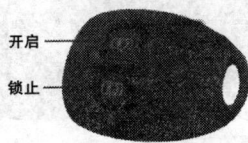

图3-78　遥控防盗钥匙

3. 网络式防盗系统

该类汽车防盗系统分为卫星定位跟踪系统（简称GPS）和利用车载台（对讲机）通过中央控制中心定位监控系统。GPS卫星定位汽车防盗系统主要靠锁定点火系统或启动系统来达到防盗的目的，同时还可通过GPS卫星定位系统（或其他网络系统）将报警信息和报警车辆所在位置无声地传送到报警中心。

二、汽车防盗系统的组成

图3-79所示为汽车电子防盗系统的组成。当用钥匙锁好所有车门时，该系统处于约30s检测时间报警状态。之后，系统中的指示器（通常为发光二极管-LED）开始断续闪光，表明系统处于报警状态。

当第三方试图解除门锁或打开车门时（当所有输入开关均设定为关状态时），系统则发出警报。

当车主用其钥匙开启门锁时，这种报警状态或报警运转解除。

警报一般以闪烁灯或发声报警形式发出。警报发生后持续时间约为1min，但启动电路直到车主用车钥匙打开汽车门锁之前始终处于断路状态。

图3-80为丰田威驰轿车防盗装置在车辆上的布置图。

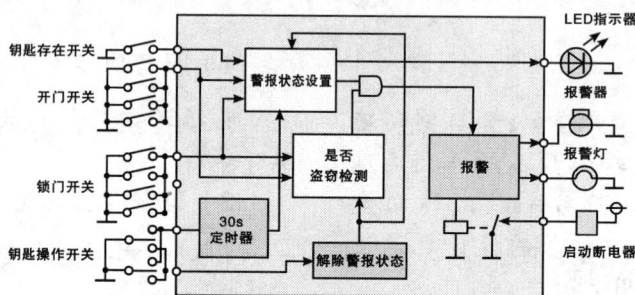

图3-79 电子防盗系统的组成

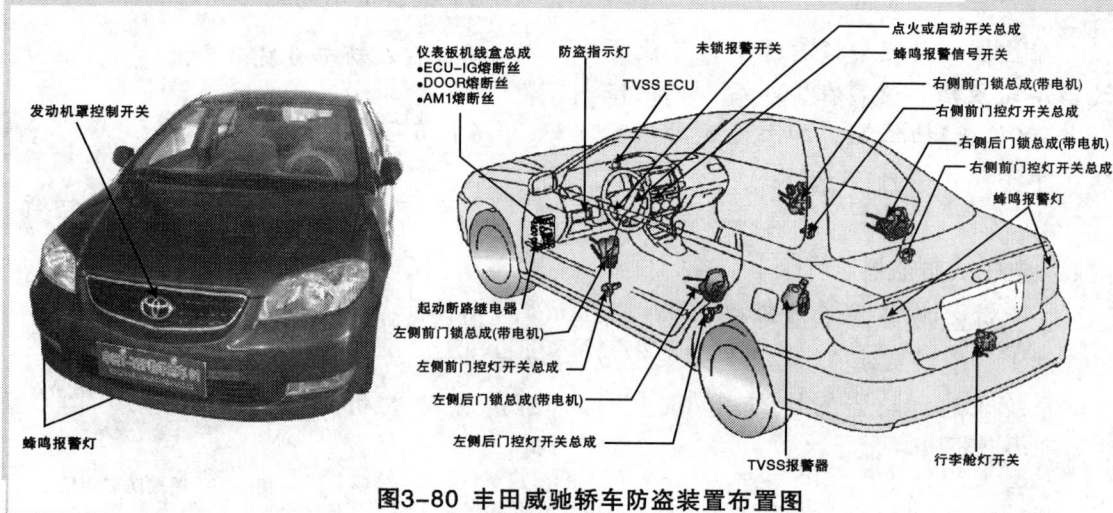

图3-80 丰田威驰轿车防盗装置布置图

三、汽车防盗系统技术原理

1. 点火控制型防盗器

　　这种防盗器主要采用控制点火装置的模块，对点火系统进行控制。

　　在车主离开汽车并打开防盗系统后，如有人非法进入车内，并试图用非法配制的点火钥匙起动车辆时，点火电路受控制模块防盗装置的作用，拒绝提供发动机运转所需的点火功能，同时也可防止点火开关的线路短接，并通过音响报警装置向车主或车场保管人员通报。

点火控制型防盗器的工作原理如下：

　　当点火钥匙插入点火开关时，发射器钥匙ECU指令发射器钥匙线圈提供电磁能量，点火钥匙发射器芯片内的电容器将该能量储存起来，发射器芯片利用这一电能发射ID码信号。套在点火钥匙胆内的线圈接收到由发射器芯片发射的ID码信号并放大送入发射器ECU，发射器钥匙ECU立即判断这个ID码是否与其内存储的ID码一致。若钥匙正确，则给发动机ECU输出信号，启动发动机，同时仪表板上的防启动指示灯将点亮2 s左右后熄灭，表示防启动系统已完成对点火钥匙ID信号的识别；若钥匙不正确，或者ID码未被发射器钥匙ECU识别，防启动指示灯将亮2 s左右，然后转为闪烁状态，直至关闭点火开关时才熄灭。钥匙码的发射过程和接收过程如图3-81所示。

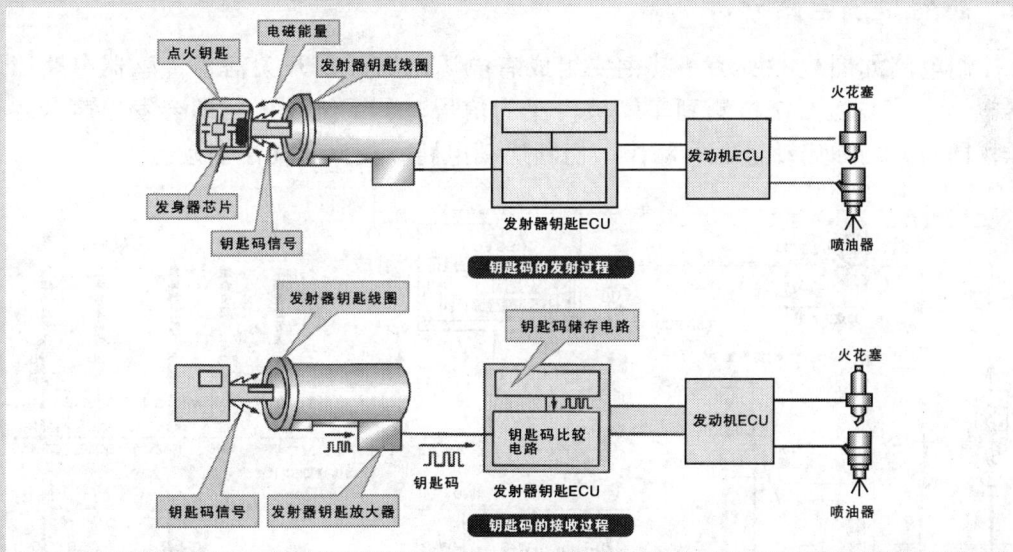

图3-81　钥匙码的发射过程和接收过程

2. 油路防盗系统

　　油路防盗系统的基本原理与点火控制防盗系统相似，在汽车的油路中安装一套装置，控制供油系统。只要该系统进入工作状态，有人想要偷车，发动机供油系统将会拒绝提供所需燃油，启动防盗功能。

3. 其他防盗系统

（1）瑞典Volvo汽车公司为S80型轿车开发出一套新型防盗系统，其中既有机械方式，也有电子方式，还有防砸功能。

> 原理：它的车门钥匙锁芯可以无阻力旋转，当盗贼用螺丝刀或其他坚硬物体撬锁时，该锁芯可随撬动的物体旋转方向转动，而无法撬开。电子静止状态控制，一旦车主打开该系统离开汽车，如有人想移动该车，车辆就会拒绝进入行驶状态。它的前、后风窗玻璃和车窗玻璃都采用特种材料制成，即使用铁锤或铁棒击打，玻璃也不会出现缝隙和孔洞，令盗贼的手无法伸进车内，将车门打开。

（2）利用电波控制的防盗系统。

> 原理：它是在汽车上安装一个类似寻呼机的装置来对发动机点火系统进行控制，只要车主发现车辆被盗或车辆被抢劫后，通知总控制发射台，发出控制电波信号，使该车发动机无法运转。

四、汽车防盗系统电路分析与检测

下面以丰田威驰轿车为例，讲解防盗系统电路分析与检测方法。

1. 防盗系统电路分析

控制电路如图3-82所示，其主要组成有电源电路、各开关信号传感器电路以及执行器电路。当防盗系统检测到车辆被侵犯的信号时，系统警报器即会发出声音，警灯闪烁，同时，切断启动继电器动作，切断启动电路，使汽车无法启动。

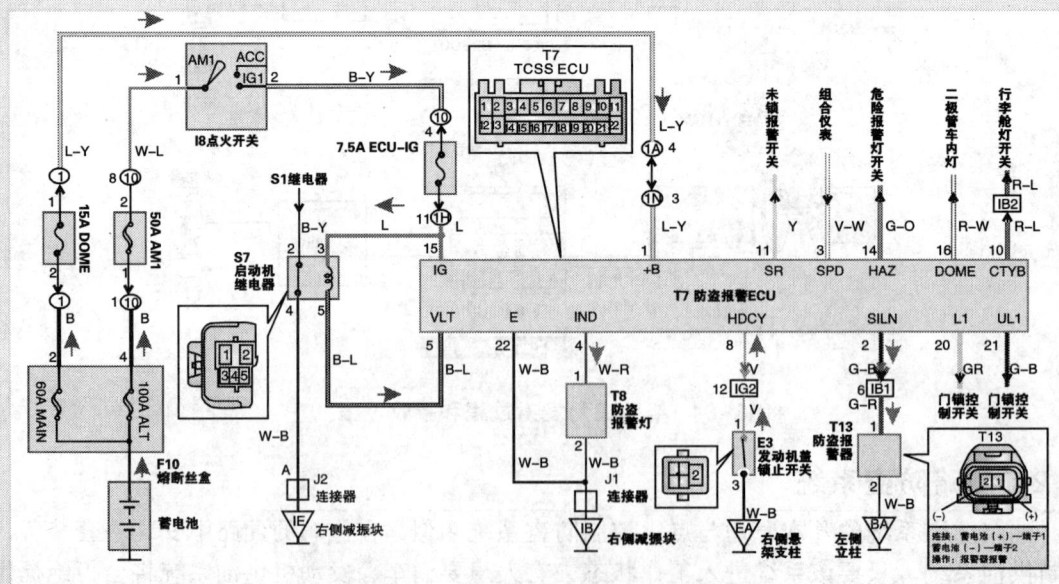

图3-82　车辆安全系统（TVSS）电路图

　　常电源电路：蓄电池电源→60A　MAIN熔断丝→15ADOME熔断丝→防盗警报ECU的1号（+B）端子。

　　点火开关电源：蓄电池电源→100AALT熔断丝→50A AM1熔断丝→点火开关IG1端子→7.5A ECU-IG熔断丝→防盗警报15号（IG）端子。

　　开关信号主要由发动机盖锁止开关、各车门锁开关以及行李舱锁开关等开关信号组成，当车辆被强制入侵时，防盗警报ECU控制警报器发出声音，警报灯闪烁，此为车辆报警状态，在此期间，如前门没有开锁或点火开关钥匙孔里没有钥匙，ECU发出强制锁门的信号。终止强制门锁控制的条件为钥匙插入点火开关钥匙孔里。防盗警报ECU的IND及SILN为警报器控制端。威驰轿车防盗系统元件位置参看图3-79。

2.　防盗系统故障诊断

　　对于威驰轿车防盗系统故障可参考表3-34所示，查找故障点。

　　注意：在电动门锁控制系统和遥控门锁控制系统工作正常的基础上，进行TVSS的故障诊断。因此，在诊断TVSS故障之前，首先确认电动门锁控制系统和遥控门锁控制系统工作正常。

故障诊断表　　　表3-34

症状	可疑区域
不能设置TVSS（车辆安全系统）	1. 指示灯电路 2. ECU电源电路 3. 钥匙未锁警告开关电路 4. 车门钥匙上锁和开锁开关电路 5. 门控开关电路 6. 发动机罩开关电路
设置TVSS时指示灯不闪	指示灯电路
在15s内点火开关开10次，报警声不消失	1. 点火开关电路 2. 钥匙未锁警告开关电路
当TVSS在报警状态时，报警器不响	TVSS报警器电路
当TVSS在报警状态时，危险报警灯不闪	危险报警开关电路
即便车门都被打开，也能设置TVSS	门控开关电路
即使没有设置TVSS，危险报警灯一直亮	危险报警开关电路
发动机不启动	启动机断电继电器电路

3.　防盗ECU的检查

　　（1）断开T7 ECU连接器，检查线束一侧连接器每个端子的电压和导通情况，如图3-83所示。其结果应符合表3-35所示要求。如果结果不符合标准，可能是线束一侧有故障。

图3-83　T7 ECU连接器

检查线束一侧连接器端子的电压和导通情况（断开状态）　　　表3-35

符号（端子号）	导线颜色	工况	标准状态
E(T7-22)⇔搭铁	W-B⇔-	任何工况	导通
CTYB(T7-10)⇔搭铁	R-L⇔-	行李舱全关→开	不通→导通
HDCY(T7-8)⇔搭铁	V⇔-	发动机罩全关→开	
SR(T7-11)⇔搭铁	Y⇔-	钥匙未插入→钥匙插入	
L1(T7-21)⇔搭铁	GR⇔-	使用钥匙，驾驶员门侧门锁LOCK→其他位置	导通→不通
UL1(T7-21)⇔搭铁	G-B⇔-	使用钥匙，驾驶员门侧门锁UNLOCK→其他位置	
+B(T7-1)⇔搭铁	L-Y⇔-	任何工况	10~14V
IG(T7-15)⇔搭铁	L⇔-	点火开关LOCK→ON	0V→10~14V
VL1(T7-5)⇔搭铁	B-L⇔-	点火开关LOCK→ON	0V→10~14V
DOME(T7-16)⇔搭铁	R-W⇔-	1.驾驶员侧门全关→开 2.前乘客侧门全关→开 3.右后门全关→开 4.左后门全关→开	10~14V→0V

（2）重新连接连接器T7 ECU，检查连接器每个端子的电压，其结果应符合表3-36所示要求。如果结果不符合标准，TVSS ECU可能有故障。

检查线束一侧连接器端子的电压和导通情况（连接状态） 表3-36

符号(端子号)	导线颜色	工况	标准状态
HAZ（T7-14）⟺E（Y7-22）	G-O⟺W-B	警备状态→报警发声状态	脉冲（波形）
IND（T7-4）⟺E（T7-22）	W-R⟺W-B	设置准备期间	3~5V（波形）
SLIN（T7-2）⟺E（T7-22）	G-R⟺W-B	TVSS警报器发声（TVSS在报警状态）	10~14V

4. 防盗系统电路检查

1）指示灯电路的检查

（1）电路说明

在选择功能模式或发射钥匙添加模式期间，TVSS ECU导致防盗指示灯亮或闪烁。

（2）电路图

如图3-84所示。

（3）检查程序

①检查防盗指示灯。

a.串联3节1.5V的干电池。

b.给防盗指示灯连接器端子之间加4.5V的正电压，检查防盗指示灯是否闪亮。标准状态下指示灯亮。

注意：如果正极（＋）导线和负极（－）导线连接不正确，则防盗指示灯不亮；电压高于4.5V将损坏防盗指示灯；如果电压太低，防盗指示灯不亮。

如果不正常，更换防盗指示灯；如果正常，转到下一步骤。

②检查线束（TVSS ECU防盗指示灯），如图3-85所示。

a.断开T7 ECU连接器。

b.断开T8指示灯开关连接器。

c.检查线束一侧连接器之间的导通性。端子IND（T7-4）⟺（T8-1）在标准状态下应导通。

如果不正常，修理或更换线束和连接器；如果正常，转到下一步骤。

③检查线束（防盗指示灯搭铁），如图3-86所示。断开T8连接器，检查线束一侧连接器和搭铁之间的导通性。端子T8-2⟺搭铁在标准状态下应导通。

如果不正常，修理或更换线束和连接器；如果正常，检查或更换TVSS ECU。

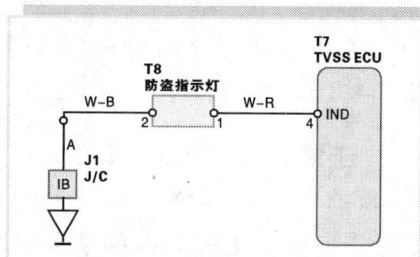

图3-84　指示灯电路

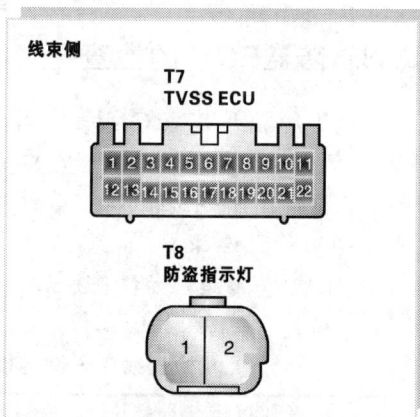

图3-85　检查TVSS ECU与防盗指示灯间的线束

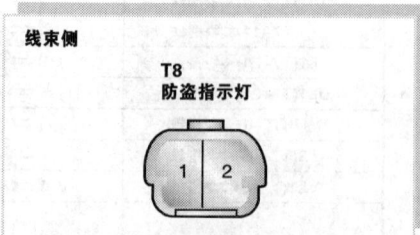

图3-86　检查防盗指示灯与搭铁间的线束

2）ECU电源电路的检查

（1）电路说明

这部分电路为TVSS ECU提供工作电压。

（2）电路图

如图3-87所示。

（3）检查程序

①从发动机室接线盒上拆下DOME熔断丝，检查熔断丝，标准状态下应导通。

如果不正常，更换熔断丝；如果正常，转到下一步骤。

②检查TVSS ECU（电源），如图3-88所示。断开T7 ECU连接器，检查线束一侧连接和搭铁之间的电压。端子+B（T7-1）⇔搭铁在标准状态下为1～14V。

如果不正常，修理或更换线束和连接器；如果正常，转到下一步骤。

③检查TVSS ECU（搭铁）（图3-88）。断开T7 ECU连接器，检查线束一侧连接器和搭铁之间的导通性。端子E（T7-22）⇔搭铁在标准状态下应导通。

如果不正常，修理或更换线束和连接器；如果正常，检查和更换TVSS ECU。

3）点火开关电路的检查

（1）电路说明

打开点火开关后，蓄电池正极电压加到TVSS ECU的端子IG上。

（2）电路图

如图3-89所示。

（3）检查程序

①从发动机室接线盒上拆下ECU-IG熔断丝，检查熔断丝，标准状态下应导通。

如果不正常，更换熔断丝；如果正常，转到下一步骤。

②检查点火或启动开关总成，如图3-90所示，其状态应符合表3-37所示要求。

如果不正常，修理或更换点火或启动开关总成；如果正常，转到下一步骤。

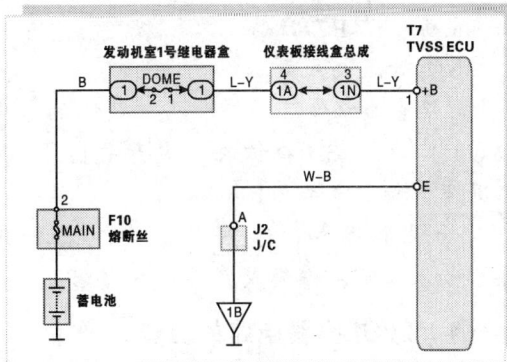

图3-87　ECU电源电路

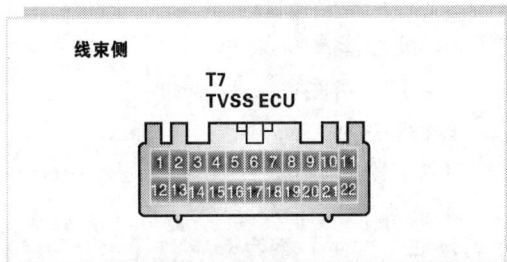

图3-88　检查TVSS ECU与搭铁间的线束

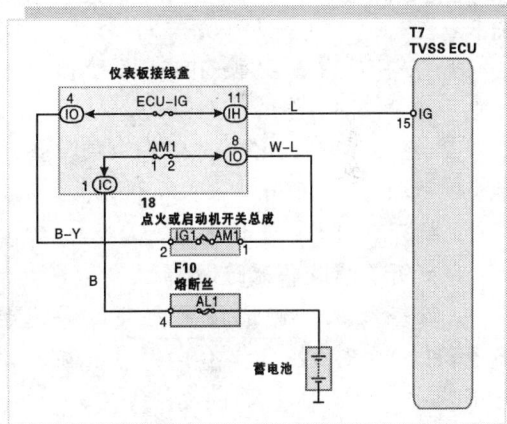

图3-89　点火开关电路

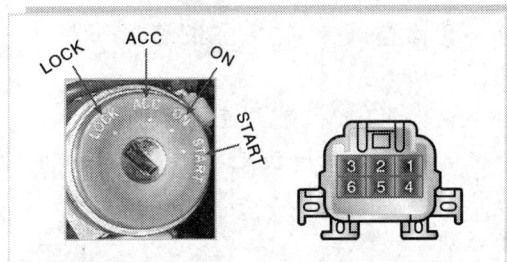

图3-90　检查点火或启动开关总成

③检查TVSS ECU（电源）（见图3-88）。

a.断开T7 ECU连接器。

b.打开点火开关。

c.检查线束侧连接器和搭铁之间的电压。端子IG（T7-15）搭铁在点火开关置于ON的工况下，标准电压为10～14V。

如果不正常，修理或更换线束和连接器；如果正常，检查或更换TVSS ECU。

4）TVSS报警电路的检查

（1）电路说明

当系统进入报警状态时，TVSS ECU启动TVSS报警器发出报警声。

（2）电路图

如图3-91所示。

（3）检查程序

①检查TVSS报警器，如图3-92所示。将蓄电池正极（+）导线和负极（-）导线分别连接到报警器连接器的端子1和2上，检查TVSS报警器报警，其标准应符合表3-38所示要求。

如果不正常，更换TVSS报警器；如果正常，转到下一步骤。

②检查线束（TVSS ECU TVSS报警器），如图3-92所示。

a.断开T7 ECU连接器。

b.断开T13报警器连接器。

c.检查线束一侧连接器之间的导通性，端子SILN（T7-2）⟺（T13-1）在标准状态下应导通。

如果不正常，修理或更换线束和连接器；如果正常，转到下一步骤。

③检查线束（TVSS报警器∞搭铁），见图3-93。

a.断开T13报警器连接器。

b.检查线束一侧连接器和搭铁之间的导通性，端子T13-2⟺搭铁在标准状态下应导通。

如果不正常，修理或更换线束和连接器；如果正常，检查或更换TVSS ECU。

点火导通情况表　　表3-37

端子号	开关位置	标准状态
—	LOCK	—
1⟺3	ACC	导通
1⟺2⟺3 5⟺6	ON	导通
1⟺2 4⟺5⟺6	START	导通

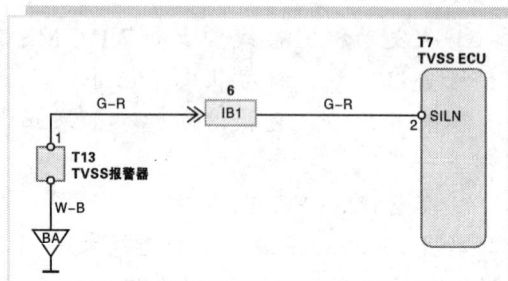

图3-91　TVSS报警电路

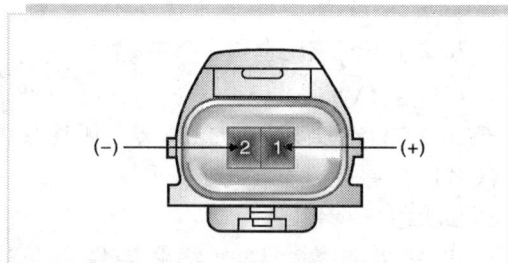

图3-92　检查TVSS报警器

TVSS报警器检查表　　表3-38

测量连接	操作
蓄电池正极（+）—端子1	报警器报警
蓄电池负极（-）—端子2	

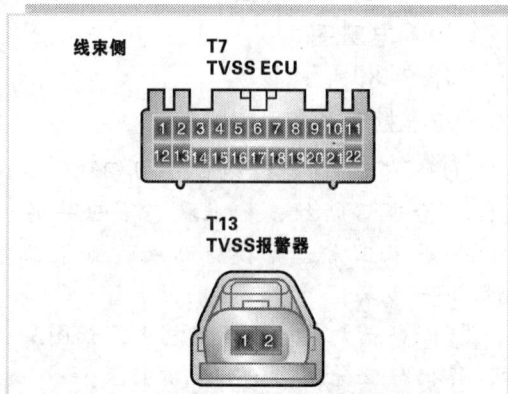

图3-93　检查TVSS报警器与搭铁间的线束

5）危险报警开关电路的检查

（1）电路说明

当TVSS从警备状态切换到报警状态时，转向信号闪光器总成（危险警告灯继电器）接通，使危险报警灯开始闪烁。

（2）电路图

如图3-94所示。

（3）检查程序

①当按下危险警告信号开关时，检查危险警告灯应闪烁。

如果不正常，检查危险警告系统；如果正常，转到下一步骤。

②检查线束（TVSS ECU转向信号闪光器），如图3-95所示。

a.断开T7 ECU连接器。

b.断开IJ接线盒连接器。

c.检查线束侧连接器之间的导通性，端子HAZ（T7-14）⇔（IJ-4）在标准状态下应导通。

如果不正常，修理或更换线束和连接器；如果正常，检查或更换TVSS ECU。

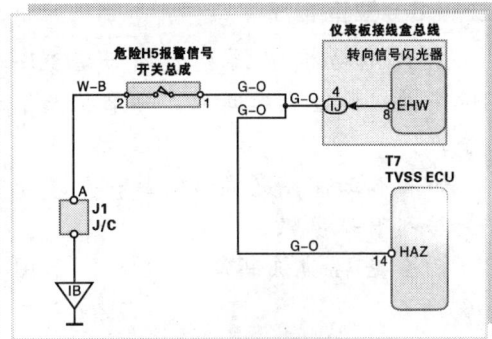

图3-94 危险报警开关电路

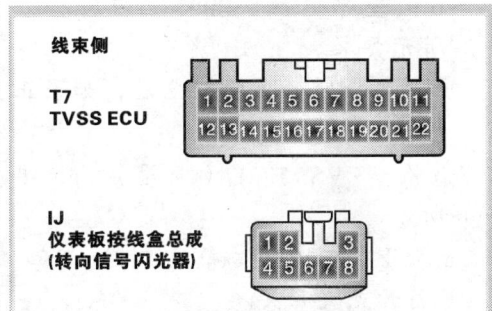

图3-95 TVSS ECU与转向信号闪光器连接器

6）启动机断路继电器电路的检查

（1）电路说明

当TVSS工作时，TVSS ECU控制启动机断路继电器，使启动机电路断路，发动机不能启动。

（2）电路图

如图3-96所示。

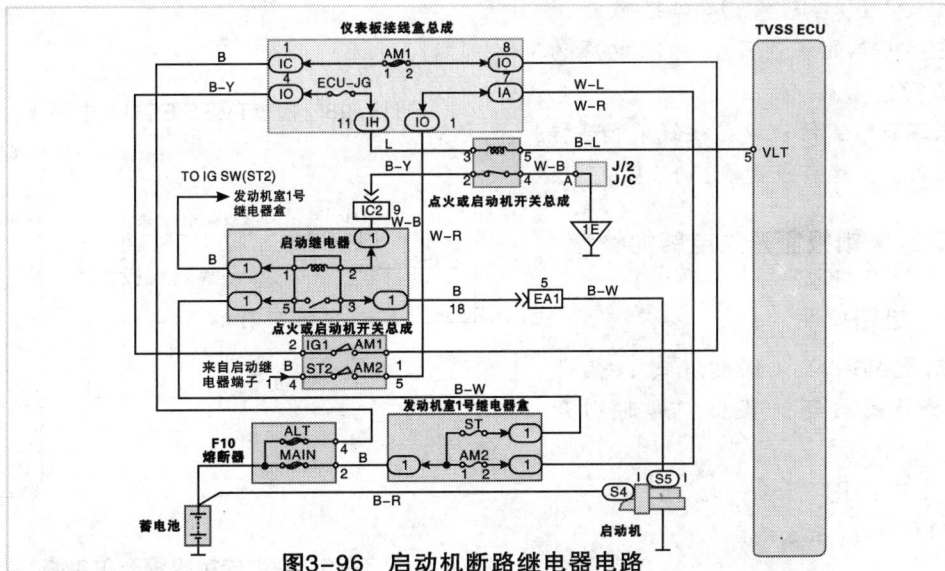

图3-96 启动机断路继电器电路

（3）检查程序

①从发动机室接线盒拆下ECU-IG熔断丝，检查该熔断丝，标准状态下应导通。

如果不正常，更换熔断丝；如果正常，转到下一步骤。

②检查启动机断路继电器，如图3-97所示。

a.拆下启动机断路继电器。

b.检查导通性，其标准应符合表3-39所示要求。

如果不正常，更换继电器；如果正常，转到下一步骤。

③检查TVSS ECU（电源），如图3-98所示。

a.断开T7 ECU连接器。

b.打开点火开关。

c.检查线束侧连接器和搭铁之间的电压。端子VLT（T7-5）⟺搭铁在点火开关置于ON的工况下，标准电压为10～14V。

d.重新连接T7 ECU连接器。

e.打开点火开关。

f.检查线束侧连接器和搭铁之间的电压。端子VLT（T7-5）⟺搭铁在点火开关置于ON的工况下，标准电压为10～14V。

如果不正常，修理或更换线束和连接器；如果正常，检查或更换TVSS ECU。

7）钥匙未锁报警开关电路的检查

（1）电路说明

当钥匙插入点火钥匙孔时，钥匙未锁报警开关接通，拔出钥匙时则开关断开。

（2）电路图

如图3-99所示。

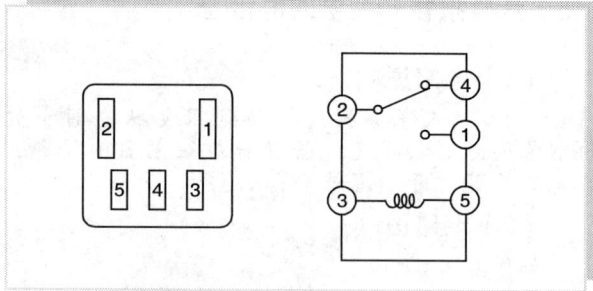

图3-97　启动机断路继电器

启动机断路继电器导通性表　　　表3-39

端子号	条件	标准状态
2⟺4 3⟺5	常态	导通
2⟺4	在端子3和5之间加B+	不通

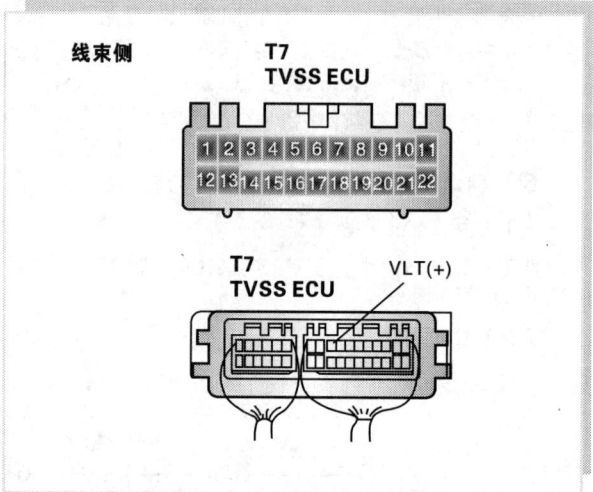

图3-98　检查TVSS ECU（电源）

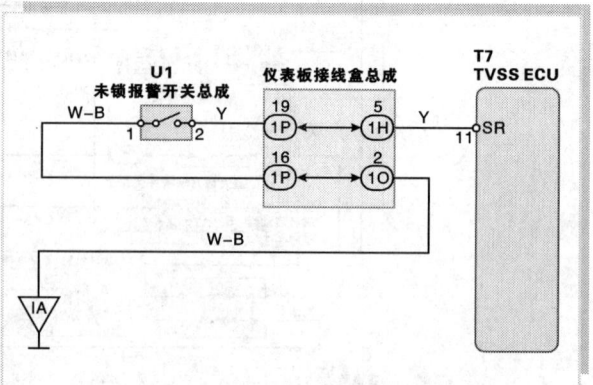

图3-99　钥匙未锁报警开关电路

（3）检查程序

①检查钥匙未锁报警开关总成。检查开关连接器和搭铁之间的导通性，如图3-100所示，检查结果应符合表3-40所示要求。

如果不正常，更换钥匙未锁报警开关总成；如果正常，转到下一步骤。

②检查线束（TVSS ECU钥匙未锁报警开关），如图3-101所示。

a.断开T7 ECU连接器。

b.断开U1开关连接器。

c.检查导线侧连接器之间的导通性，端子SR（T7-11）⟺（U1-2）在标准状态下应导通。

如果不正常，修理或更换线束和连接器；如果正常，转到下一步骤。

③检查线束（钥匙未锁报警开关搭铁），如图3-101所示。

a.断开U1开关连接器。

b.检查线束侧连接器和搭铁之间的导通性。端子U1-1搭铁在标准状态下应导通。

如果不正常，修理或更换线束和连接器；如果正常，检查或更换TVSS ECU。

8）门控开关电路的检查

（1）电路说明

当车门打开时，门控开关接通，关上车门，则开关断开。

（2）电路图

如图3-102所示。

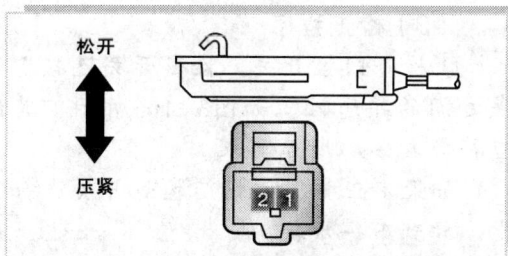

图3-100　检查开关连接器和搭铁间的导通性

开关连接器和搭铁间　表3-40
的导通性表

端子号	条件	标准状态
1⟺2	开关压紧（钥匙插入）	导通
	开关松开（钥匙拔出）	不通

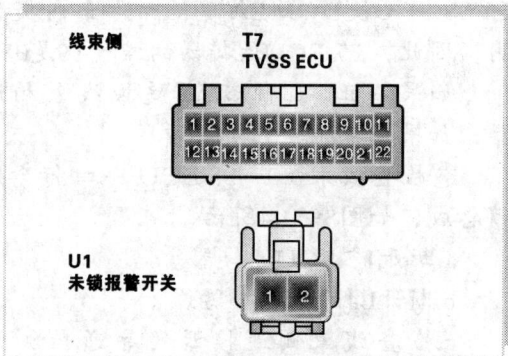

图3-101　TVSS ECU与钥匙未锁
报警开关连接器

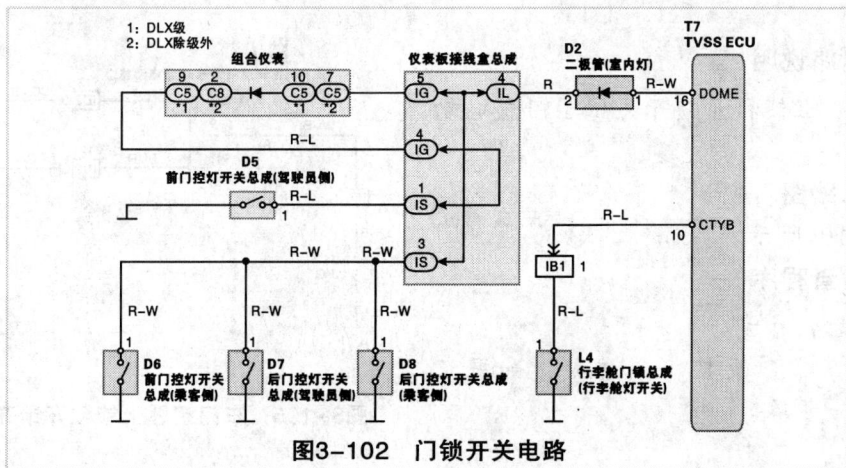

图3-102　门锁开关电路

（3）检查程序

①检查门控开关。检查开关连接器和搭铁之间的导通性，如图3-103所示，其结果应符合表3-41所示要求。

如果不正常，更换门控灯开关；如果正常，转到下一步骤。

②检查TVSS ECU（CTY电压），见图3-87。

a.断开T7 ECU连接器。

b.检查线束侧连接器和搭铁之间的导通性，应符合表3-42所示要求。

注意：车门开锁或车门打开又关上后，TVSS ECU使DOME灯亮3s，为车内提供照明。因此，T7 ECU连接器的端子16是0V。

如果不正常，修理或更换线束和连接器；如果正常，转到下一步骤。

③检查线束（TVSS ECU）⇔行李舱门锁总成，如图3-104所示。

a.断开T7 ECU连接器。

b.断开L4门锁连接器。

c.检查线束侧连接器的导通性，端子CTYB（T7-10）⇔（L4-2）在常态下应导通。

如果不正常，修理或更换线束和连接器；如果正常，检查或更换TVSS ECU。

9）车门钥匙上锁和开锁开关电路的检查

（1）电路说明

车门钥匙上锁和开锁开关位于门锁电动机内。

（2）电路图

如图3-105所示。

（3）检查程序

①检查门锁总成。

如果不正常，更换门锁总成；如果正常，转到下一步骤。

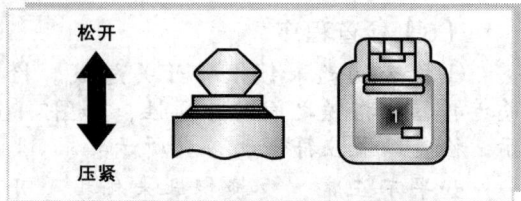

图3-103　门控开关连接器

门控开关连接器与搭铁 表3-41
之间的导通性

端子号	条 件	标准状态
1⇔搭铁	开关压下	不通
	开关松开	导通

检查线束侧连接器与搭铁 表3-42
之间的导通性

端子号	条 件	标准状态
DOME(T7-16)⇔E(T7-22)	驾驶员侧车门全关→打开	*导通→不通
	前乘客侧车门全关→打开	
	右侧前车门全关→打开	
	右侧后车门全关→打开	

*表示当交换正负极端子时，在一个方向上导通，而另一个方向上不通。

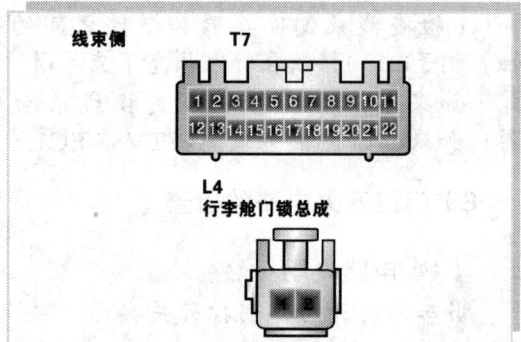

图3-104　TVSS ECU与行李舱门锁连接器

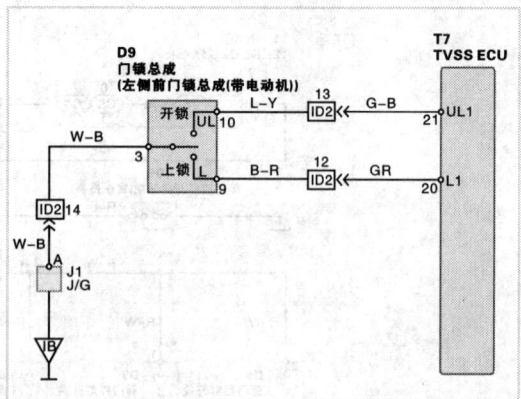

图3-105　车门钥匙上锁和开锁开关电路

②检查线束（TVSS ECU⇔门锁总成），如图3-106所示。

a.断开T7 ECU连接器。

b.断开D9门锁连接器。

c.检查线束侧连接器和搭铁之间的导通性，其结果应符合表3-43所示要求。

如果不正常，修理或更换线束和连接器；如果正常，转到下一步骤。

③检查线束（门锁总成⇔搭铁），如图3-107所示。

a.断开D9门锁连接器。

b.检查线束侧连接器和搭铁之间的导通性。端子E（D9-7）⇔搭铁在标准状态F应导通。

如果不正常，修理或更换线束和连接器；如果正常，检查或更换TVSS ECU。

10）发动机罩控制开关电路的检查

（1）电路说明

当发动机罩被打开时，开关接通，关上发动机罩，则开关断开。

（2）电路图

如图3-108所示。

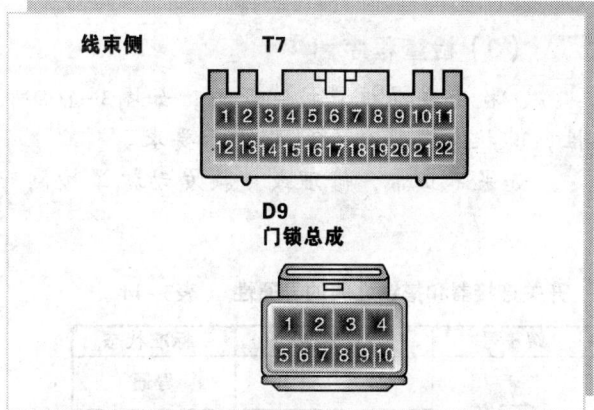

图3-106 TVSS ECU与门锁连接器

线束侧连接器和搭铁之间的导通性　表3-43

符号（端子号）	标准状态
UL1(T7-21)⇔UL(D9-10)	导通
U1(T7-2)⇔L(D9-9)	导通

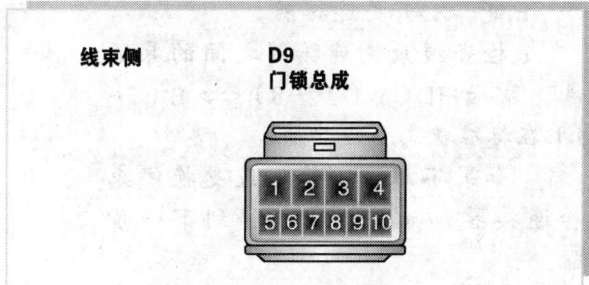

图3-107 门锁连接器

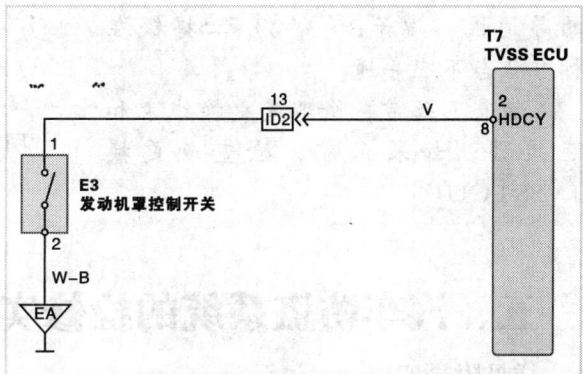

图3-108 发动机罩控制开关电路

（3）检查程序

①检查发动机罩控制开关，如图3-109所示。检查开关连接器和搭铁之间的导通性，其状态应符合表3-44所示要求。

如果不正常，修理或更换发动机罩控制开关；如果正常，转到下一步骤。

开关连接器和搭铁之间的导通性　表3-44

端子号	条件	标准状态
1⇔2	放开（开）	导通
	压下（关）	不通

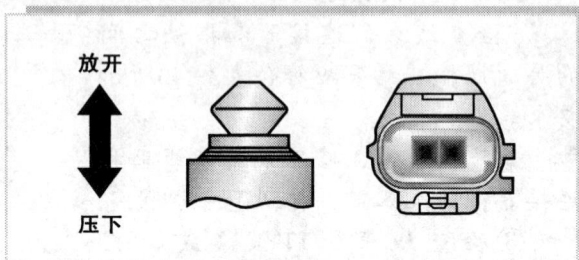

图3-109　发动机罩控制开关

②检查线束（TVSS ECU⇔发动机罩控制开关），如图3-110所示。

a.断开T7 ECU连接器。

b.断开E3开关连接器。

c.检查线束侧连接器之间的导通性，端子HDCY（T7-8）⇔E（3-1）在标准状态下应导通。

如果不正常，修理或更换线束和连接器；如果正常，转到下一步骤。

③检查线束（发动机罩控制开关搭铁）（图3-110）。

a.断开E3开关连接器。

b.检查线束侧连接器和搭铁之间的导通性，端子E（3-2）⇔搭铁在标准状态下应导通。

如果不正常，修理或更换线束和连接器；如果正常，检查或更换TVSS ECU。

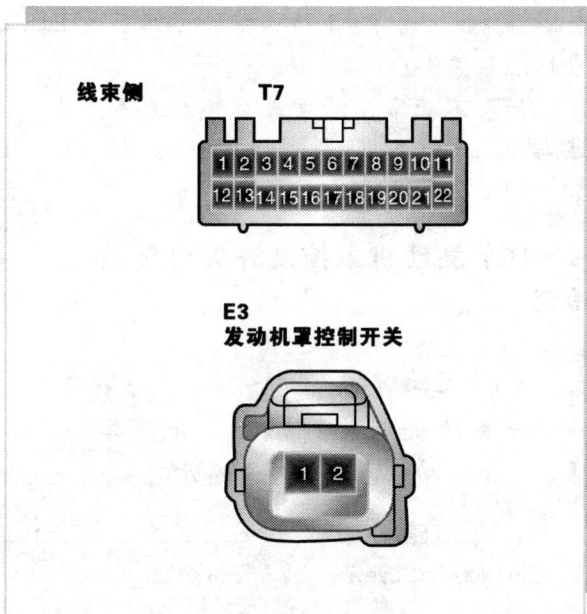

图3-110　TVSS ECU与发动机罩控制开关连接器

五、汽车防盗系统的检修实训指导与实操工单

详见附录四。

安全气囊指示灯常亮的检测与修复

××××××汽车维修有限公司
维修委托书

工单号 No: 200802112

客户名称: 张三　　车牌号: ×××0088　　购车日期: 2005 年 3 月6日　联系电话: ××××××××××

联系人: 张三　　车　型: 丰田威驰　Vin No.: | L | T | V | B | A | 4 | 2 | 3 | X | 5 | 0 | 0 | 9 | 4 | 0 | 7 | 5 |

送修日期: 2008 年 2 月 3 日　　交付日期: 2008年 2 月 5 日　　行驶里程: | 8 | 0 | 5 | 0 | 0 | |

故障报修描述症状	安全气囊指示灯常亮	交接物品	无
提车要求	付款方式: ☑现金　□刷卡　□支票　其他:	其他	洗车 是☑ 否□　带走旧件 是☑ 否□

序号	报　修　项　目
1	更换中央安全气囊总成
2	
3	
4	
5	
6	

小计: 3600元

维修检查及施工情况详细见《维修检查·施工单》

备注	旧件检查	空罐		旧件	

油量　E　1/4　1/2　3/4　F

全车外观检查

车身如有变形、油漆划痕、玻璃、灯具裂痕等损伤, 请在示意图中的方格内标注"√"。

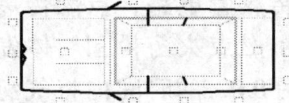

维修委托书细则

甲方: (客户)
乙方: ××××××汽车维修有限公司

维修细则:

1. 甲方已确认无包括现金在内的贵重物品遗留在车上。
2. 甲方已阅读并理解了本委托书及对应的《维修检查·施工单》上的所有内容, 同意按乙方所列的维修项目和价格进行维修, 甲方愿意支付相关的维修服务费及零件费。
3. 乙方同意甲方对维修车辆进行维修试车, 包括场地试验或路试。
4. 如果甲方同意不带走旧件, 乙方可以在甲方提车后对旧件进行处理。
5. 甲方确认并理解乙方已经充分告知的关于车辆检测或维修的相关情况, 同时乙方有权采取必要的措施(包括但不限于拆解车辆的机械、电路及发动机等)进行检测或维修。同意乙方在对车辆进行进一步检测或维修时不再另行通知甲方。
6. 如因乙方过失致使维修车辆或部件损坏, 乙方赔偿的范围仅限于维修或更换损坏的部件, 甲方同意不再提出其他赔偿要求。
7. 乙方应事先备份维修车辆上安装的所有软件或可存储数据信息。无论如何, 维修车辆上安装的所有软件或可存储数据信息的损坏或丢失, 乙方不作赔偿。
8. 甲方应在乙方通知提取车辆之日起查个月内提取车辆, 逾期不取, 乙方有权按政府公布的停车费价格收取保管费用。

本人确认已经清楚理解并接受以上维修细则。

甲方(客户)签名

张三

日期: 2008年2月3日

公司地址: ××××××
救援热线: ××××××　　服务热线: 020-××××××××　　传真: 020-×××××××××
开户行: ××××××　　账号: ××××××××××××××　　乙方代表(接待员): 王先生

　　某客户驾驶的威驰轿车，安全气囊指示灯常亮，要求给予维修。

　　要完成这个工作任务，首先得知道汽车安全气囊的作用、安全气囊的组成及工作原理、安全气囊指示灯常亮故障的检修方法、汽车安全气囊的更换方法。下面就分步来完成本学习情境的学习任务。

× ×

任务一　安全气囊总成的更换

　　安全气囊（Safe Air Bag）系统的全称是辅助防护系统（Supplemental Restraint System）或辅助防护安全气囊系统，英文缩写为SRS。

一、安全气囊的作用

　　为了减少汽车发生正面碰撞时由于巨大的惯性力对驾驶员和乘员造成的伤害，现代汽车在驾驶员前端转向盘中央普遍装有安全气囊，有些汽车在驾驶员副座前的工具箱上端和乘员座位上也装有安全气囊，图4-1为安全气囊的引爆条件。当汽车发生正面碰撞事故时，安全气囊控制系统检测到冲击力（减速度）超过设定值时，安全气囊电子控制装置立即接通充气元件中的传爆管电路，点燃传爆管内的点火介质，火焰引燃点火药粉和气体发生剂，产生大量气体，在0.03s的时间内将气囊充气，使气囊急剧膨胀，冲破转向盘盖，缓冲对驾驶员和乘员的冲击，随后又将气囊中的气体放出。图4-2所示为膨胀后的安全气囊。

图4-1　安全气囊的引爆条件

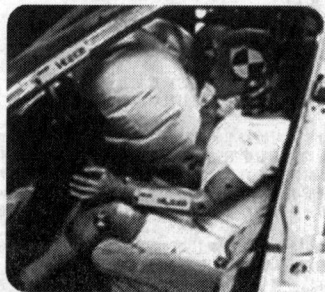

　　实验和实践证明，汽车装用安全气囊后，汽车发生正面碰撞事故对驾驶员和乘员的伤害程度大大减小。有些汽车不仅前端装有安全气囊，而且侧面也装有安全气囊，在汽车发生侧面碰撞时，也能使侧向安全气囊充气，以减小侧向碰撞时的伤害。据统计，气囊在汽车相撞时，可使头部受伤率减少25%，面部受伤率减少80%左右。

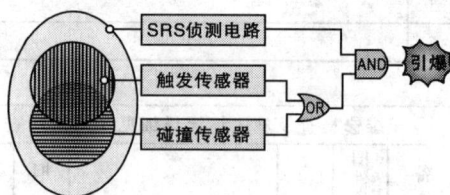

图4-2　膨胀后的安全气囊

二、安全气囊系统的分类

按照保护对象的不同分为如下几类。

1. 驾驶员防撞安全气囊

驾驶员防撞安全气囊装在转向盘上，按体积的大小分两种。

一种气囊是考虑到驾驶员没有佩戴座椅安全带时汽车相撞，其体积较大，约60L。

另一种气囊是设定驾驶员佩戴座椅安全带而设计的，其体积较小，约40L。日本的安全气囊即属于此类。近年来，由于安全气囊的生产成本下降，日本防撞安全气囊规格有所增加，如本田的驾驶员防撞安全气囊的体积为60L。

我国安全气囊保护系统以后一种为主。

2. 前排乘员防撞安全气囊

由于乘员在车内位置不固定，因此为保护其撞车时免受伤害，设计的防撞安全气囊也较大，有两种规格，一种约160L，另一种约75L（后者考虑了乘员受座椅安全带的约束）。

3. 后排乘员防撞安全气囊

后排乘员防撞安全气囊装在前排座椅上。

4. 侧面防撞安全气囊

侧面防撞安全气囊装在车门上，防止乘员受侧面撞击。

各种安全气囊的安装位置图4-3所示。

图4-3　各种安全气囊的安装位置图

三、气囊总成更换方法与注意事项

1. 气囊组件

气囊组件按功能分为正面气囊组件和侧面气囊组件两大类。正面气囊组件的功用是保护驾驶员和乘员的面部和胸部。防止转向盘、风窗玻璃、仪表台和前排座椅伤害人体。侧面气囊组件的功用是保护驾驶员与乘员的头部和腰部，防止车门或车身伤害人体。

汽车安全气囊目前普遍装备在驾驶席和前排乘员席。驾驶席气囊组件安装在转向盘的中央，前排乘员席安全气囊组件安装在乘员席正前方。两个气囊组件一般共用一个SRS电脑控制。

驾驶席气囊组件的结构如图4-4所示，主要由气囊装饰盖、气囊、气体发生器和装在气体发生器内部的点火器等组成。

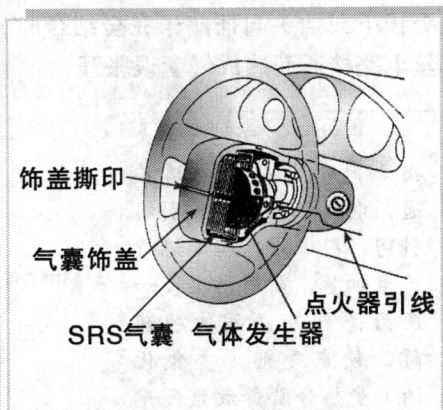

图4-4　BOSCH公司驾驶席气囊组件

1）气囊

气囊通常由防裂性能好的聚酰胺织物（如尼龙）制成，这是一种较软的泡沫材料，经硫化处理，以减少气囊吹胀时的惯性力。为密封气体，气囊的里层涂有聚氯丁二烯。气囊背面（与驾驶员或乘员方向相反一面）或顶部制有2～4个排气孔。当驾驶员在惯性力作用下压到气囊上时，气囊受压便从排气孔排气，持续时间不到1s，从而吸收驾驶员与气囊碰撞的动能，使人体不致受到伤害。

2）气体发生器

气体发生器的功用是在点火器引爆点火剂时，产生气体向SRS气囊充气，使气囊胀开。

气体发生器用专用螺栓和专用螺母固定在气囊支架上，由点火器、点火剂、金属过滤器及氮气发生剂等组成，如图4-5所示。当碰撞传感器向SRS电脑输送撞击信号时，SRS电脑向点火器发出指令，点火器点燃点火剂并传到氮气发生剂，使其产生大量的氮气，通过金属过滤器的冷却、降压，迅速充胀气囊，使气囊爆胀。

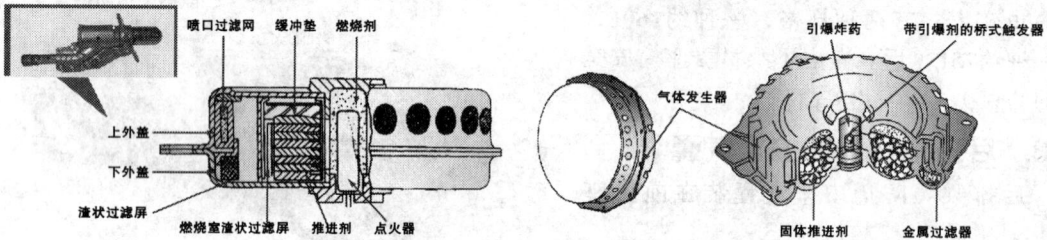

图4-5　车用气体发生器

3）点火器

点火器外包铝箔，安装在气体发生器内部中央位置。其功用是在前碰撞传感器和防护传感器将气囊电路接通时，引爆点火剂，产生热量使充气剂分解。点火器的结构如图4-6所示。它的所有部件均装在药筒内。点火剂包括引爆炸药和引药。引出导线与气囊连接器插头连接，连接器（一般都为黄色）中设有短路片（铜质弹簧片）。当连接器插头拔下或插头与插座未完全结合时，短路片将两根引线短接，防止静电或误通电将电热丝电路接通而造成气囊误胀开。

当SRS电脑发出点火指令时，电热丝电路接通，电热丝迅速加热引爆引药，引爆炸药瞬间爆炸产生热量，药筒内温度和压力急剧升高并冲破药筒，使充气剂（叠氮化钠）受热分解释放氮气充入SRS气囊。

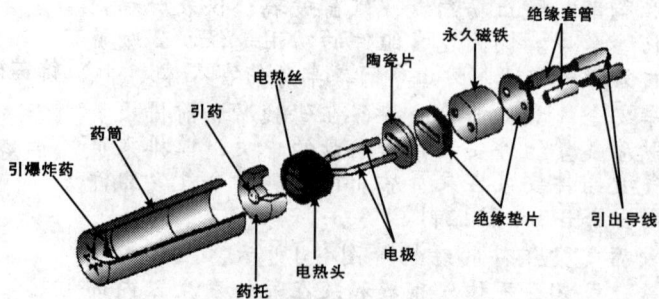

图4-6　点火器的结构图

2. 安全带预紧器

安全带预紧器安装在座椅的左右两外侧，它包括电雷管、汽化剂、汽缸活塞和导线等。当汽车发生碰撞时，电雷管（引爆管）由CPU控制接通电源引爆汽化剂，活塞在膨胀气体作用下迅速下移，并带动安全带迅速预紧，将驾乘人员向座椅靠背拉动，防止他们冲向汽车前方。

3. 预检查方法

在更换前，须对气囊总成进行预检查，主要包括：警告灯诊断方法、故障码检查方法、故障码清除方法。下面以威驰轿车为例作介绍。

1）警告灯诊断方法

警告灯如图4-7所示。

（1）接通点火开关，检查SRS警告灯应点亮。

（2）检查SRS警告灯点亮约6s后熄灭。

注意：当接通点火开关SRS警告灯点亮或闪烁时，安全气囊传感总成已经检测到故障码。

如果超过6s后，即使断开点火开关SRS警告灯仍点亮，有可能是SRS警告灯电路短路。

图4-7 威驰轿车SRS警告灯

2）故障码检查方法

使用诊断检查导线进行检查。

（1）当前故障码（输出故障码）：

①接通点火开火，等待约60s。

②使用SST 09843-18040，连接DLC3的TC和CG端子，如图4-8所示。注意连接端子的位置，避免人为故障。

（2）以前故障码（输出故障码）：

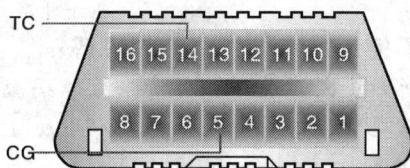

图4-8 DLC3连接器

①使用SST 09843-18040，连接DLC3的TC和CG端子。

②接通点火开关，等待约60s。注意连接端子的位置，避免人为故障。

（3）读故障码。计数闪光的次数读出故障码。正常代码、故障码11和故障码31如图4-9所示。

①正常代码显示（以前没有故障码），警告灯每秒闪2次。

②正常代码显示（以前有故障码），当中央安全气囊传感器总成中储存有以前的故障码时，警告灯每秒只闪1次。

③故障码显示，先显示第一个故障码，随后显示第二个故障码。

如果有2个或更多的故障码，每个故障码之间有2.5s的间隔。所有故障码输出后，会有4.0s间隔，再重复显示。

注意：有多个故障码的情况下，从最小的代码开始显示。如果不输出故障码或未连接端子就输出故障码，进行TC端子电路检查。

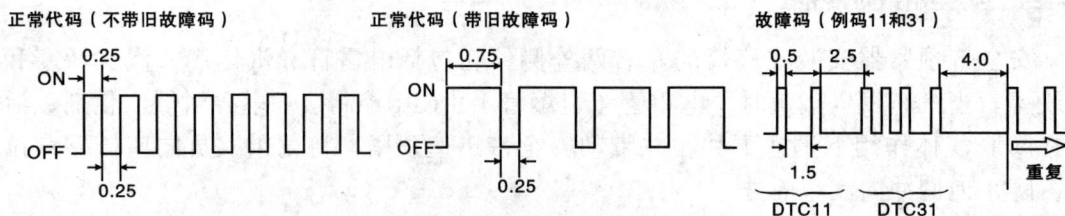

图4-9 正常代码与故障码（单位：s）

使用手持式测试仪进行检查：

（1）连接手持式测试仪到DLC3上。

（2）按照测试仪上的提示读取故障码。

3）清除故障码

不使用维修导线清除故障码：

断开点火开关，即可清除故障码。注意：因故障码不同，断开点火开关，可能不会清除故障码，在这种情况下，按以下所述方法清除故障码。

使用维修导线清除故障码：

（1）使用SST 09843-18040，连接TC和CG端子。

（2）在故障码出现后的10s内断开DLC3的TC端子，检查警告灯是否在3s内点亮。

（3）SRS警告灯点亮后在2.0～4.0s内，重新连接DLC3的TC和CG端子。

（4）重新连接TC和CG端子后，SRS警告灯熄灭3.0s，然后在SRS警告灯熄灭后2.0～4.0s内，断开DLC3的TC端子。

（5）重新断开TC和CG端子后，SRS警告灯点亮3s。

（6）SRS警告灯亮起后在2.0～4.0s内，重新连接DLC3的TC和CG端子。

（7）重新连接TC和CG端子后，SRS警告灯点亮3.0s。

（8）SRS警告灯熄灭1s后，输出正常代码。如果故障码没有清除，重复以上过程直到故障码被清除。清除故障码的过程显示，如图4-10所示。

使用手持式测试仪清除故障码：

（1）连接手持式测试仪到DLC3上。

（2）按照测试仪上的提示读取故障码。

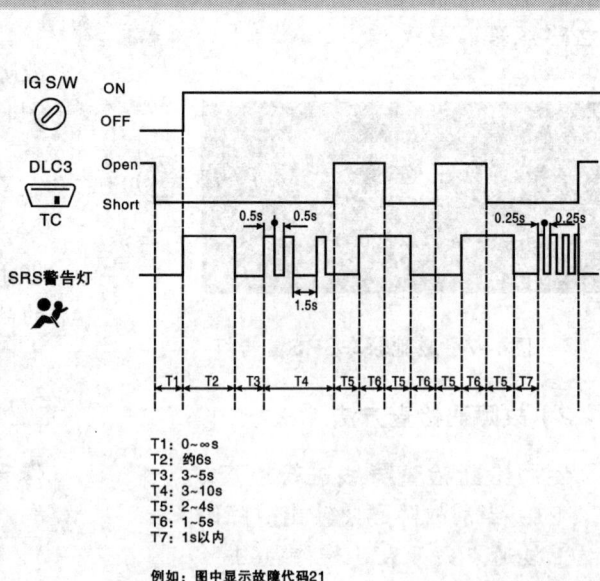

T1: 0～∞s
T2: 约6s
T3: 3～5s
T4: 3～10s
T5: 2～4s
T6: 1～5s
T7: 1s以内

例如：图中显示故障代码21

图4-10 清除故障码的过程显示

4. 拆装方法

1）带安全气囊喇叭按钮总成的拆装

零件分解图如图4-11所示，拆装步骤如下。

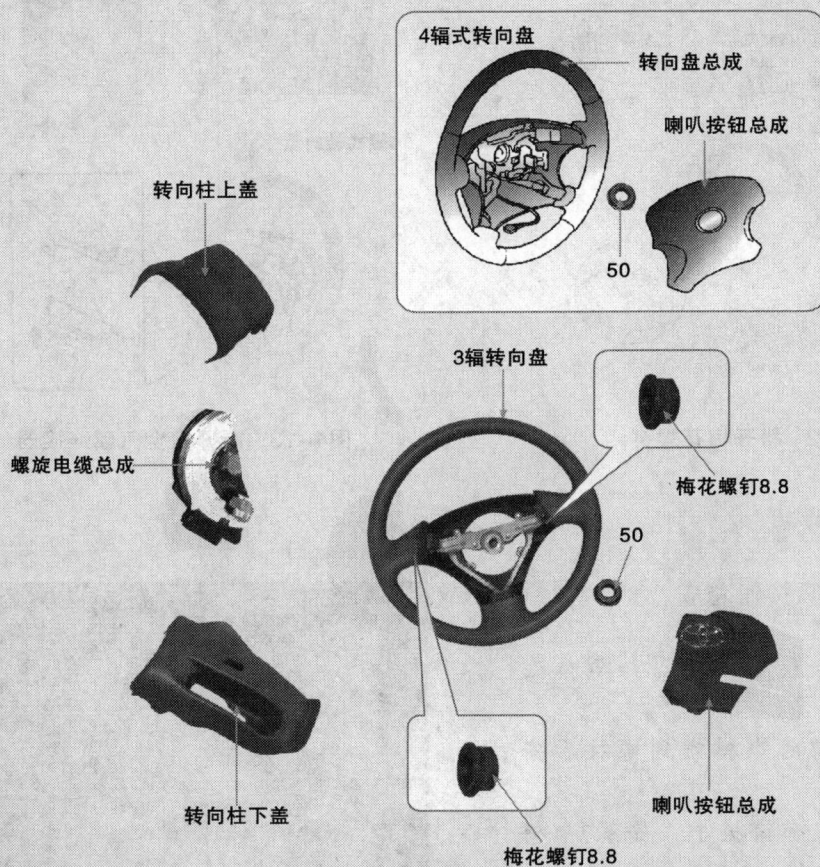

N·m：规定力矩

图4-11　零件分解图

（1）遵守注意事项。
（2）断开蓄电池负极端子。
（3）拆卸喇叭按钮总成。

注意：如果当点火开关ON而断开安全气囊连接器，DTC将被记录。

①前轮朝正前方。
②使用T30的梅花套筒扳手，松开两个梅花螺钉，直到螺纹槽碰到螺钉壳，如图4-12所示。
③从喇叭按钮总成中取出转向盘盖。
④松开喇叭连接器。注意：当取下喇叭按钮总成时，注意不要拉安全气囊线束。
⑤用螺丝刀断开安全气囊连接器，如图4-13所示。
⑥取下喇叭按钮总成。

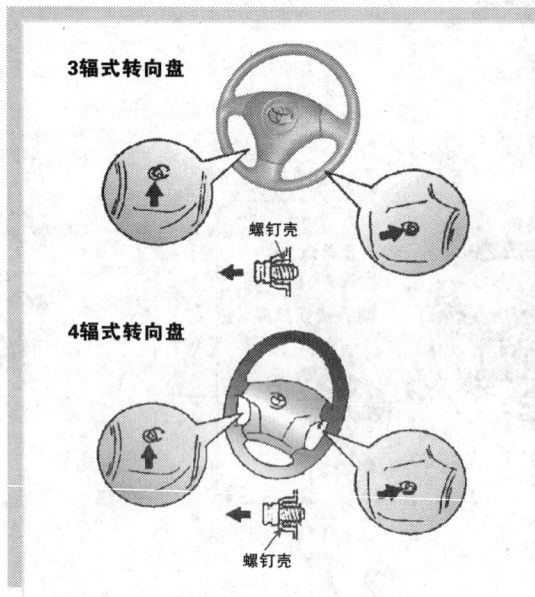

图4-12　松开梅花螺钉

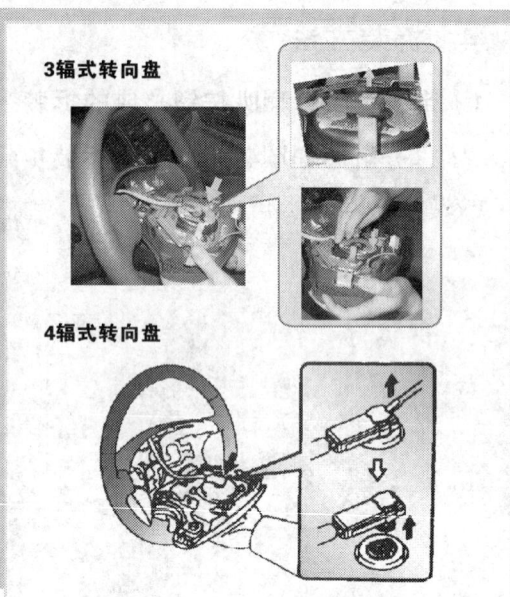

图4-13　断开安全气囊连接器

（4）安装喇叭按钮总成。

①连接安全气囊连接器和喇叭连接器。

②当确认螺钉螺槽碰到螺纹后安装喇叭按钮。

③使用梅花套筒扳手，安装2个梅花螺钉，拧紧力矩为8.8N·m。

3辐式转向盘

（5）检查喇叭按钮总成（图4-14）。对安装在汽车上的喇叭按钮总成（带有安全气囊），目视检查喇叭按钮总成表面和槽口部有无裂痕、细微裂缝或者明显的变色。

（6）检查SRS警告灯。

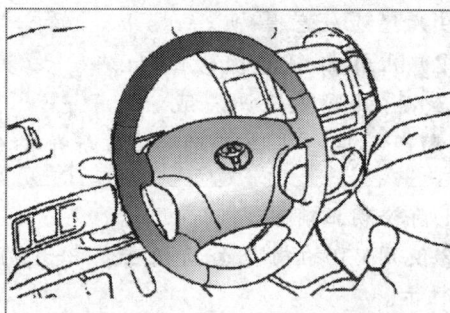

4辐式转向盘

图4-14　检查喇叭按钮总成

2）螺旋电缆总成的拆装

（1）遵守相关的注意事项。

（2）断开蓄电池负极端子。

（3）让前车轮朝正前方。

（4）拆下喇叭按钮总成。

（5）拆下转向盘总成。

（6）拆下转向柱下盖。

（7）拆下转向柱上端盖。

（8）拆下螺旋电缆总成，如图4-15所示。

①断开安全气囊连接器和螺旋电缆连接器。

②掰开3个扣爪，并且拆下螺旋电缆。

（9）检查螺旋电缆总成。如果发现下列情况，更换螺旋电缆总成：连接器有裂纹或者刮伤，螺旋电缆总成有裂纹、凹槽或者碎片。

（10）使前轮朝正前方。

（11）安装螺旋电缆总成。

①将转向信号开关置无转向位置。

注意：为了防止转向信号开关的销折断，确保转向控制杆处于无转向位置。

②扣上3个扣爪，并且安装螺旋电缆。

注意：更换新的螺旋电缆时，在安装控制杆前先拆下锁销。

③连接安全气囊连接器。

④用3个螺钉安装转向柱下端盖。

（12）螺旋电缆对中。

①确保点火开关在OFF位。

②确保蓄电池负极端子断开。

注意：在拆下蓄电池端子90s后才可以进行操作。

③逆时针旋转螺旋电缆，直到变得难以旋转，如图4-16所示。

④然后顺时针旋转螺旋电缆大约2.5圈，并对齐标记，如图4-17所示。

注意：电缆将绕中心左、右旋转2.5圈。

（13）安装转向盘总成。

（14）安装喇叭按钮总成。

（15）检查喇叭按钮总成。

（16）检查SRS警告灯。

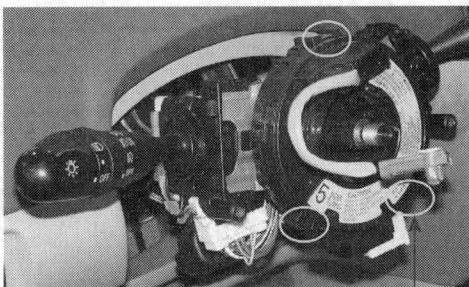

扣爪

图4-15　拆下螺旋电缆总成

图4-16　逆时针旋转螺旋电缆

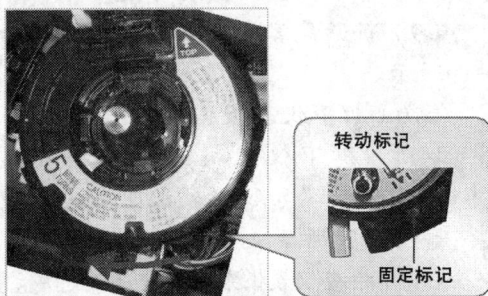

转动标记

固定标记

图4-17　对齐标记

3）仪表板乘客安全气囊总成的拆装

零部件分解如图4-18所示，拆装步骤如下。

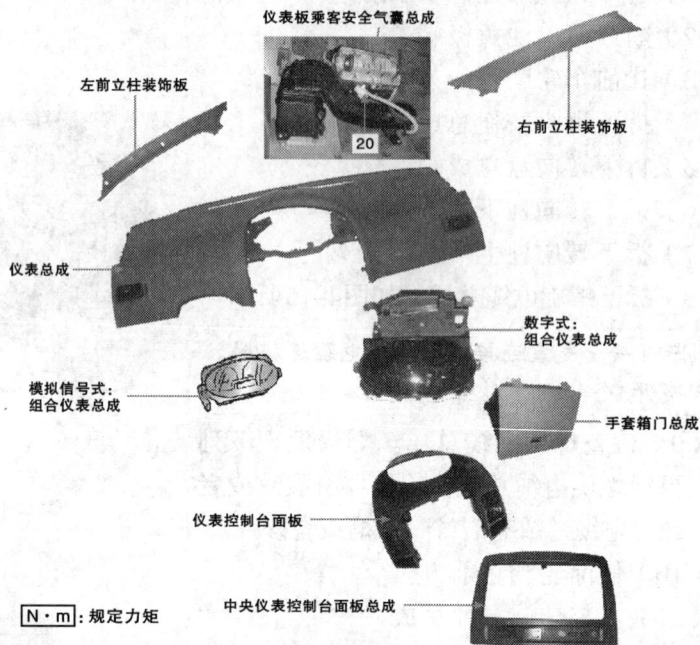

图4-18 乘客安全气囊总成零部件分解图

（1）遵守相关的注意事项。

（2）断开蓄电池负极端子。

（3）拆下中央仪表控制台面板总成。

（4）取下仪表控制台面板。

（5）拆下组合仪表总成。

（6）拆下手套箱门总成。

（7）拆下右前立柱装饰板。

（8）拆下左前立柱装饰板。

（9）断开乘客安全气囊连接器，如图4-19所示。

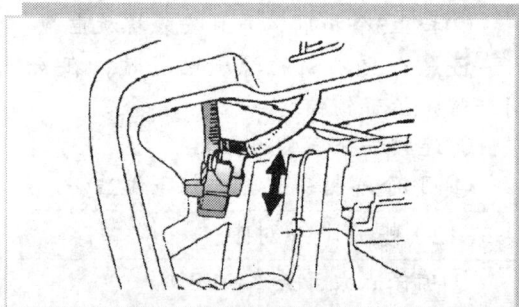

图4-19 乘客安全气囊连接器位置图

（10）拆下仪表板总成。

（11）拆下仪表板乘客安全气囊总成。拆下两个螺母和仪表板上安全气囊总成，如图4-20所示。

（12）检查仪表板乘客安全气囊总成。

（13）安装仪表板乘客安全气囊总成。

（14）安装仪表板总成，拧紧力矩为20N·m。

（15）检查SRS警告灯。

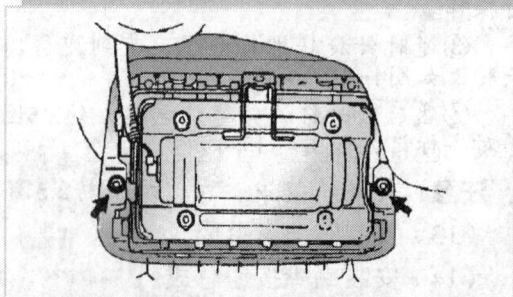

图4-20 拆下螺母

4）中央安全气囊传感器总成的拆装

零部件分解如图4-21所示。

中央安全气囊传感器总成的拆装方法如下：

（1）遵守相关注意事项。

（2）断开蓄电池负极端子。

（3）拆下控制箱嵌板。

（4）拆下控制箱孔盖。

（5）拆下控制箱地毯。

（6）拆下控制箱总成后部。

①从中央安全气囊传感器总成上断开3个连接器。

②从中央安全气囊传感器总成上拆下4个螺栓。

（7）拆下中央安全气囊传感器总成，如图4-22所示。

（8）安装中央发全气囊传感器总成。

①确保点火开关旋转到OFF位。

②确保蓄电池负极端子已经断开。

注意： 在拆下端子90s后进行操作。

③临时用4个螺栓安装中央安全气囊传感器总成。

④按照规定拧紧力矩拧紧4个螺栓，拧紧力矩为17.5N·m。

⑤把连接器连接到中央安全气囊传感器总成。

⑥检查没有松动。

⑦检查防水片正确设置。

⑧检查右前安全气囊传感器。

⑨检查中央安全气囊传感器总成。

⑩检查安全气囊警告灯。

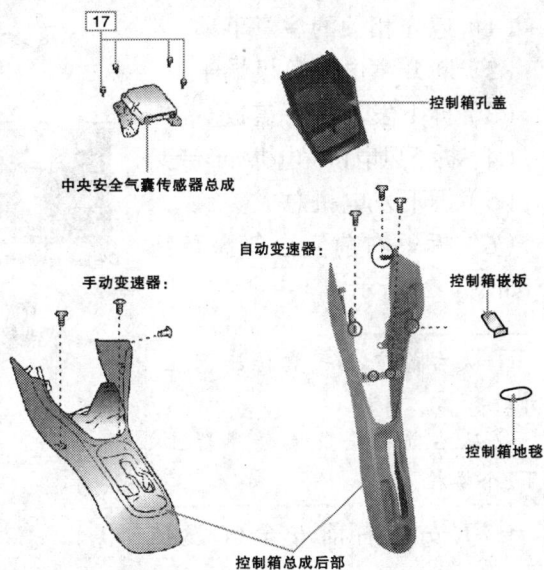

图4-21　中央安全气囊传感器零部件分解图

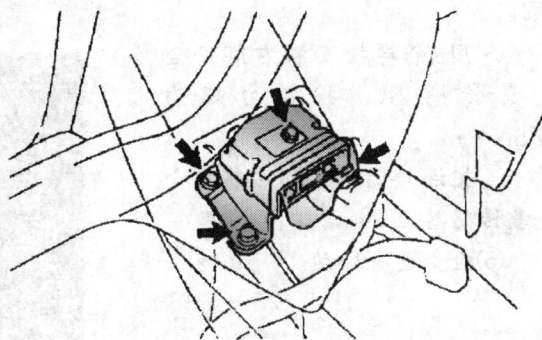

图4-22　拆中央安全气囊传感器总成

5）右前安全气传感器的拆装

零部件分解图如图4-23所示。

右前安全气感器的拆装方法如下：

（1）遵守相关的注意事项。

（2）断开蓄电池负极端子。

（3）拆下发动机下盖板。

（4）拆下风扇和发电机V形带。

（5）拆下发电机总成。

（6）拆下右前安全气囊传感器，如图4-24所示。

①从右前安全气囊传感器上断开连接器。

②从右前安全气囊传感器上拆下2个螺栓。

（7）安装右前安全气囊传感器。

①确保点火开关旋转到OFF位。

②确保蓄电池负极端子已经断开。

注意： 在断开端子90s后进行操作。

③用2个螺栓安装右前安全气囊传感器，拧紧力矩为17.5N·m。

④把连接器连接到右前安全气囊传感器上。

⑤检查没有松动。

（8）检查驱动皮带有无缺陷和张紧力。

（9）检查安全气囊警告灯。

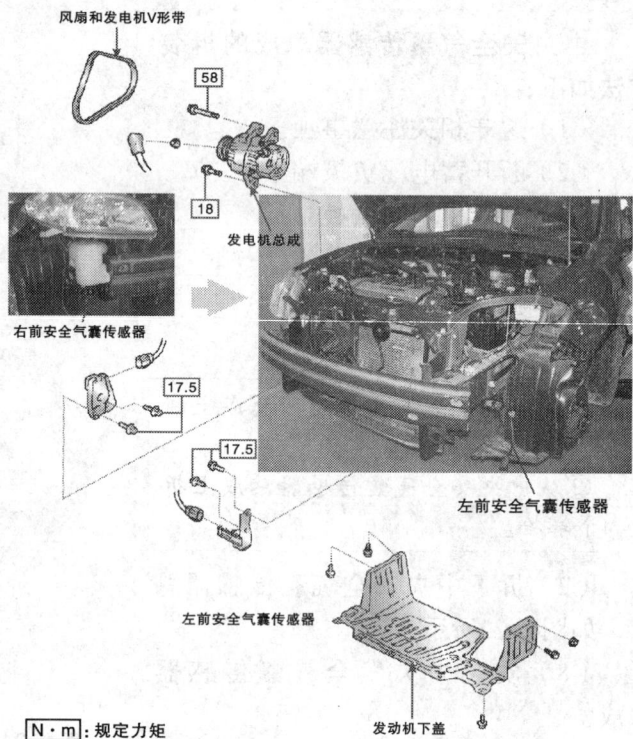

图4-23 右前安全气囊传感器分解图

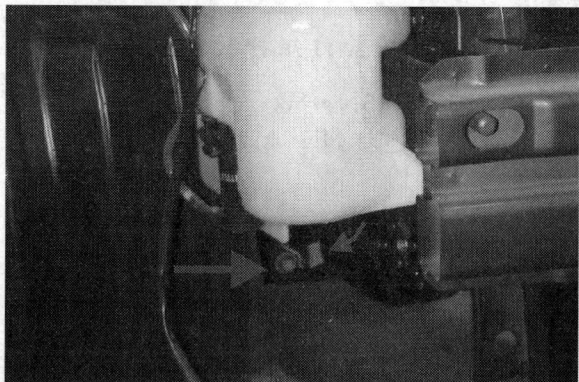

图4-24 拆右前安全气囊传感器

6）左前安全气囊传感器的拆装

左前安全气囊传感器的拆装方法如下：

（1）遵守相关注意事项。

（2）断开蓄电池负极端子。

（3）拆下发动机下盖。

（4）拆下左前安全气囊传感器，如图4-25所示。

①从左前安全气囊传感器上断开连接器。

②从左前安全气囊传感器上拆下2个螺栓。

（5）安装左前安全气囊传感器。

①确保点火开关旋转到OFF。

②确保蓄电池负极端子已经断开。

注意： 在断开端子90s后进行操作。

③用2个螺栓安装左前安全气囊传感器，拧紧力矩：17.5N·m。

④把连接器连接到左前安全气囊传感器。

⑤检查没有松动。

（6）检查左前安全气囊传感器。

（7）检查安全气囊警告灯。

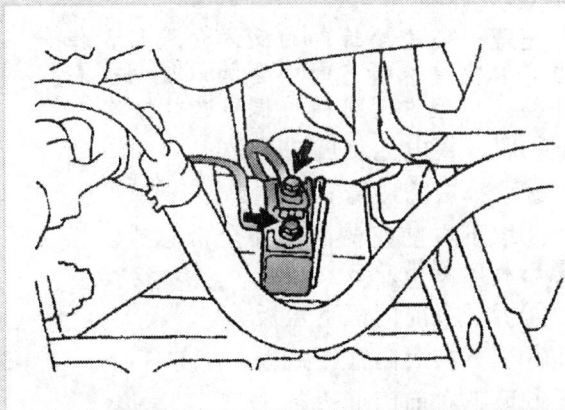

图4-25　左前安全气囊传感器

7）前安全带的拆装

零部件分解如图4-26所示。

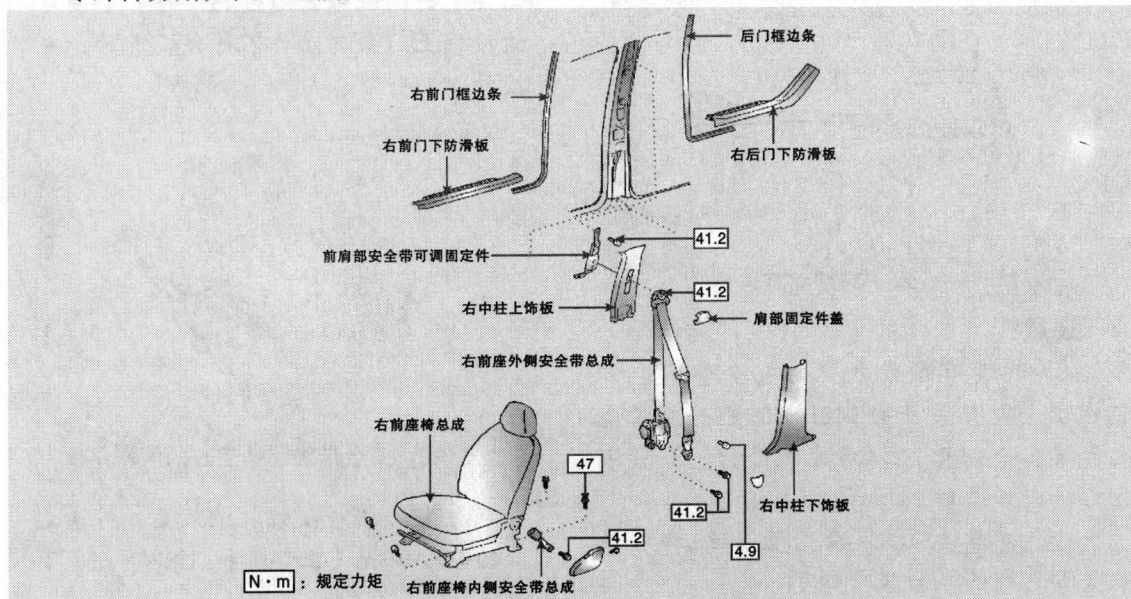

图4-26　前安全带零部件分解图

拆装步骤如下。

（1）拆卸

注意：安装按拆卸的反方向进行，但是当安装有特殊情况时，会加以说明；在左侧，采用和右侧同样的程序进行操作。

①脱开蓄电池负极端子。

②取掉右前座椅总成。

③取下右前座椅内侧安全带总成。松开螺母和内侧带总成。

④拆下右前门框下盖板。

⑤拆下右后门框下盖板。

⑥取下右前门框边条。

⑦取下右后门框边条。

⑧取下右中间柱下饰板。

⑨取下右前座椅安全带总成。

> a.取下地板固定件盖。
> b.拆下螺栓并且松开外侧安全带总成（地板固定件一侧）。
> c.使用螺丝刀取下肩部固定件盖，如图4-27所示。
> **注意**：螺丝刀的尖端要包裹住。
> d.取下螺栓和外侧安全带总成（肩部固定件一侧）。

图4-27　取下肩部固定件盖

注意：

a.拆卸带有预紧装置的安全带时，一定要在点火开关旋转到OFF位置并且蓄电池负极端子脱开90s以后才能进行。预紧装置的接头如图4-28所示。

b.仔细阅读SRS安全气囊系统和外侧安全带总成的预紧装置说明。

c.脱开连接器，取下螺栓。

⑩取下右中柱上饰板。

⑪取下前肩部安全带固定调节器总成，取下两个螺栓和固定调节器总成。

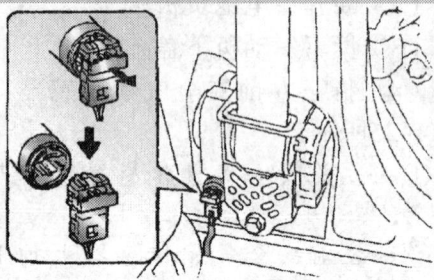

图4-28　预紧装置接头

（2）安装

①安装前肩部安全带固定调节器总成。用两个螺栓安装调节器总成，拧紧力矩为41.2N·m。

②安装右前外侧安全带总成。

注意：不要分解收缩装置。

a.检查安全带刚刚锁定时的倾斜角度，如图4-29所示。安安带在15°以内的各个方向不能被锁上，但是当慢慢移动安装好的收缩器超过45°时安全带应该被锁上。当其动作不符合规定时，更换外侧安全带总成。

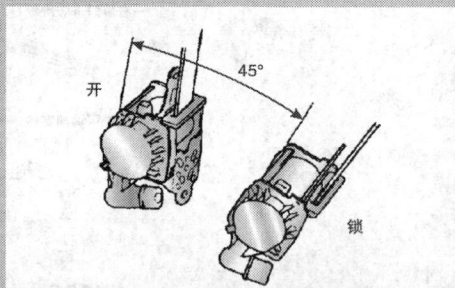

图4-29　安全带刚刚锁定时的倾斜角度

b.用2个螺栓安装收缩装置，拧紧力矩为4.9N·m（上部）和41.2N·m（下部）。

c.用螺栓安装肩部固定器，拧紧力矩为41.2N·m。

d.安装安全带固定器盖。

e.用螺栓安装地板固定器，拧紧力矩为41.2N·m。

f.安装地板固定件盖。

g.检查安全带锁。

注意： 安装安全带总成时应进行检查。安装安全带后快速拉出安全带，以便检查安全带锁，当其动作不符合规定时，更换外侧的安全带总成。

③安装右座椅内安全带总成。用螺母安装内侧安全带总成，拧紧力矩为41.2N·m。

5. 更换气囊总成注意事项

在对安全气囊进行维修操作前（包括零部件的拆卸和安装、检查和更换），要按正确的程序进行，而且必须注意以下事项。

（1）必须在点火开关旋转到LOCK位置，并且断开蓄电池上的负极端子后90s，才能进行操作（安全气囊系统备有备用电源，因此，如果在蓄电池负极端子松开90s内进行操作，SRS可能会胀开。

（2）不能把喇叭按钮总成、仪表板乘客安全气囊总成、中央安全气囊传感器总成或者前安全气囊传感器直接暴露在热空气或者火焰中。

（3）SRS的故障症状很难确认。因此故障诊断的故障码（DTC）成为最重要的信息来源，当对SRS进行故障诊断时，在断开蓄电池之前要检查DTC。

（4）即使很微小的碰撞而SRS没有被胀开，也应该检查喇叭按钮总成、仪表板乘客安全气囊总成、中央安全气囊传感器总成或者安全气囊传感器。

（5）如果在修理中可能对传感器会产生冲击，在修理前，应该拆下安全气囊传感器。

（6）绝对不能使用其他汽车上的SRS零件。当更换零件时，要采用新的零部件。

（7）绝对不要对喇叭按钮总成、仪表板乘客安全气囊总成、中央安全气囊传感器总成或者前安全气囊传感器等进行分解和修理。

（8）如果喇叭按钮总成、仪表板乘客安全气囊总成、中央安全气囊传感器总成或者前安全气囊传感器掉到地上，或者支架及连接器中有划伤、凹坑或其他缺陷时，应用新的零件更换它们。

（9）使用高阻抗万用表（10kΩ/V以上）进行系统电路故障检查。

（10）说明标牌贴在SRS部件周围，必须遵守这些标牌上的注意事项。

（11）对SRS的工作结束以后，应检查SRS警告灯。

（12）当负极电缆从蓄电池上断开后，时钟和音响系统的记忆将被删除，所以在工作前要记录有关音响的数据，绝不能使用汽车以外的其他备用电源。

（13）如果汽车上配备有车载电话，应参照有关注意事项。

任务二 SRS指示灯常亮的检修

虽然安全气囊的种类较多，但其基本结构都是大同小异的，主要由碰撞传感器、SRS控制电脑、SRS指示灯和气囊组件四个部分组成。图4-30所示是电子式安全气囊系统的电路组成框图。图4-31所示为威驰轿车安全气囊系统各部件安装位置图。

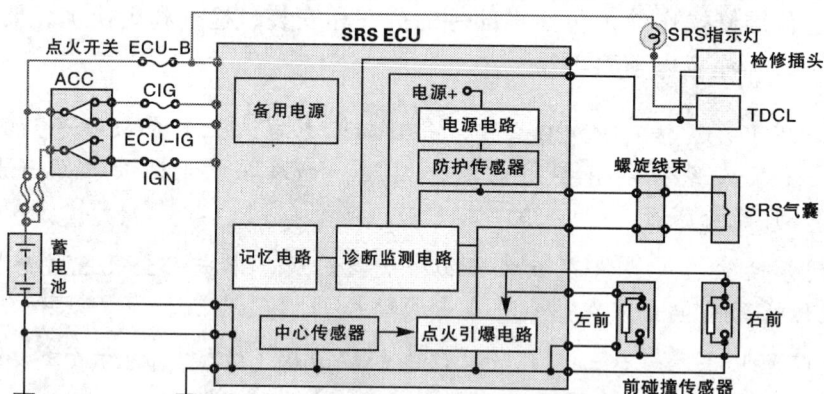

图4-30 SRS电路组成框图

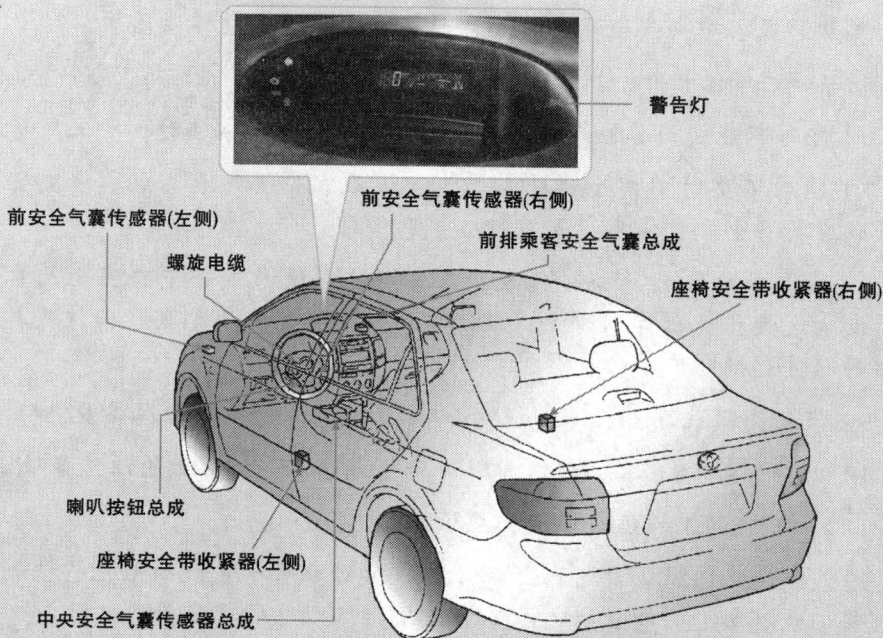

图4-31 威驰轿车安全气囊系统各部件安装位置图

一、电控部分

安全气囊系统的电控部分由各种传感器，微处理器（CPU），气囊和安全带预紧器的引爆装置、报警装置、接口、RAM、ROM等组成。

1. 碰撞传感器

碰撞传感器的分类见表4-1。

碰撞传感器分类   表4-1

碰撞传感器	按功能分	碰撞传感器	负责检测碰撞的强度，看气囊是否需要打开。如果汽车以40km/h的车速撞到一辆正在停放的同样大小的汽车上，或者以不低于22km/h的车速迎面撞到一个不可变形的固定障碍物上，碰撞传感器便会动作，接通搭铁回路
		安全传感器	也有人称为触发传感器，其闭合的减速度要稍小一些，起保险作用，防止因碰撞传感器短路而造成误打开
	按结构分	全机械式、机电式、电子式	

1）偏心锤式碰撞传感器（机械式传感器）

这种传感器一般安装在保险杠与挡泥板之间，用来感知低速碰撞的信号。传感器安装在一个密封的防振保护盒内，其结构如图4-32所示。

当传感器中重锤的移动速度高于某一特定车速时（称为TBD车速，其大小决定于汽车的特性），重锤便将其机械能量直接传给引发器使气囊打开，具体的工作原理如下。

汽车正常行驶时，扭力弹簧将重锤、动触头定在上止点位置，传感器没有触发信号给中央控制器。当汽车碰撞时，减速度所产生的惯性力克服弹簧的扭力而使重锤产生运动，带动触桥转动，使动、静触头结合。此时，传感器向中央控制器发出接通的信号，同时安全传感器也接通，CPU发出引爆安全带预紧器传爆管的指令，使安全带拉紧而起到安全保护作用。

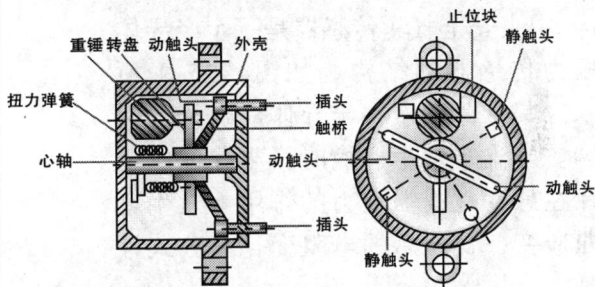

图4-32 偏心锤式传感器结构

偏心锤式传感器接线图： 偏心锤式传感器有4个引脚，其中两个引脚接中央控制器，另外两个为自诊断引脚，如图4-33所示。电阻的作用是诊断本传感器与中央控制器之间是处于开路状态，还是处于正常状态。CPU启动自检程序后，用程序开关把外电源通过一个电阻接入4-1线上，并测量4-1与3-1之间的电压。电压为设计值，则说明4-1与3-1两根线完好；如电压为0，则说明4-1和3-1两线中间有一个是断路的。再人为把传感器触头闭合，同样测4-1与4-2之间的电压，如为0，则说明4-1线是好的。同样可以自诊断其他线和其他传感器是否完好。

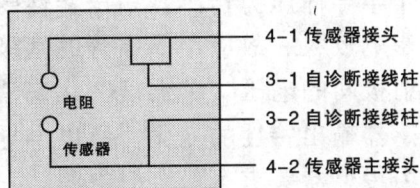

图4-33 偏心锤式传感器接线图

2）安全传感器（机电式传感器）

如图4-34所示的一种安全传感器是一个水银常开开关。安全传感器用来防止系统在非碰撞状况引起气囊的误动作，一般装在中央控制器内。当发生碰撞时，足够大的减速度力将水银抛上，接通传爆管电路。

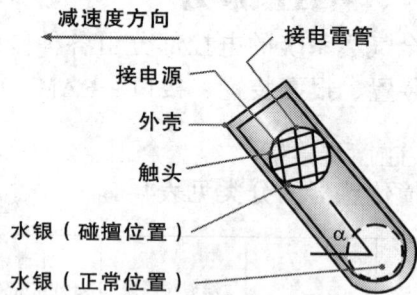

图4-34　安全传感器

3）中央安全气囊传感器（电子式传感器）

电子式传感器对汽车正向加速度进行连续测量，并将结果输送给微处理器，微处理器内有一套复杂碰撞信号处理程序，能够判定气囊是否需要打开。如需要，微处理器便会接通点火电路，如果机电式保险传感器也闭合，则引发器接通，气囊打开。

中央安全气囊传感器是一个半导体压力传感器的结构，如图4-35a）所示。其悬臂架压在半导体应变片的两端。当汽车发生碰撞时，半导体应变片在悬臂减速惯性力的作用下发生弯曲应变，受压后的电阻变化由公式计算。

电阻的变化引起动态应变仪输出电压发生变化。

汽车的速度越大，碰撞后产生加速度的力越大，则输出的电压也越大。由于半导体压力传感器输出特性受温度影响较大，故应用晶体管的基极、发射极间的电压U_{be}的温度变化来消除传感器输出特性的变化。所以半导体压力传感器要求有稳定的电源。它的原理线路如图4-35b）所示。

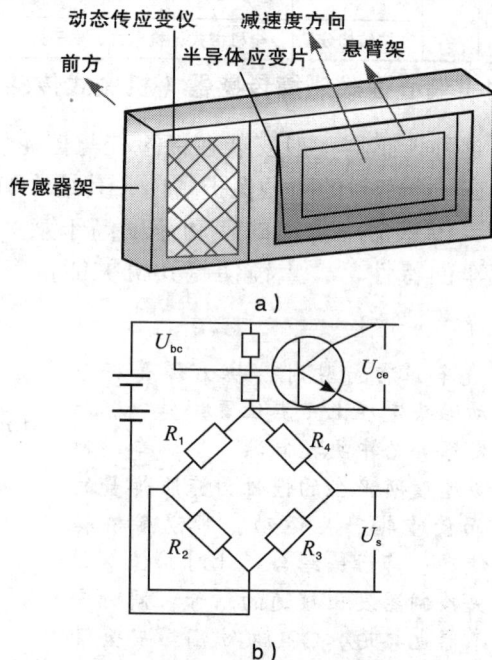

图4-35　中央传感器（半导体压力传感器）
a）结构图；b）原理线路图

中央安全气囊传感器装在中央控制器内，用来感知高速碰撞的信息，并将其输送到CPU，引爆气囊传爆管，使气囊打开。同时前方另有一个传感器也引爆了预紧器的传爆管，即安全带预紧器和气囊同时起作用。有的前方传感器有两对动、静触头，在低速碰撞时，第一对触头闭合引爆安全带预紧器，在高速碰撞时第二对触头接通，安全带预紧器及气囊同时动作。中央安全气囊传感器的作用是增加可靠性。

2. 安全气囊警示灯与安全气囊电源

1）安全气囊警示灯

如图4-36所示，安全气囊警示灯装在仪表板上，有的用图形显示，有的用字母显示。安全气囊警示灯可反映安全气囊系统的工作情况。一般把点火开关置于"ON"挡后，警示灯先闪亮（或不间断亮）6~8s后熄灭，说明安全气囊系统正常；如果安全气囊警示灯不亮，或不停地闪耀或常亮，则说明安全气囊系统有故障。

若控制块出现异常，不能控制警示灯，警示灯便在其他电路的直接控制下作出异常显示，有如下几种情况：控制块无点火电压，警示灯常亮，控制块无内部工作电压，控制块未接通，警示灯经线束连接器的短接条接通。

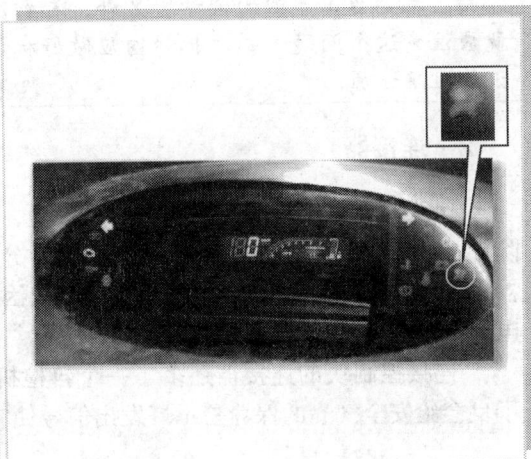

图4-36　安全气囊警示灯

2）安全气囊电源

能给气囊引爆器提供电源的渠道有两种。

系统中的电容器

接通点火开关期间（发动机工作时），电能存储装置（电容器）就会连续不断地充电。如果蓄电池没电，这个存电装置可以提供能量来引爆气囊的引爆器（点火器/点火装置），而且电容器中所储存的电量足能满足6s之内的断电需求，并能保留足够的电量，在蓄电池无电时使气囊膨胀。

蓄电池

蓄电池是一种备用设备，也是一种为引爆点火器提供电源的装置。它是通过电源输出导线把电送给安全气囊电脑的。

3. 电气连接件

气囊系统的电气连接件包括线束、时钟弹簧与连接器（插接器）。

1）时钟弹簧

由于驾驶员侧气囊是装在转向盘上的，而转向盘要能转动，为了实现这种静止端与活动端的电气连接，采用了时钟弹簧，如图4-37所示。时钟弹簧装在弹簧盘里，弹簧盘用螺栓固定在转向柱顶部。时钟弹簧以正、反两个方向的盘绕实现了作旋转运动的一端与固定端的电气连接。弹簧内侧是固定端，把塞键与转向柱连在一起。时钟弹簧的使用寿命要求不低于10万循环。

时钟弹簧卷绕中心与转向柱圆心的同心度，对于能否保证气囊系统的性能关系很大。如偏差过大，可能导致时钟弹簧旋转过量而造成永久性伤害。考虑到偏差无法避免，时钟弹簧在正、反两个方向上都要留出半圈的余量。另外，在初次安装时就应注意这个问题。每次拆卸均应做好标记，以保证能准确还原。

转动标记
固定标记

图4-37 时钟弹簧实物图

2）连接器

气囊系统的连接器特别强调可靠性，采取了双保险镇定和分断自动短接等措施。连接器分断后，引发器的电源端和地线端会自动短接，防止因误通电或静电造成引发器误触发。

连接控制块的连接器还多了一个自检机构，如结合不良会给安全气囊的保养警示灯发出信号使它常亮。

3）线束

安全气囊系统的线束采用了特殊的包装和色标，这一方面是为了便于检查，另一方面是为了保证在碰撞中能保持线路的连接。

4. 存储器

中央控制器有两种不同的存储器。

易失性存储器（RAM）

既能读又能写的存储器，也叫随机存储器或读写存储器。它是CPU在工作过程中，用来存储中间结果并随机存取数据的部件。例如气囊在自检中发现左前方传感器有故障，CPU将其代码找出后，就放在RAM中供随时显示用。其特点是一旦电源切断，存放在其中的信息就丢失。

非易失性存储器（ROM）

非易失性存储器也叫只读存储器，用来存放气囊运行的所有固定程序和一些不变的量。例如自检中各主要元器件的故障编码等。它只能输出，而断电后存放在里面的信息仍然存在。

5. 诊断监视器

诊断监视器并不控制气囊的动作，它仅监视气囊装置的故障并开通气囊警告灯。它有一个微处理器，对监视器内的电路进行自检并显示气囊系统存在的故障。诊断监视器有备用电源，即使蓄电池及其线路在传感器闭合前损坏，也能使气囊打开。每接通点火线路0.5s后气囊指示灯发亮，若6s后熄灭，表明气囊系统无故障。

6. 中央控制器

中央控制器由CPU、RAM、ROM、接口、驱动器等电子电路组成。多数是由单片机加上其他电路所组成。一般做成两块印刷电路板，外壳用金属制作，一方面加强机械强度，另一方面是为了屏蔽外界的电磁波干扰。它通过牢固的插接件，把传感器等输入信号及引爆器、报警器等输出信号和中央控制器连接起来。一般电路图上的接线标号就是插接件上的标号。

二、控制原理

1. 安全气囊系统的工作原理

当汽车遭受正面碰撞和侧面碰撞时，安全气囊系统的工作原理完全相同。以图4-38正面碰撞为例，说明安全气囊系统控制原理。

安全气囊控制原理：当汽车遭受前方一定角度范围内的碰撞时，安装在汽车前部和SRS ECU内部的碰撞传感器都会检测到汽车突然减速的信号，并将信号输入SRS ECU，以便判断是否发生碰撞。当汽车遭受碰撞且减速度达到设定值时，SRS ECU发出控制指令将气囊组件中的点火器（电雷管）电路接通，电雷管引爆使点火剂（引药）受热爆炸（即电热丝通电发热引爆炸药）。点火剂引爆时，迅速产生大量热量，使充气剂（叠氮化钠固体药片）受热分解并释放出大量氮气充入气囊，气囊便冲开气囊组件上的装饰盖板鼓向驾驶员和乘员，使驾驶员和乘员面部和胸部压靠在充满气体的气囊上，在人体与车内构件之间铺垫一个气垫，将人体与车内构件之间的碰撞变为弹性碰撞，通过气囊产生变形和排气节流来吸收人体碰撞产生的动能，从而达到保护人体之目的。

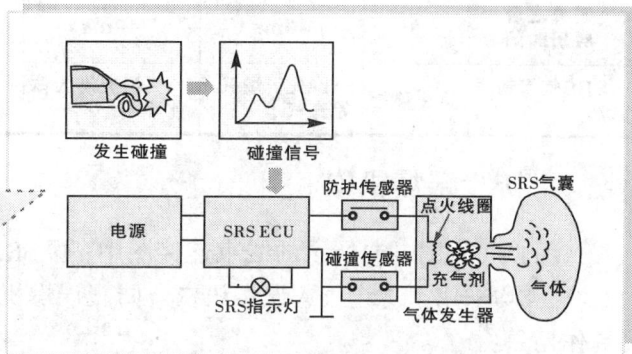

图4-38　安全气囊系统控制原理

2. 安全气囊的动作过程

根据德国博世（BOSCH）公司在奥迪（Audi）轿车上的试验研究表明：当汽车以50km/h的车速与前面障碍物碰撞时，安全气囊系统SRS的动作时序如图4-39所示。

由此可见，气囊在碰撞过程中动作时间极短。从开始充气到完全充满约为30ms；从汽车遭受碰撞开始到气囊收缩为止，所用时间仅为120ms左右，而人的眼皮眨一下所用时间约为200ms左右。因此，气囊动作状态和经历时间无法用肉眼确认。

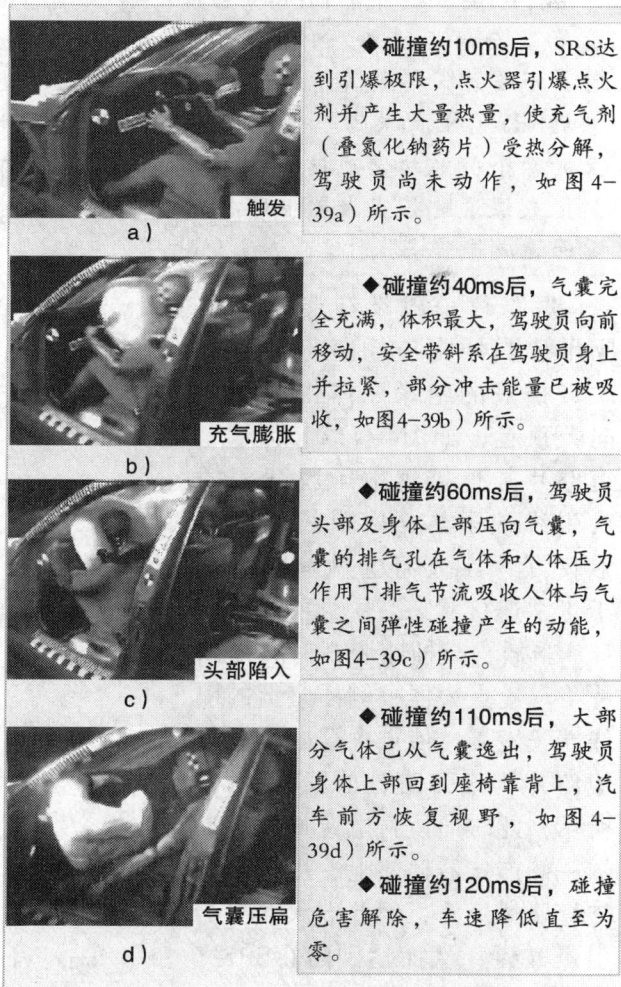

a）触发

◆碰撞约10ms后，SRS达到引爆极限，点火器引爆点火剂并产生大量热量，使充气剂（叠氮化钠药片）受热分解，驾驶员尚未动作，如图4-39a）所示。

b）充气膨胀

◆碰撞约40ms后，气囊完全充满，体积最大，驾驶员向前移动，安全带斜系在驾驶员身上并拉紧，部分冲击能量已被吸收，如图4-39b）所示。

c）头部陷入

◆碰撞约60ms后，驾驶员头部及身体上部压向气囊，气囊的排气孔在气体和人体压力作用下排气节流吸收人体与气囊之间弹性碰撞产生的动能，如图4-39c）所示。

d）气囊压扁

◆碰撞约110ms后，大部分气体已从气囊逸出，驾驶员身体上部回到座椅靠背上，汽车前方恢复视野，如图4-39d）所示。

◆碰撞约120ms后，碰撞危害解除，车速降低直至为零。

图4-39　安全气囊系统的动作时序图

目前，世界各国广泛采用模拟人体进行碰撞试验。SRS动作过程与经历时间之间的关系如表4-2所示。

SRS动作过程与经历时间之间的关系表　　　　　　　　表4-2

碰撞之后经历时间	0	10ms	40ms	60ms	110ms	120ms
SRS气囊动作状态	遭受碰撞	点火引爆开始充气	气囊充满人体前移	排气节流吸收动能	人体复位恢复视野	危害解除车速降零

3. 防止误爆机构

图4-40、图4-41所示的线束连接图中，从SRS ECU至SRS气囊点火器之间的连接器2、5、8均采用了防止气囊误爆机构。防止误爆机构为一块铜质弹簧片，称为短路片，**其作用是：**

当连接器拔开（插头拔下或插头与插座未完全结合）时，短路片（弹簧片）自动将靠近SRS气囊点火器一侧插座上的两个引线端子短接，防止静电或误通电将点火器电路接通而造成气囊误胀开。

短路片一般设在连接器插座上，当插头与插座正常连接时，插头的绝缘壳体将短路片向上顶起，如图4-41a）所示，短路片与连接器端子脱开，插头引线端子与插座引线端子接触良好，点火器电热丝电路处于正常连接状态。

当插头与插座脱开时，短路片将气囊点火器一侧插座上的引线端子短接，使点火器电热丝与短路片构成回路，如图4-41b）所示，此时即使将电源加到点火器一侧连接器插座上，由于电源被短路片短路，因此点火器不会引爆气囊，从而达到防止SRS气囊误爆之目的。

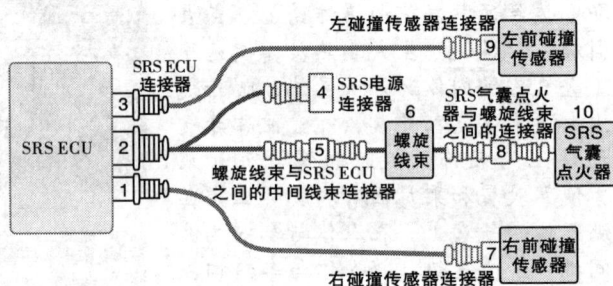

图4-40 轿车安全气囊系统连接器示意图

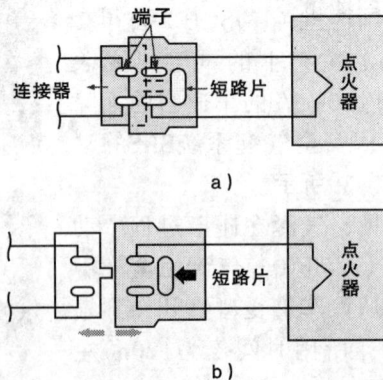

图4-41 安全气囊系统防误爆机构结构原理
a）连接器正常连接时，短路片与端子脱开；
b）连接器拔开时，短路片将端子短接

三、SRS指示灯常亮故障检修

以丰田威驰SRS指示灯电路为例：SRS警告灯安装在组合仪表上。当SRS正常时，点火开关从LOCK转至ON位置，SRS警告灯点亮大约6s后自动熄灭。如果SRS有故障，SRS警告灯常亮以通知驾驶员系统不正常。

当连接DLC3的TC和CG端子时，通过SRS警告灯闪烁显示故障码。

电路图如图4-42所示。

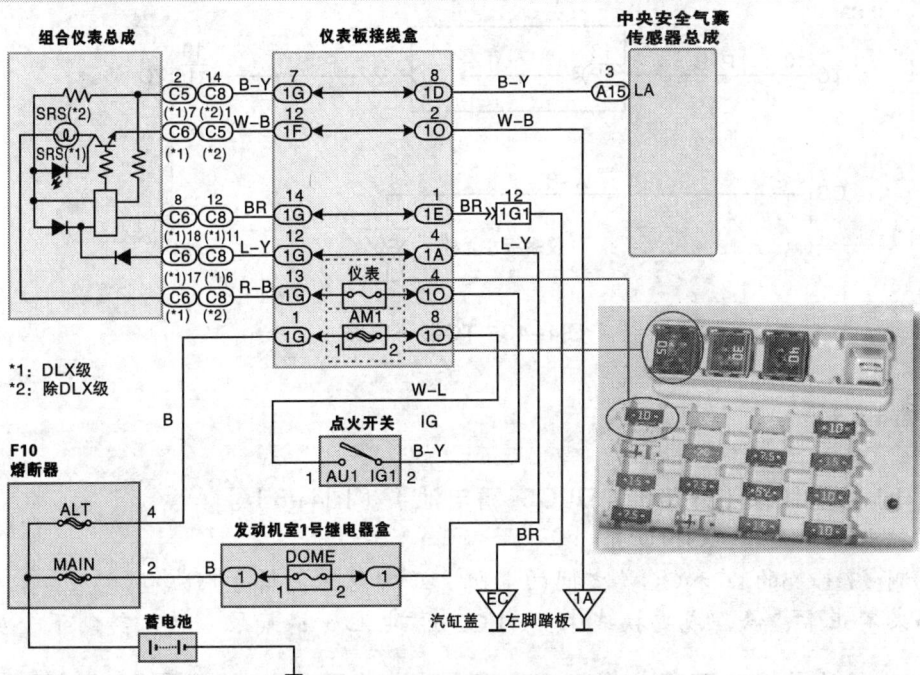

图4-42　丰田威驰SRS指示灯电器

检查步骤如下。

1.检查连接器

（1）把点火开关转至LOCK位置。

（2）断开蓄电池负极（－）端子的导线，至少等待90s。

（3）断开中央安全气囊传感器总成的连接器。

（4）连接蓄电池负极（－）端子的导线。

（5）检查SRS警告灯的状态。正常：连接器连通。

如果不正常，连接连接器；如果正常，转到下一步骤。

2.检查组合仪表总成

（1）断开组合仪表总成连接器。

（2）连接蓄电池负极（－）端子的导线，把点火开关转至ON位置。

（3）DLX级：测量搭铁和中央安全气囊传感器总成连接的组合仪表总成连接器的C6-17端子之间的电压。

（4）GLX级：测量搭铁和中央安全气囊传感器总成连接的组合仪表总成连接器的C5-6端子之间的电压。

正常电压：8V或更高。

如果不正常，更换组合仪表总成；如果正常，更换中央安全气囊传感器总成。

四、TC端子电路故障的检修

以丰田威驰轿车为例，TC端子电路如图4-43所示。通过连接DLC3的TC和CG端子，设置故障码的输出模式，中央安全气囊传感器总成的故障码通过SRS警告灯闪烁显示出来。

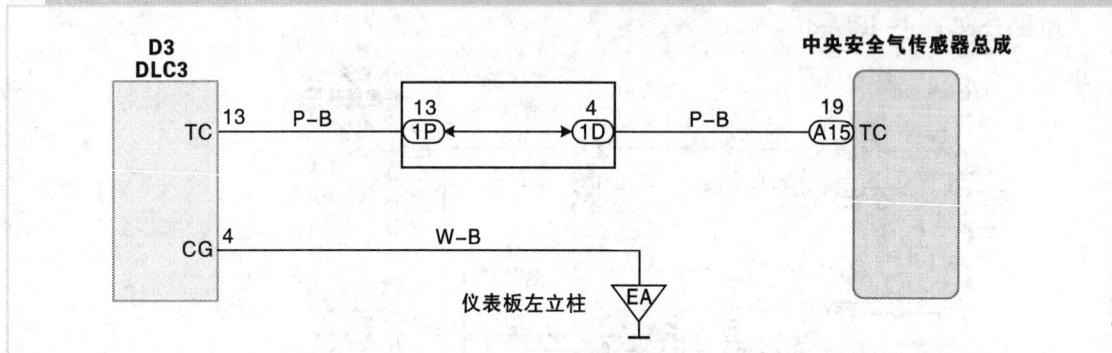

图4-43　TC端子电路

检查程序

（1）检查线束（开路）（DLC3-蓄电池）（图4-8）。

①把点火开关转至ON位置。

②测量DLC3的TC和CG端之间的电阻。正常电阻：低于1Ω。

如果不正常，修理或更换线束（DLC3-蓄电池）；如果正常，转到下一步骤。

（2）检查线束（开路）（DLC3-蓄电池）（图4-8）。测量DLC3的TC端子和搭铁之间的电压。正常电压：4～14V。

如果不正常，修理或更换线束（DLC3-蓄电池）；如果正常，转到下一步骤。

（3）检查线束（短路）（DLC3-蓄电池）（图4-8）。

①把点火开关转至ON位置。

②断开蓄电池负极（-）端子的导线，至少等待90s。

③测量DLC3的TC和CG端子之间的电阻。正常电阻：1MΩ或更高。

如果不正常，修理或更换线束（DLC3-蓄电池）；如果正常，更换中央安全气囊传感器总成。

五、安全气囊的检修实训指导与实操工单

详见附录五。

汽车电动座椅不能调整的检测与修复

××××××汽车维修有限公司
维修委托书

工单号 No: **200808836**

客户名称: __张三__ 车牌号: __××0088__ 购车日期: **2005** 年 **3** 月 **6** 日 联系电话: ××××××××××

联系人: __张三__ 车 型: **丰田卡罗拉** Vin No.: **L T V B A 4 2 3 X 5 0 0 9 4 0 7 5**

送修日期: **2008** 年 **8** 月 **5** 日 交付日期: **2008** 年 **8** 月 **7** 日 行驶里程: **1 0 0 3 3 0**

故障症状报修描述	驾驶员电动座椅不能前后移动	交接物品	无
提车要求	付款方式: ☑现金 □刷卡 □支票 其他:	其他	洗车 是☑ 否□ 带走旧件 是☑ 否□

序号	报 修 项 目
1	更换驾驶员电动座椅
2	
3	
4	
5	
6	

小计: 1200元

备注	维修检查及施工情况详细见《维修检查·施工单》				
	旧件检查	空罐		旧件	油量 E 1/4 1/2 3/4 F

全车外观检查

车身如有变形、油漆划痕、玻璃、灯具裂痕等损伤,请在示意图中的方格内标注"√"。

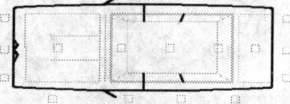

甲方(客户)签名

张三

日期: **2008年8月5日**

某客户驾驶的卡罗拉轿车，驾驶员电动座椅不能前后移动，要求给予维修。

要完成这个工作任务，首先得知道汽车电动座椅的组成及其工作原理、电动座椅电路的检修方法。下面就分步来完成本学习情境的学习任务。

任务一 座椅不能前后移动

为了提高汽车乘坐的舒适性，现代轿车都安装有电动座椅。通过对汽车座椅的前后、靠背的角度以及头枕的高度等作电动调节，从而使驾驶员和乘客的座椅获得理想的位置。

一、电动座椅的组成

电动座椅主要由双向直流电动机、传动装置和座椅调节器等组成，如图5-1所示。

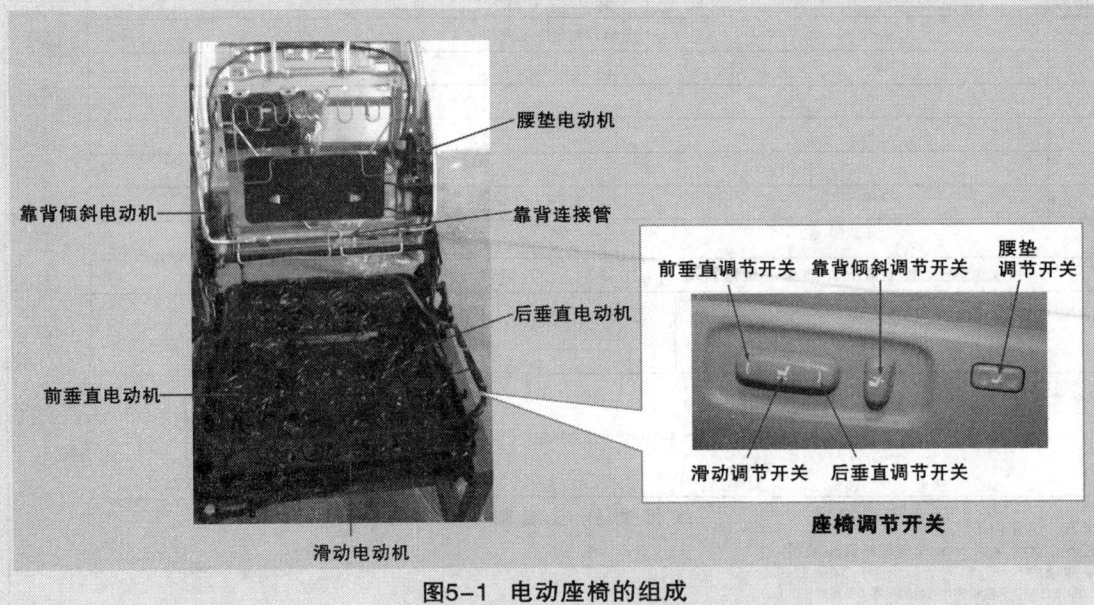

图5-1 电动座椅的组成

1. 双向直流电动机

进行前、后移动控制的电动座椅装有1个双向电动机。在前、后移动基础上还可升、降的四向移动座椅装有2个双向电动机。除具有前、后移动和上、下升降功能外，座椅前端或后端还可分别升降的6向移动座椅装有3个双向电动机。遥控电动座椅甚至装有4个以上的双向电动机，除能保证6向移动的功能外，还能调整头枕高度、倾斜度、座椅长度及扶手位置等。直流电动机内装有断路器，防止过载烧坏直流电动机。

2. 传动装置

电动座椅的传动装置主要由变速器（蜗轮蜗杆）、联轴装置、齿轮齿条等组成。其作用是把直流电动机产生的旋转运动，变为座椅的位置调整。

前后调整传动机构如图5-2所示，由蜗杆、涡轮、齿条、导轨等组成，齿条装在导轨上。调整时，直流电动机产生的力矩经蜗杆传至两侧的蜗轮上，经齿条的带动，使座椅前后移动。

上下调整传动机构如图5-3所示，由蜗杆轴、蜗轮、心轴等组成。调整时，直流电动机产生的力矩带动蜗杆轴、驱动蜗轮转动，使心轴在蜗轮内旋进或旋出，带动座椅上下移动。

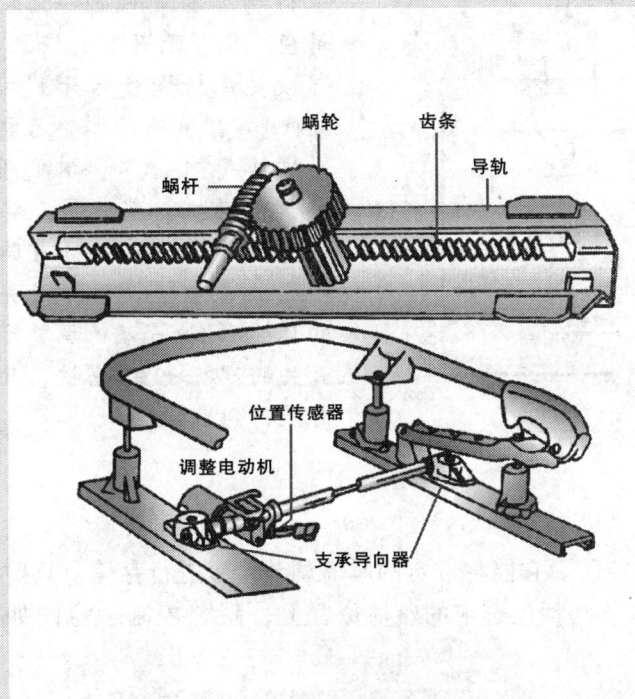

图5-2　电动座椅前后调整传动机构

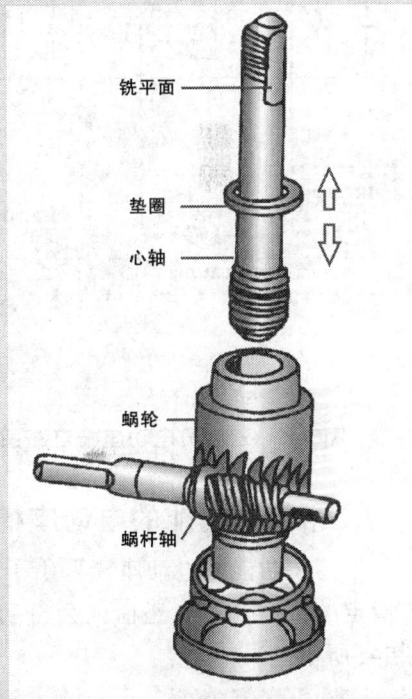

图5-3　电动座椅上下调整传动机构

二、电动座椅的工作原理与控制

1. 电动座椅的工作原理

电动座椅利用调整开关可控制电流流经电动机的方向，从而控制座椅的运动。图5-4为别克君威轿车驾驶员座椅控制电路，座椅中共有四个电动机，分别进行座椅前部上、下，后部上、下，靠背向前、向后，座椅向前、向后调节。如电动座椅向前、向后调节，其电路如下。

1）向前调节

当按下座椅向前按钮时，驾驶员座椅调整器开关的1脚与4脚接通、3脚与2脚接通。

电流流向为：常电源→熔断丝盒内30A电动座椅断路器N1-N2→驾驶员座椅调整器开关的1脚→驾驶员座椅调整器开关的4脚→驾驶员座椅调整器电动机总成C1-B脚→水平调整器电动机→驾驶员座椅调整器电动机总成C1-A脚→驾驶员座椅调整器开关的3脚→驾驶员座椅调整器开关的2脚→G301搭铁，此时座椅向前移动。

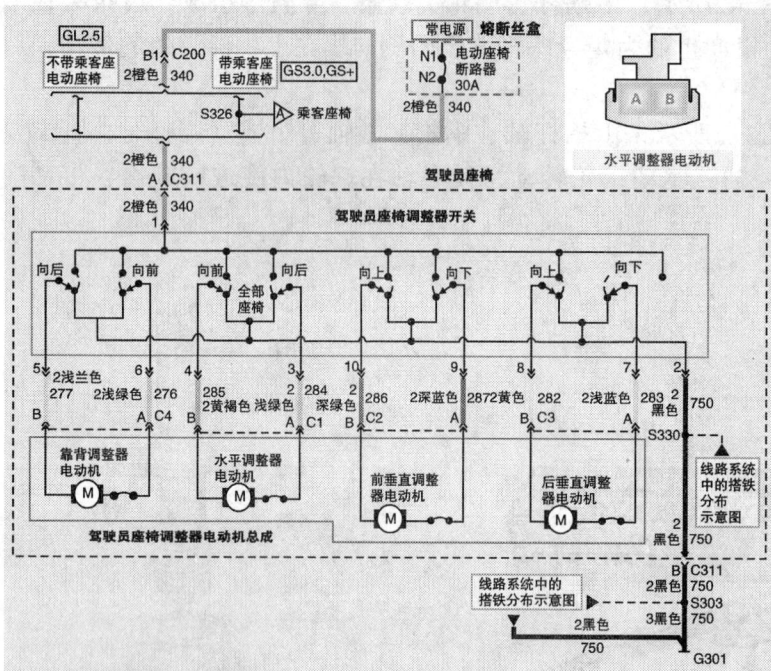

图5-4　驾驶员电动座椅电路图（GL2.5,GS3.0,GS+）

2）座椅向后

当按下座椅向后按钮时，驾驶员座椅调整器开关的1脚与3脚接通、4脚与2脚接通。电流流向为：常电源→熔断丝盒内30A电动座椅断路器N1-N2→驾驶员座椅调整器开关的1脚→驾驶员座椅调整器开关的3脚→驾驶员座椅调整器电动机总成C1-A脚→水平调整器电动机→驾驶员座椅调整器电动机总成C1-B脚→驾驶员座椅调整器开关的4脚→驾驶员座椅调整器开关的2脚→G301搭铁，此时座椅向后移动。

2. 带储存功能的电动座椅

带存储功能的电动座椅采用了微机控制。它能将选定的座椅调节位置进行存储，只要按指定的按键开关，座椅就会自动地调节到预先选定的座椅位置上，系统控制示意图如图5-5所示。

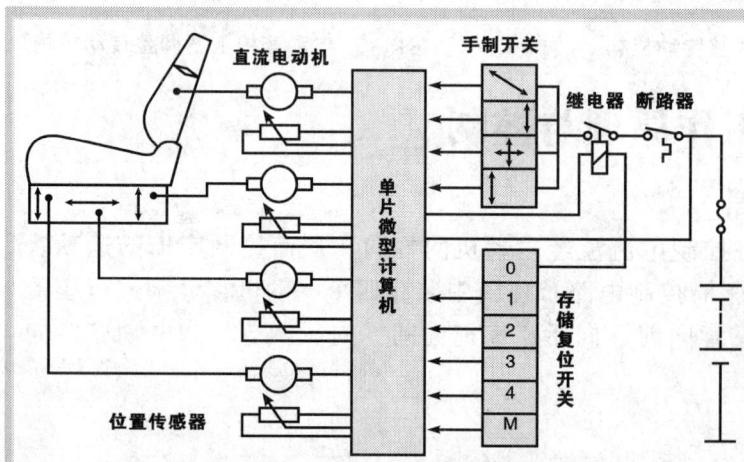

图5-5　带记忆功能的电动座椅系统控制示意图

该系统有一个存储器，存储装置通过四个传感器来控制座椅的调定位置。只要座椅位置调定后，驾驶员按下存储器的按钮，电子控制装置就把信号存储起来，作为重新调整位置时的基准。使用时，只要一按按钮，就能按存储的座椅位置的要求调整座椅位置。

三、电动座椅机械部分的故障检修

电动座椅机械故障主要有蜗杆与蜗轮间打滑、齿条被卡齿等，维修时需拆下座椅进行更换。下面以卡罗拉轿车驾驶员电动座椅为例，讲解电动座椅的拆装。

1. 座椅的拆卸

（1）拆卸座椅头枕总成。

（2）拆卸座椅外滑轨盖（图5-6）。

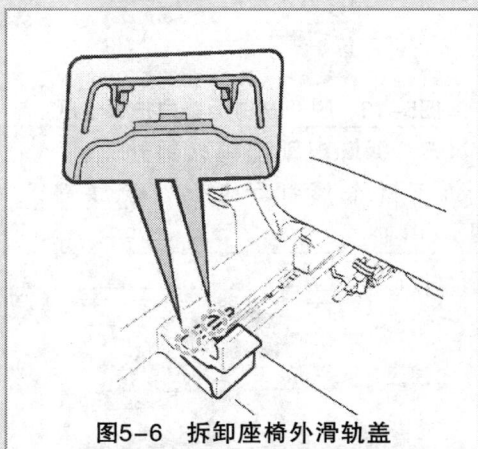

图5-6　拆卸座椅外滑轨盖

（3）拆卸座椅内滑轨盖。

①脱开卡爪。

②脱开导销并拆下座椅内滑轨盖（图5-7）。

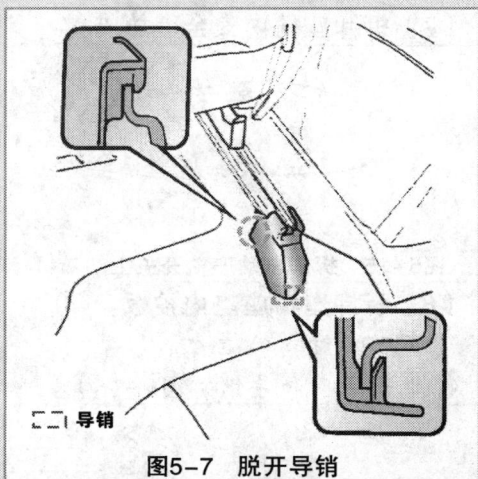

导销

图5-7　脱开导销

（4）拆卸座椅总成

①拆下座椅后侧的两个螺栓。

②操作电动座椅开关旋钮至关闭位置，并将座椅移动到最后位置（图5-8）。

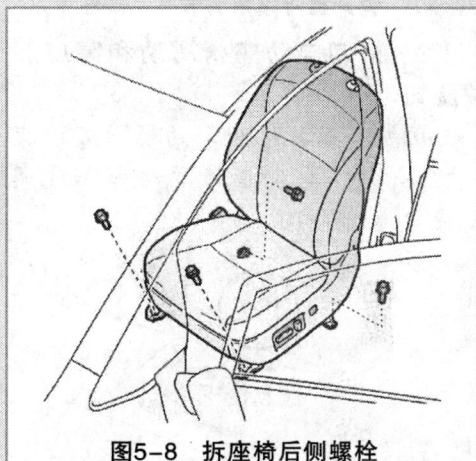

图5-8　拆座椅后侧螺栓

③拆下座椅前侧的两个螺栓。

④操作电动座椅开关旋钮并将座椅移动到中间位置，同时，操作电动座椅开关旋钮并将座椅靠背移动到直立位置。

⑤将电缆从蓄电池负极（−）端子上断开。

注意：断开电缆后等待90s，以防气囊展开。

小心：断开蓄电池电缆后重新连接时，某些系统需要初始化。

⑥断开座椅下面的连接器。

⑦拆下座椅。

小心：不要损坏车身。

2. 座椅的拆解

（1）拆卸电动座椅靠背倾角调节开关旋钮。

使用缠有保护性胶带的螺丝刀，脱开两个卡爪并拆下电动座椅靠背倾角调节开关旋钮（图5-9）。

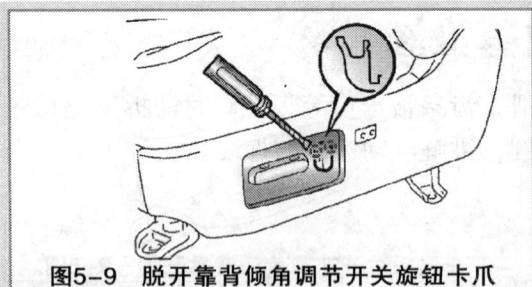

图5-9　脱开靠背倾角调节开关旋钮卡爪

（2）拆卸电动座椅滑动和高度调节开关旋钮。

使用缠有保护性胶带的螺丝刀，脱开4个卡爪并拆下电动座椅滑动和高度调节开关旋钮（图5-10）。

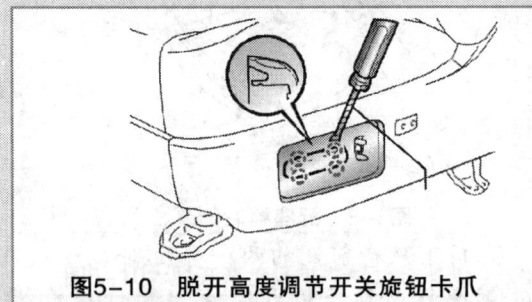

图5-10　脱开高度调节开关旋钮卡爪

（3）拆卸座椅坐垫护板总成

①拆下挂钩（图5-11）。

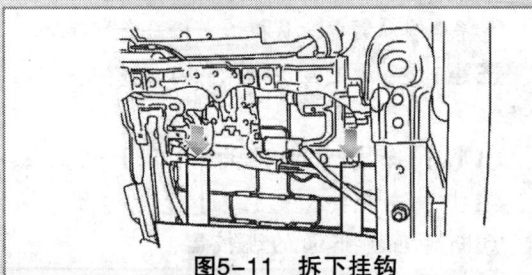

图5-11　拆下挂钩

②拆下5个螺钉。

③脱开卡爪和导销，并拆下座椅坐垫护板总成。

④从电动座椅腰部开关上断开连接器，见图5-12。

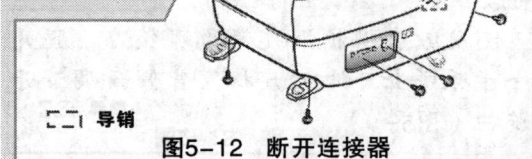

导销

图5-12　断开连接器

（4）拆卸座椅坐垫内护板。

①拆下螺钉。

②脱开两个卡瓜并拆下座椅坐垫内护板（图5-13）。

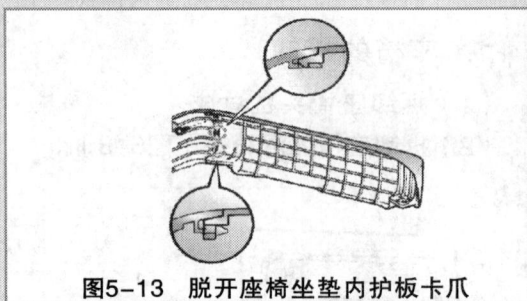

图5-13　脱开座椅坐垫内护板卡爪

（5）拆卸电动座椅腰部开关。

拆下两个螺钉和电动座椅腰部开关（图5-14）。

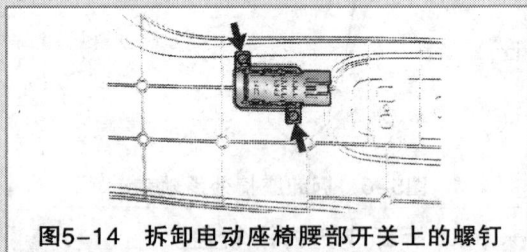

图5-14　拆卸电动座椅腰部开关上的螺钉

（6）拆卸电动座椅开关。

①拆下3个螺钉（图5-15）。

②断开连接器并拆下电动座椅开关。

（7）拆卸座椅内安全带总成。

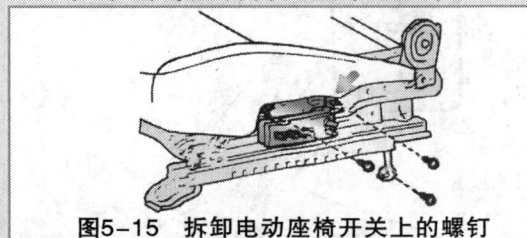

图5-15　拆卸电动座椅开关上的螺钉

（8）拆卸座椅坐垫内护板。

①拆下螺钉。

②脱开卡爪和导销（图5-16）。

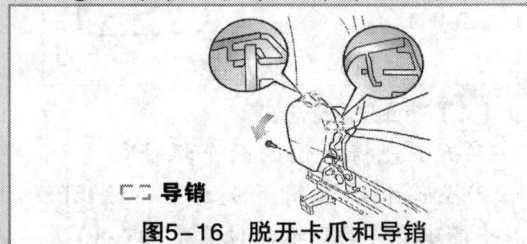

导销

图5-16　脱开卡爪和导销

③脱开导销并拆下座椅坐垫内护板。

（9）拆卸带软垫的座椅坐垫护面。

拆下挂钩和带软垫的座椅坐垫护面（图5-17）。

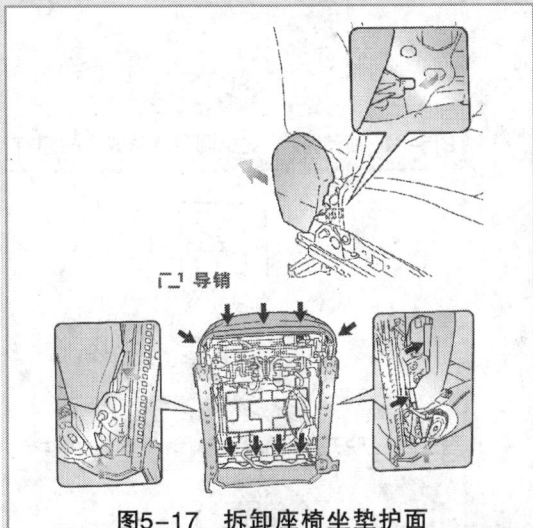

图5-17　拆卸座椅坐垫护面

（10）拆卸分离式座椅坐垫护面。

拆下12个卡圈和分离式座椅护面（图5-18）。

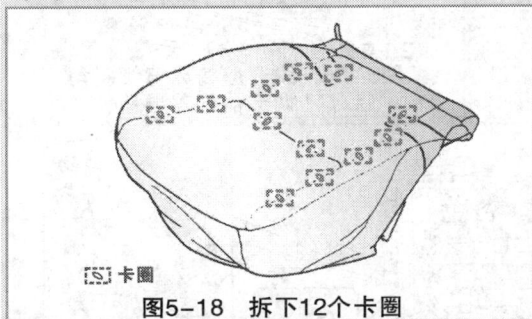

图5-18　拆下12个卡圈

（11）拆卸带软垫的座椅靠背护面。

①拆下3个卡圈（图5-19）。

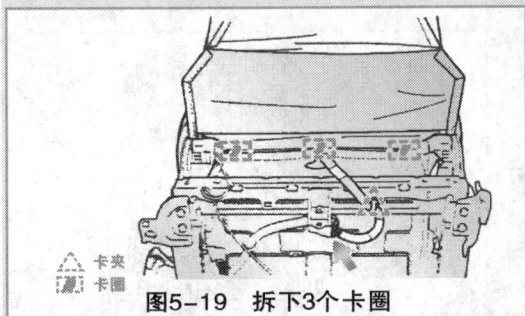

图5-19　拆下3个卡圈

②脱开卡夹。

③断开连接器。

④拆下5个卡圈（图5-20）。

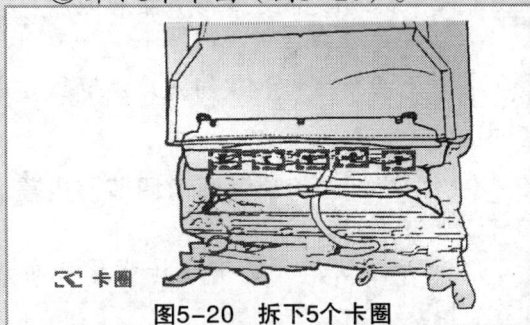

图5-20　拆下5个卡圈

⑤翻开分离式座椅靠背护面，以便拆下螺母，并脱开分离式座椅靠背护面支架（图5-21）。

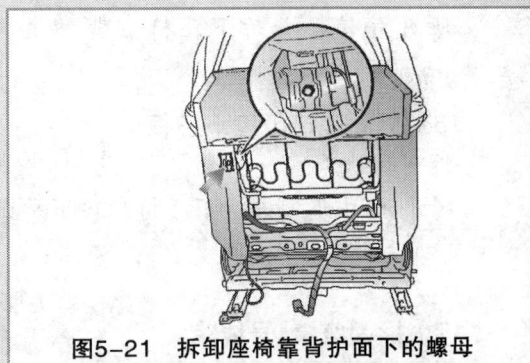

图5-21　拆卸座椅靠背护面下的螺母

⑥脱开4个卡爪并拆下2个座椅头枕支架（图5-22）。

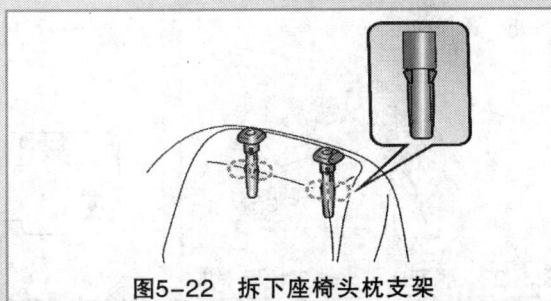

图5-22　拆下座椅头枕支架

⑦将带软垫的分离式座椅靠背护面从带调节器的座椅骨架总成上拆下。

（12）拆卸分离式座椅靠背护面。

拆下6个卡圈和分离式座椅靠背护面（图5-23）。

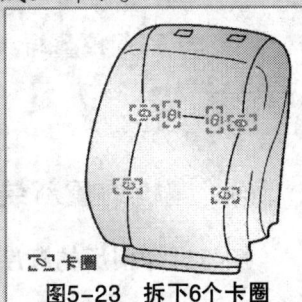

图5-23　拆下6个卡圈

（13）拆卸腰部支撑调节器总成。

①断开连接器。

②拆下两个螺钉和腰部支撑调节器总成（图5-24）。

（14）拆卸座椅靠背倾角调节器内盖。

①拆下螺钉。

②脱开导销，并拆下座椅靠背倾角调节器内盖（图5-25）。

（15）卸座椅靠背倾角调节器外盖。

①拆下螺钉。

②脱开导销，并拆下座椅靠背倾角调节器外盖（图5-26）。

（16）拆卸座椅坐垫下护板。

①拆下螺钉。

②脱开4个卡爪，并拆下座椅坐垫下护板（图5-27）。

（17）拆卸座椅1号线束。

①脱开6个卡夹（图5-28）。

②断开3个连接器并拆下座椅1号线束。

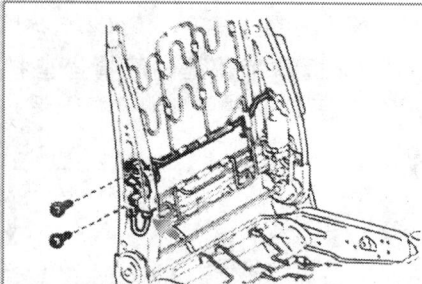

图5-24　拆卸腰部支撑调节器总成上的螺钉

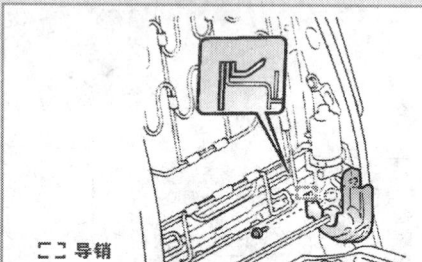

导销

图5-25　脱开座椅靠背倾斜角调节器内盖导销

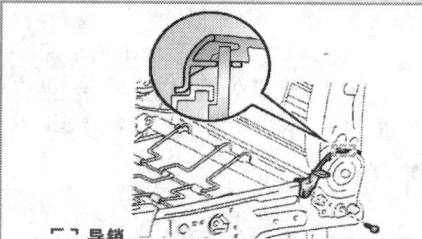

导销

图5-26　脱开座椅靠背倾斜角调节器外盖导销

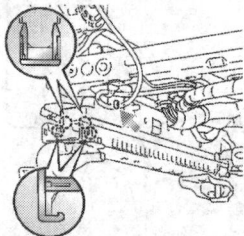

图5-27　脱开座椅坐垫下护板卡爪

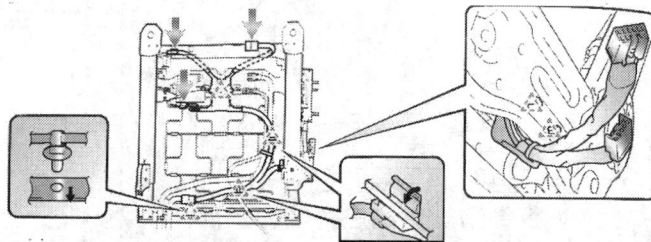

图5-28　脱开6个卡夹

（18）拆卸座椅2号线束。

①脱开3个卡夹。

②断开连接器并拆下座椅2号线束（图5-29）。

3. 座椅的重新装配与安装

按与拆卸相反的顺序进行装配与安装。

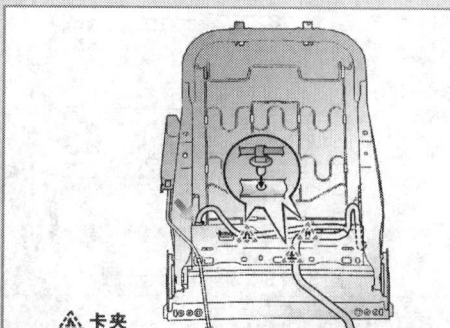

卡夹

图5-29　拆卸座椅2号线束

任务二 所有位置均不动作

一、控制线路识图

下面以丰田卡罗拉轿车为例，讲解电动座椅电路图的识读。卡罗拉电动座椅电路如图5-30所示，蓄电池电压分别供电给驾驶员座椅调节电路和电动座椅背部支撑调节电路，以满足驾驶员的要求。卡罗拉驾驶员座椅带有6向电动调节功能和两向电动调节的腰部支撑，可以很好地满足不同驾驶员的需要。

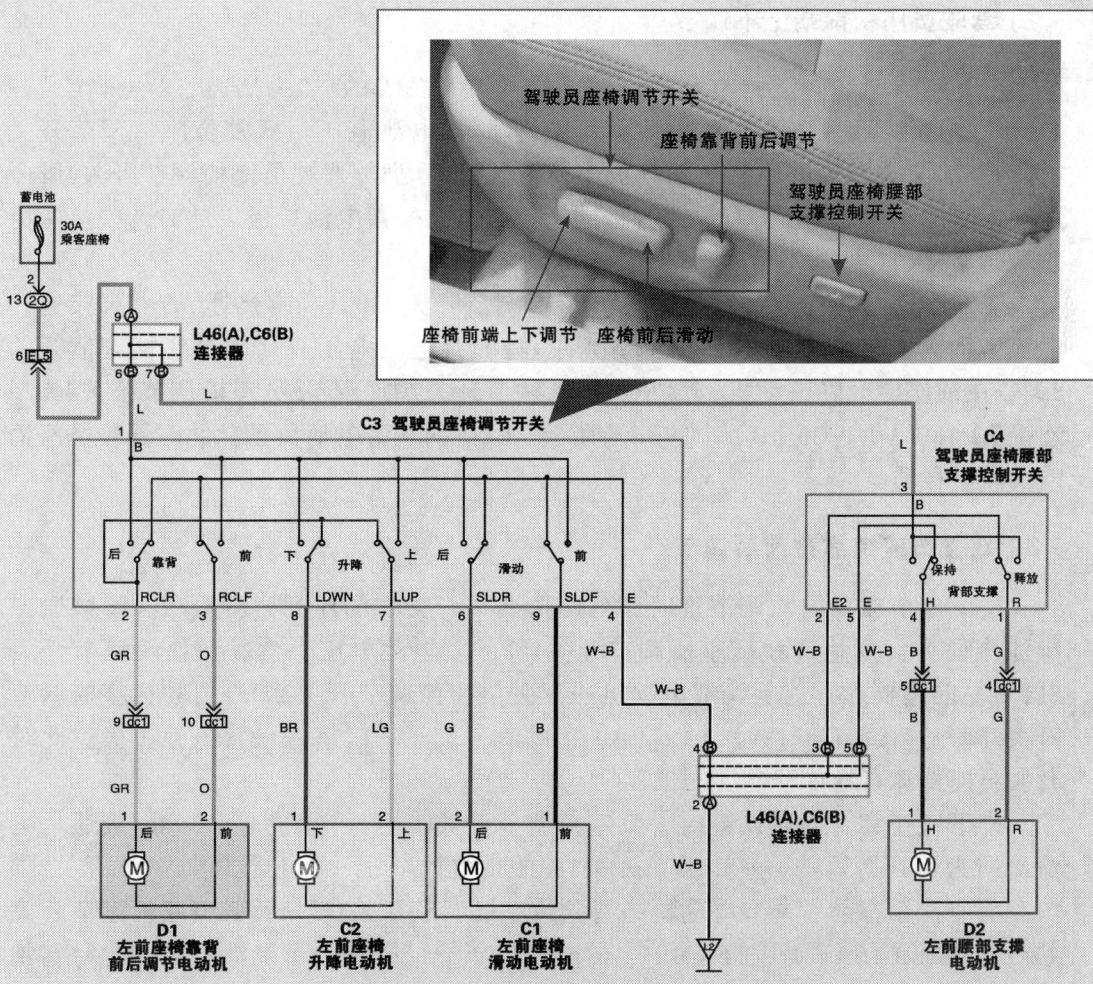

图5-30 电动座椅电路图

1. 驾驶员座椅的调节

1）驾驶员座椅前后的滑动

按下座椅向前滑动键时，驾座椅调节开关C3的1-9脚接通、6-4脚接通，电流流向为：蓄电池正极→30A乘客座椅熔断丝→驾驶员座椅调节开关1脚→驾驶员座椅调节开关9脚→左前座椅滑动电动机→驾驶员座椅调节开关6脚→驾驶员座椅调节开关4脚→连接头L46（A）［C6（B）］的B4号端子→L2搭铁→蓄电池负极。此时驾驶员座椅向前滑动。

按下座椅向前滑动键时，驾座椅调节开关C3的1-6脚接通、9-4脚接通，电流流向为：蓄电池正极→30A乘客座椅熔断丝→驾驶员座椅调节开关1脚→驾驶员座椅调节开关6脚→左前座椅前后滑动电动机→驾驶员座椅调节开关9脚→驾驶员座椅调节开关4脚→连接头L46（A）［C6（B）］的B4号端子→L2搭铁→蓄电池负极。此时驾驶员座椅向后滑动。

2）驾驶员座椅前端上下调节

按下座椅前端向上调节键时，驾座椅调节开关C3的1-7脚接通、8-4脚接通，电流流向为：到达驾驶员座椅调节开关1脚的蓄电池电压→驾驶员座椅调节开关7脚→左前座椅升降电动机→驾驶员座椅调节开关8脚→驾驶员座椅调节开关4脚→连接头L46（A）［C6（B）］的B4号端子→L2搭铁→蓄电池负极。此时驾驶员座椅前端向上移动。

按下座椅前端向下调节键时，驾座椅调节开关C3的1-8脚接通、7-4脚接通，电流流向为：到达驾驶员座椅调节开关1脚的蓄电池电压→驾驶员座椅调节开关8脚→左前座椅升降电动机→驾驶员座椅调节开关7脚→驾驶员座椅调节开关4脚→连接头L46（A）［C6（B）］的B4号端子→L2搭铁→蓄电池负极。此时驾驶员座椅前端向下移动。

3）驾驶员座椅靠背前后调节

按下座椅靠背向前调节键时，驾座椅调节开关C3的1-3脚接通、2-4脚接通，电流流向为：到达驾驶员座椅调节开关1脚的蓄电池电压→驾驶员座椅调节开关3脚→左前座椅靠背前后调节电动机→驾驶员座椅调节开关2脚→驾驶员座椅调节开关4脚→连接头L46（A）［C6（B）］的B4号端子→L2搭铁→蓄电池负极。此时驾驶员座椅靠背向前移动。

按下座椅靠背向后调节键时，驾座椅调节开关C3的1-2脚接通、3-4脚接通，电流流向为：到达驾驶员座椅调节开关1脚的蓄电池电压→驾驶员座椅调节开关2脚→左前座椅靠背前后调节电动机→驾驶员座椅调节开关3脚→驾驶员座椅调节开关4脚→连接头L46（A）［C6（B）］的B4号端子→L2搭铁→蓄电池负极。此时驾驶员座椅靠背向后移动。

2. 驾驶员座椅腰部支撑控制电路

按下驾驶员座椅腰部支撑控制保持调节键时，驾驶员座椅腰部支撑控制开关3-4脚、1-2脚接通。电流流向为：蓄电池正极→30A乘客座椅熔断丝→驾驶员座椅腰部支撑控制开关3脚→驾驶员座椅腰部支撑控制开关4脚→左前座椅腰部支撑控制电动机→驾驶员座椅腰部支撑控制开关1脚→驾驶员座椅腰部支撑控制开关2脚→连接头L46（A）［C6（B）］的B3号端子→L2搭铁→蓄电池负极。此时驾驶员座椅腰部支撑向前移动。

按下驾驶员座椅腰部支撑控制释放调节键，驾驶员座椅腰部支撑控制开关3-1脚、4-5脚接通。电流流向为：蓄电池正极→30A乘客座椅熔断丝→驾驶员座椅腰部支撑控制开关3脚→驾驶员座椅腰部支撑控制开关1脚→左前座椅腰部支撑控制电动机→驾驶员座椅腰部支撑控制开关4脚→驾驶员座椅腰部支撑控制开关5脚→连接头L46（A）［C6（B）］的B5号端子→L2搭铁→蓄电池负极。此时驾驶员座椅腰部支撑向后移动。

二、控制电路分析与检测

下面以卡罗拉驾驶员电动座椅电路为例，对电动座椅故障进行分析。

如果驾驶员座椅不能前后运动，也不能上升、下降，背部支撑也不动作，可按如下方法和步骤进行检测。

故障1：驾驶员座椅不动作

1. 检查控制电路的供电

用万用表测量连接器L46 A9端子（正极）与车身搭铁（负极）的电压，正常值应为12V（蓄电池电压）；否则，应检查蓄电池电压、30A乘客座椅熔断丝以及蓄电池至连接器L46 A9端子间线束是否断路。

2. 检查控制电路的搭铁

用电阻表检查L46 A2端子与搭铁点"L2"间是否导通，正常情况应导通；否则，检查L46连接器及搭铁点"L2"的连接是否牢固。

3. 检查连接器

用电阻表检查连接器L46 A9端子与B6、B7之间是否导通，正常情况时应导通；否则，应更换连接器L46。

故障2：电动座椅不能向前或向后移动

如果电动座椅不能向前或向后移动，可按如下方法和步骤进行检测。

1. 检查驾驶员座椅开关及接连线束

用试灯或发光二极管测试滑动电动机调节开关端子"9"至车身的搭铁情况，且按住驾驶员座椅向前开关，试灯应点亮，否则表明驾驶员座椅向前开关损坏，应更换；然后，用试灯检查滑动电动机调节开关端子"6"至车身的搭铁情况，且按住驾驶员座椅向后开关，试灯应点亮，否则表明驾驶员座椅向后开关损坏，应更换；最后，用万用表检查驾驶员座椅调节开关"9"至座椅滑动电动机端子"1"、驾驶员座椅调节开关端子"6"至座椅滑动电动机端子"2"间的线束导通情况，如不导通则说明线束断路或与端子连接不良，应更换或检修。

2. 检查滑动电动机

用试灯检查滑动电动机插件端子"1"、"2"，且分别按下座椅调节向前、向后开关，试灯应分别点亮，否则说明接插件接触不良或滑动电机损坏，应检修或更换。

故障3：电动座椅不能升降

如果电动座椅不能升降，可按如下方法和步骤进行检测。

1. 检查驾驶员座椅开关及接连线束

用试灯或发光二极管测试升降电动机调节开关端子"7"至车身的搭铁情况，且按住驾驶员座椅上升开关，试灯应点亮，否则表明驾驶员座椅上升开关损坏，应更换；然后，用试灯检查升降电动机调节开关端子"8"至车身的搭铁情况，且按住驾驶员座椅下降开关，试灯应点亮，否则表明驾驶员座椅下降开关损坏，应更换；最后，用万用表检查驾驶员座椅调节开关端子"7"至座椅升降电动机端子"2"、驾驶员座椅调节开关端子"8"至座椅升降电动机端子"1"间的线束导通情况，如不导通则说明线束断路或与端子连接不良，应更换或检修。

2. 检查前升降电动机

用试灯检查升降电动机接插件端子"1"、"2"，且分别按下座椅调节向下、向上开关，应分别点亮，否则表明接插件接触不良或前升降电机损坏，应检修或更换。

故障4：电动座椅靠背不能前后调节

如果电动座椅靠背不能前后调节，可按如下方法和步骤进行检测。

1. 检查驾驶员座椅开关及连接线束

用试灯或发光二极管测试靠背向前调节电动机调节开关端子"3"至车身的搭铁情况，且按住驾驶员座椅靠背向前开关，试灯应点亮，否则表明驾驶员座椅靠背前后调节开关损坏，应更换；然后，用试灯检查靠背向后调节开关端子"2"至车身的搭铁情况，且按住驾驶员座椅靠背向后开关，试灯应点亮，否则表明驾驶员座椅靠背调节开关损坏，应更换；最后，用万用表检查驾驶员座椅调节开关端子"3"至座椅靠背调节电动机端子"2"、驾驶员座椅调节开关端子"2"至座椅靠背调节电动机端子"1"间的线束导通情况，如不导通则说明线束断路或与端子连接不良，应更换或检修。

2. 检查靠背前后电机

用试灯检查靠背前后电动机接插件端子"1"、"2"，且分别按下座椅调节向后、向前开关，应分别点亮，否则表明接插件接触不良或前靠背前后电动机损坏，应检修或更换。

故障5：电动座椅腰部支撑不能调节

如果电动座椅腰部支撑不能调节，可按如下方法和步骤进行检测。

1. 检查驾驶员座椅腰部支撑控制开关及接连线束

用试灯或发光二极管测试驾驶员座椅腰部支撑控制开关端子"4"至车身的搭铁情况，且按住驾驶员座椅腰部支撑保持开关，试灯应点亮，否则表明驾驶员座椅腰部支撑保持开关损坏，应更换；然后，用试灯检查座椅腰部支撑控制开关端子"1"至车身的搭铁情况，且按住驾驶员腰部支撑释放开关，试灯应点亮，否则表明驾驶员座椅腰部支撑释放开关损坏，应更换；最后，用万用表检查驾驶员座椅腰部支撑控制开关端子"1"至座椅腰部支撑调节电动机端子"2"、驾驶员座椅腰部支撑控制开关端子"4"至座椅靠背调节电动机端子"1"间的线束导通情况，如不导通则说明线束断路或与端子连接不良，应更换或检修。

2. 检查驾驶员座椅腰部支撑电动机

用试灯检查驾驶员座椅腰部支撑电动机接插件端子"1"、"2"，且分别按下座椅腰部支撑保持、释放开关，应分别点亮，否则表明接插件接触不良或驾驶员座椅腰部支撑电动机损坏，应检修或更换。

三、汽车电动座椅不能调整的检修实训指导与实操工单

详见附录六。

汽车空调温控不良的检测与修复

××××××汽车维修有限公司
维修委托书　　工单号 No:　200808836

客户名称：　张三　　车牌号：　×××0088　购车日期：　2005 年 3 月 6 日　联系电话：×××××××××××

联系人：　张三　　车　型：　丰田威驰　Vin No.：　| L | T | V | B | A | 4 | 2 | 3 | X | 5 | 0 | 0 | 9 | 4 | 0 | 7 | 5 |

送修日期：　2008 年 8 月 5 日　　交付日期：2008 年 8 月 7 日　　行驶里程：| 1 | 0 | 0 | 3 | 3 | 0 |

报修故障症状描述	汽车空调冷气不足	交接物品	无
提车要求	付款方式：☑现金　□刷卡　□支票　其他：	其他	洗车 是☑ 否□ 带走旧件 是☑ 否□

序号	报　修　项　目
1	更换储液干燥瓶
2	
3	
4	
5	
6	
	小计：250元

·	维修检查及施工情况详细见《维修检查·施工单》					
备注	旧件检查	空罐		旧件		油量　　E ┤1/4　1/2　3/4├ F

全车外观检查
车身如有变形、油漆划痕、玻璃、灯具裂痕等损伤，请在示意图中的方格内标注"√"。

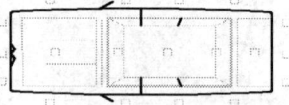

维修委托书细则

甲方：（客户）
乙方：××××××汽车维修有限公司
维修细则：

1. 甲方已确认无包括现金在内的贵重物品遗留在车上。
2. 甲方已阅读并理解了本委托书及对应的《维修检查·施工单》上的所有内容，同意按乙方所列的维修项目和价格进行维修，甲方愿意支付相关的维修服务费及零件费。
3. 乙方同意甲方对维修车辆进行维修试车，包括场地试验或路试。
4. 如果甲方同意不带走旧件，乙方可以在甲方提车后对旧件进行处理。
5. 甲方确认并理解乙方已经充分告知的关于车辆检测或维修的相关情况，同时乙方有权采取必要的措施（包括但不限于拆解车辆的机械、电路及发动机等）进行检测或维修。同意乙方在对车辆进行进一步检测或维修时不再另行通知甲方。
6. 如因乙方过失致使维修车辆或部件损坏，乙方赔偿的范围仅限于维修或更换损坏车辆的部件，甲方同意不再提出其他赔偿要求。
7. 甲方应事先备份维修车辆上安装的所有软件或可存储数据信息。无论如何，维修车辆上安装的所有软件或可存储数据信息的损坏或丢失，乙方不作赔偿。
8. 甲方应在乙方通知提取车辆之日起查个月内提取车辆，逾期不取，乙方有权按政府公布的停车费价格收取保管费用。
   本人确认已经清楚理解并接受以上维修细则。

公司地址：××××××
救援热线：×××××××××× 服务热线：020-××××××××　传真：020-×××××××××
开户行：×××××××× 账号：×××××××××× 乙方代表(接待员)：　王先生

甲方(客户)签名
张三
日期：2008年8月5日

　　某客户驾驶的威驰轿车，空调冷气不足，要求给予维修。

　　要完成这个工作任务，首先得知道汽车空调制冷系统的组成及工作原理，掌握检修空调的方法，下面就分步来完成本学习情境的学习任务。

任务一　开启制冷系统后，冷气时有时无

　　汽车空调有调节车内温度、湿度、气流速度、空气洁净度、除霜等功能，从而为乘客和驾驶员创造新鲜舒适的车内环境，以减轻驾驶员的疲劳度，提高行车安全性。

一、汽车空调的特点

　　汽车的使用环境以及自身的特点决定了汽车上安装的空调应具备自身的特点，要求比家用空调更能适应恶劣的环境，**综合来说汽车空调应具备以下特点。**

1. 制冷/制热能力强

　　车内乘员密度大，产生的热量多，热负荷大；汽车为了减轻自重，隔热层薄；汽车的门窗多、面积大，热量流失严重；汽车在野外行驶，直接受到太阳的照晒、霜雪的冷冻、风雨的潮湿，环境恶劣，千变万化。因此，要求汽车空调能迅速地降温。

2. 抗冲击能力强

　　汽车在颠簸不平的路面行驶时，汽车空调系统承受剧烈、频繁的振动和冲击，因此，汽车空调的各个零部件应有足够的强度和抗震能力。

3. 结构紧凑

　　由于汽车本身的特点，要求汽车空调结构紧凑，能在有限的空间进行安装，并且安装空调后，不至于使汽车增重太多，影响其他性能。

4. 动力源多样

　　轿车、轻型车、中小型客车及工程机械，其空调所需要的动力和驱动汽车的动力都是来自汽车本身的发动机，这种空调系统叫非独立空调；对于大型客车和豪华型大中客车，由于所需制冷量和暖气量大，一般采用专用发动机驱动制冷压缩机和设置独立的采暖设备，故称之为独立式空调系统。

二、汽车空调系统的组成

汽车空调系统由制冷系统、取暖系统、配气系统、控制系统四大部分组成，如图6-1所示。

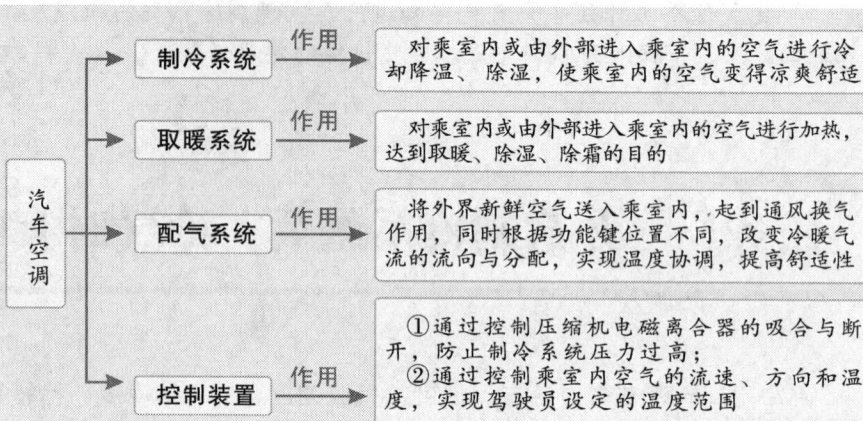

汽车空调		作用	
	制冷系统	作用	对乘室内或由外部进入乘室内的空气进行冷却降温、除湿，使乘室内的空气变得凉爽舒适
	取暖系统	作用	对乘室内或由外部进入乘室内的空气进行加热，达到取暖、除湿、除霜的目的
	配气系统	作用	将外界新鲜空气送入乘室内，起到通风换气作用，同时根据功能键位置不同，改变冷暖气流的流向与分配，实现温度协调，提高舒适性
	控制装置	作用	①通过控制压缩机电磁离合器的吸合与断开，防止制冷系统压力过高；②通过控制乘室内空气的流速、方向和温度，实现驾驶员设定的温度范围

图6-1 汽车空调组成框图

空调系统在车上的布置如图6-2所示。

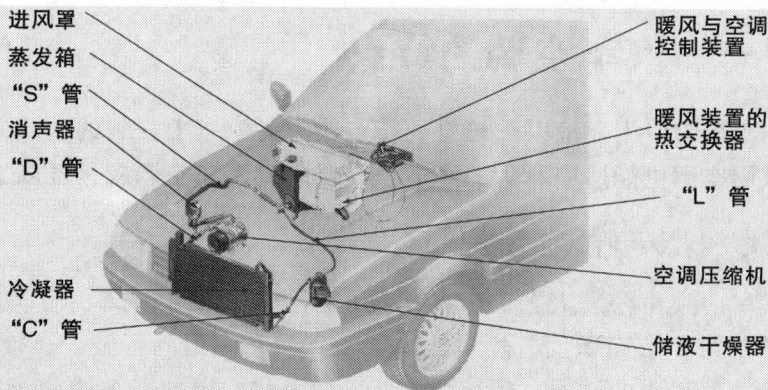

图6-2 空调系统在车上的布置图

三、制冷系统的组成及工作原理

1. 制冷原理

在日常生活中，我们会有这样的体会，用酒精棉擦身体时，或手上沾有汽油时，都会有凉的感觉。这说明当液体变成气体时吸收了热量，从而降低了温度。汽车制冷就是通过消耗一定的动力把制冷剂由气体转变成液体，然后再利用由液体转变成气体过程中吸收外部热量来达到汽车制冷的目的。空调制冷的工作原理如图6-3所示。

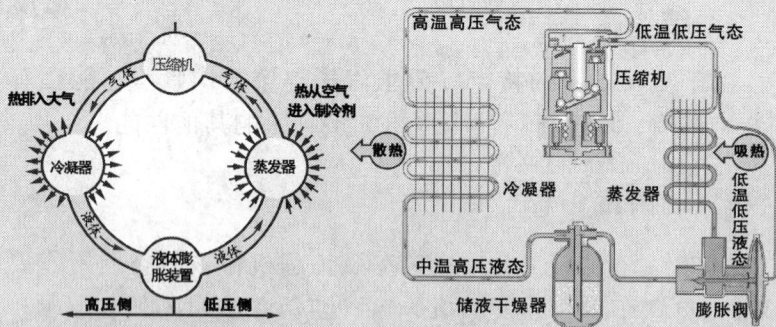

图6-3 空调制冷循环工作原理示意图

2. 制冷系统的组成及制冷循环工作过程

汽车制冷系统主要由压缩机、冷凝器、干燥瓶、膨胀阀、蒸发器、连接管路等组成，如图6-4所示，其工作过程如下。

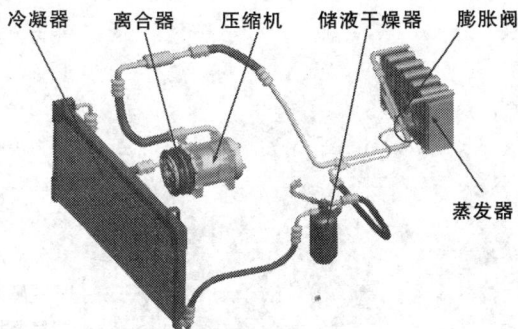

图6-4　空调制冷系统组成结构图

压缩过程：将流经蒸发器的低温、低压的气态制冷剂压缩为高温、高压的气态制冷剂，输送到冷凝器。

冷凝过程：将高温、高压的气态制冷剂冷却，使其变为中温、高压的液态制冷剂，送入干燥瓶。

干燥过程：将中温、高压的液态制冷剂过滤，除去制冷剂中的杂质和水分，送入节流阀，并储存小部分的制冷剂。

膨胀过程：将过滤后的中温、高压液态制冷剂利用节流原理，使其转变为低压雾状的液/气态混合物，送入蒸发器。

蒸发过程：低压雾状的液/气态混合物流至蒸发器，吸收周围的热量而汽化，达到制冷的目的。

1）制冷剂

制冷剂是空调制冷系统中的"热载体"，它可根据空调制冷系统的要求变化状态，实现制冷循环。车用空调的制冷剂主要是R-12（氟利昂）和R-134a。由于R-12对地球臭氧层有害，在使用上基本已被禁止，所以目前R-134a已经基本替代了R-12得到广泛应用。R-134a和R-12绝对不能混用，制造厂家也通常都会在压缩机、冷凝器、蒸发器橡胶管和灌充设备上加以说明，以防误用。制冷剂的容器外观如图6-5所示。

R-134a空调制冷系统与R-12空调制冷系统使用不同的干燥剂、润滑油、软管、O形圈、密封圈以及其他零件，这些零件与R-12空调系统的某些零件外形相似，甚至功能相同，但这两种系统是在不同压力下运行的，所以这些零件不可互换。

图6-5　制冷剂

如果制冷剂受到异物污染，应该使用空调专用回收设备排空空调系统的制冷剂，并使用真空泵抽真空。经制冷剂的回收和再循环等处理后可以重新使用。R-12和R-134a空调制冷系统使用相关维修工具、回收再循环设备以及软管等均不能混用。

2）压缩机

压缩机的功能：将低温低压的制冷剂压缩成高温高压的蒸气，为空调制冷系统的制冷剂提供循环动力。

（1）压缩机（图6-6）

压缩机是空调系统的心脏，输送和压缩制冷剂蒸气，保证制冷循环的正常进行。现代汽车使用的压缩机有数百种型号和构造，如斜盘式压缩机、摇板式压缩机、三角转子压缩机、涡旋式压缩机等，**目前一般采用容积式压缩机，主要可归为活塞式、旋转叶片式和涡流式三类。**

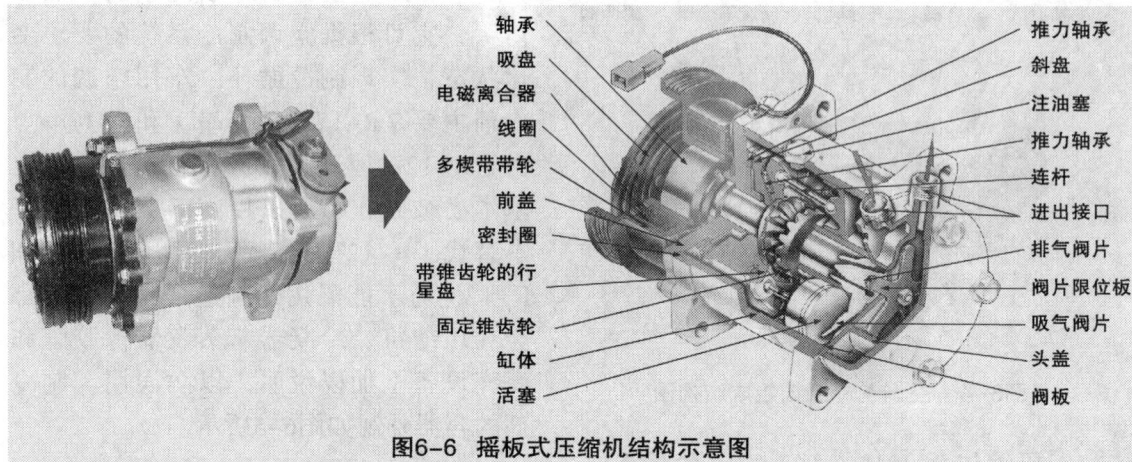

图6-6 摇板式压缩机结构示意图

（2）压缩机离合器（图6-7）

压缩机离合器根据需要通断压缩机的动力，是压缩机带轮组件的一部分，主要由压盘、转子和定子组成。更换压缩机时，可将原离合器总成安装在新的压缩机上。

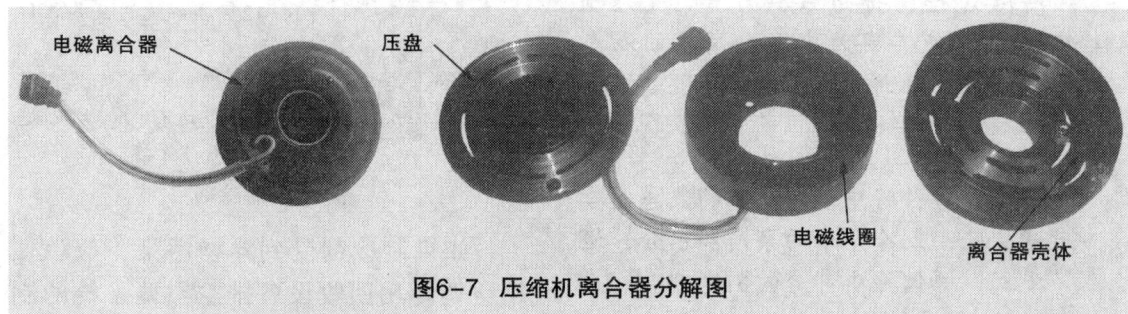

图6-7 压缩机离合器分解图

电磁离合器工作原理： 空调压缩机一般由曲轴皮带驱动，通过安装在压缩机转动轮上的电磁离合器来接通和切断动力的传动。电磁离合器由电磁线圈、皮带轮、压盘、轴承等元件组成。皮带轮通过皮带与发动机曲轴前端的驱动轮相连作为压缩机动力的输入部分。电磁线圈固定在压缩机前端的皮带轮内部。压盘通过弹簧与压盘毂相连，压盘毂与压缩机输入轴通过平键相连。当电磁线圈不通电时，在弹簧张力的作用下，压盘与压缩机皮带轮之间保留一定的空隙，皮带轮在皮带的作用下空转。电磁线圈通电后，线圈产生的强大吸引力克服弹簧的张力，将压盘紧紧地吸合在皮带轮的端面上，皮带轮通过压盘带动压缩机输入轴一起转动，使压缩机工作。

（3）压缩机传动带

驱动空调压缩机的传动带有V形带和蛇形带两种，如图6-8所示。这两种类型的传动带有几种不同的尺寸型号，替换时应与原件完全一样。如果压缩机和导向轮由两根V形带驱动，这两根传动带必须是成对匹配的，若其中只有一根失效，也要同时更换两根。

图6-8　压缩机传动带

（4）冷冻机油

压缩机的运动部件在运转过程中必须对运动零件进行润滑，以免磨损，冷冻机油就用于润滑这些部件及整个系统密封件和垫圈。在空调制冷系统工作的过程中会有少量的机油被制冷剂带到系统中循环，这样会有利于膨胀阀处于良好的工作条件。如果空调制冷系统内的机油发出强烈的气味，则表明冷冻机油已经不纯，需要进行更换。更换时注意系统使用的制冷剂类型。在更换机油的同时还应更换储液干燥器或集液器。

选用何种等级和型号的冷冻机油，取决于压缩机制造商的规定和系统内制冷剂的类型，冷冻机油是常见的冷冻机油。由于制冷剂泄漏而造成冷冻机油的损耗可采用一次性罐装有压机油来补充。冷冻机油容器外观如图6-9所示。

图6-9　冷冻机油

3）冷凝器

冷凝器的作用是：将压缩机排出的高温、高压制冷剂气体，转变为高温高压制冷剂液体，同时将制冷剂从蒸发器吸收的能量和压缩机做功的能量散发到大气中。

冷凝器按结构形式分为管片式、管带式和平行流式，如图6-10所示。管带式比管片式传热效率高，而平行流冷凝器是为适应R-134a制冷剂而研制的新型冷凝器，突破了前二者的局限性，传热效率更高。

冷凝器在正常的使用情况下，不易损坏，但为了保证冷凝器散热良好，一般将其布置在汽车前面、侧部以及下部，而这些部位比较容易被脏物覆盖，容易腐蚀蛇形管和翅片，影响其散热，应经常清洗。

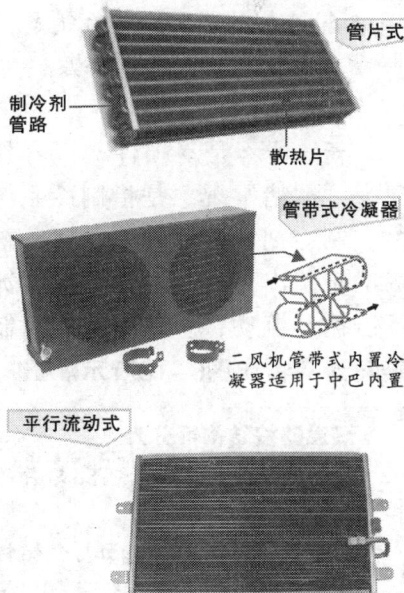

图6-10　冷凝器

4）膨胀阀和膨胀管

膨胀阀是汽车空调中的关键部件之一，它主要起着节流降压和调节制冷剂流量的作用。膨胀阀可分为恒温膨胀阀（图6-11）和H形膨胀阀（图6-12）两种。

内调式　　　外调式

图6-11　恒温膨胀阀

图6-12　H形膨胀阀

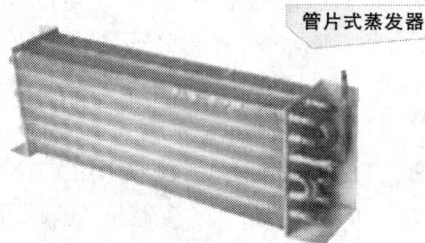

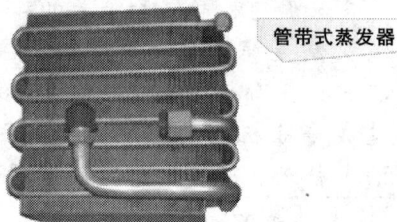

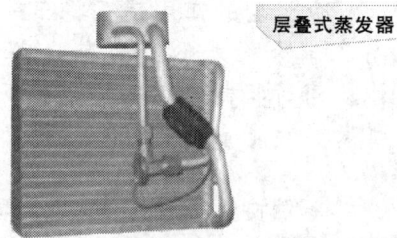

膨胀阀与膨胀管的结构特点：

H形膨胀阀：结构紧凑、使用可靠、维修方便、价格低廉，得到广泛应用。

恒温膨胀阀：又分为内调式和外调式。内调式只能在空调系统安装之前调整，其优点是尺寸较小，结构紧凑，适于批量生产；外调式可根据情况随时调节，但尺寸和质量较大。二者不可互换使用且不要自行调节膨胀阀。恒温膨胀阀由阀体、感温包、平衡管三部分组成。

膨胀管：结构简单，可靠性好，价格便宜，应用广泛，但它不能根据工况变化调节制冷剂流量。膨胀管根据使用情况尺寸有所不同，其节流元件堵塞会导致膨胀管失效，即使清理堵塞，膨胀管的节流效果也不理想，所以膨胀管一旦失效，通常都是直接换件，而且集液器一般也要同时更换。

5）蒸发器

蒸发器的作用： 将通过膨胀阀的低压、低温液态制冷剂膨胀蒸发为气态，吸收车厢内的热量，降低车内空气的温度。

管片式蒸发器

管带式蒸发器

层叠式蒸发器

蒸发器不是易损件，但容易发生"冰堵"现象。"冰堵"现象是指制冷系统内的残留水分过多，制冷剂循环过程中，水分被冻结在温度很低的毛细管出口处，逐渐形成"冰塞"，使制冷剂不能循环流动，所以应注意对制冷系统的维护。蒸发器实物如图6-13所示。

图6-13　蒸发器

蒸发器按结构可分为：

管片式蒸发器。由套有铝翅片的铜质或铝质圆管组成，其结构简单、制造方便，但热交换效率低。

管带式蒸发器。由双面复合铝材以及多孔扁管材料制成，热交换效率比管片式高。

层叠式蒸发器。由夹带散热铝带的两片铝板叠加而成，其结构紧凑、热交换效率更高，采用R-134a制冷剂的空调普遍采用这种类型的蒸发器。

6）储液干燥器或集液器

储液干燥器简称储液器，安装在冷凝器和膨胀阀之间；集液器用于有膨胀管的系统中，装在蒸发器出口和压缩机进口之间。**储液干燥器和集液器如图6-14所示。**

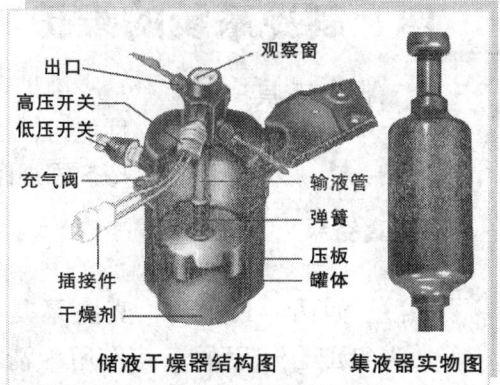

图6-14　储液干燥器和集液器

储液干燥器和集液器的作用：

储液干燥器的作用是暂时储存从冷凝器流出的液态制冷剂，滤除制冷剂中的杂质，吸收制冷剂中的水分。储液干燥器的干燥剂失效，滤网或过滤器堵塞，一般无法维修，只能更换整个储液干燥器，而且只要空调系统中的主要部件（如冷凝器、蒸发器等）更换或维修，就必须更换储液干燥器。

集液器的功能是收集多余的液态制冷剂，防止这些制冷剂进入压缩机，对压缩机造成损坏。

7）软管和管接头

制冷系统采用柔性橡胶软管连接，空调软管中间是橡胶软管，两端铆有金属接头。汽车上较常用的软管是尼龙软管和耐氟氯丁橡胶软管。前者比后者耐压、耐爆裂强度高。空调通常有三种软管：低压软管、高压软管和液体管路。其中低压软管的管径最大，液体管路管径最小。耐氟橡胶软管的编号有6号、8号、10号、12号四种，号越小内径越小。

空调软管的更换：

只要更换空调软管，就必须使用与原软管同样耐爆裂强度和内径的软管。只要更换空调管路，就必须用相同形状、相同长度和直径的管路来代替。

空调系统的管接头大多是由带防氧化层的钢或铝合金制成的。如果发现管接头损坏，应更换整个管路或软管。

8）压力开关

在空调制冷系统中一般都设有压力保护开关，有高压保护和低压保护两种。实现这种保护功能的元件是高压开关和低压开关或者高低压组合开关。压力开关如图6-15所示。

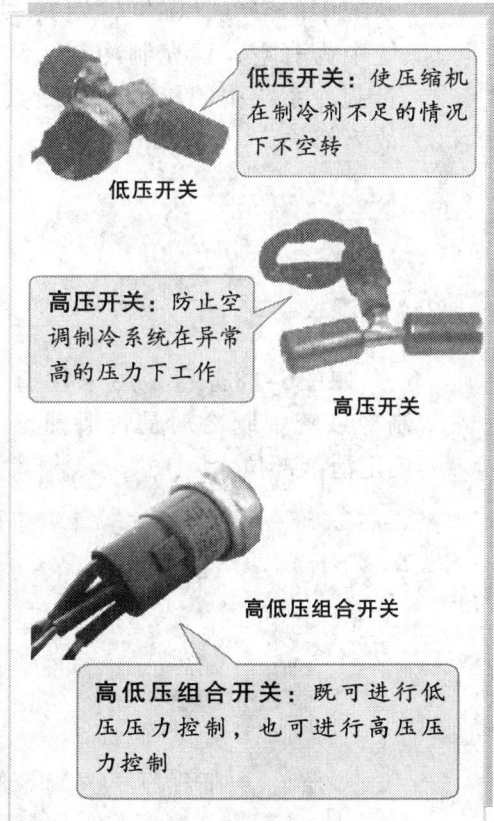

图6-15　压力开关

四、制冷系统的维护

1. 维修工具

维护和安装空调器填充制冷剂，检修故障和检测空调器性能时，需使用：真空泵、压力表组、气体泄漏检测仪、制冷剂添加阀、开口扳手、组合套筒、温度计、万用表等。

1）真空泵

如图6-16所示，真空泵是与压力表组配合使用的，其作用为清洁制冷系统，除去循环中的湿气以及进行制冷剂补给。抽真空时间必须足够，以使制冷系统完全真空。

图6-16 真空泵

2）压力表组

如图6-17所示，抽出制冷系统中的空气、湿气，使其系统中为真空，填充制冷剂，测量制冷系统中的压力来诊断其故障部位。

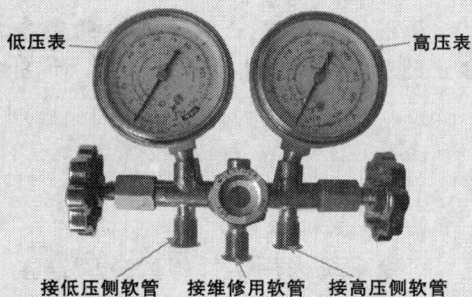

低压表　　高压表

接低压侧软管　接维修用软管　接高压侧软管

图6-17 压力表组

3）检漏仪

如图6-18所示，用来检查制冷系统中制冷剂是否泄漏，确定泄漏部位。

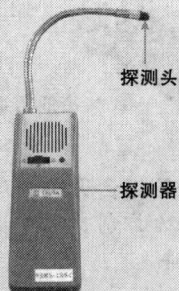

探测头

探测器

图6-18 检漏仪

4）制冷剂添加阀

如图6-19所示，补充制冷剂，以控制制冷剂的供给量。

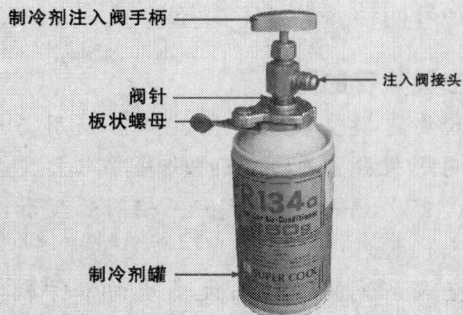

制冷剂注入阀手柄

阀针
板状螺母

注入阀接头

制冷剂罐

图6-19 制冷剂添加阀

2. 抽真空、加注制冷剂

1）抽真空

抽真空是为了排除制冷系统内的空气和水分，它是空调维修中一项极为重要的程序。因为对空调系统进行维修或更换元件时，空气会进入系统，且空气中含一定水蒸气，所以要对制冷系统抽真空。抽真空并不能把水分直接抽出制冷系统，而是产生真空后降低了水的沸点，水汽化成蒸气被抽出制冷系统，所以抽真空时间越长，系统内残余水分就越小，如图6-20所示。

2）制冷剂的充注

由于制冷剂有液态和气态之分，故制冷剂的充注也有两种充注方法。

（1）高压端充注法（液态制冷剂充注）

特点：安全、快捷、用于第一次充注，即对经检漏抽真空后的系统充注，如图6-21所示。

注意事项：

①系统检修完毕后，只有抽完真空才能加注制冷剂。制冷剂罐的连接见制冷剂的充注。

②在抽真空过程中，若发现真空度在规定的时间内一直达不到要求，而且真空表指针一直不动，说明系统有泄漏，此时应排除泄漏后，再抽真空。

图6-20 抽真空

注意事项：

①充注时不能启动压缩机，而且制冷制罐要倒立。

②禁止在充注时打开低压开关。

图6-21 从高压端充注液态制冷剂

检漏步骤：

①先把压力组表高压软管接到空调系统高压维修阀上，再把低压软管接到低压维修阀上，把中间管接到抽真空机上。

②打开压力组表高压手动维修阀与低压手动维修阀，启动真空泵，并观察低压表指针，直到将压力抽真空至79.8~100kPa。

③关闭压力组表上的手动高低压阀，关闭真空泵电源开关，观察真空表压力是否回升。如回升则表示空调系统泄漏，此时应进行检漏和修补，若压力表指示针不动，则再打开真空泵，连续抽空15~30min，使其压力表指针稳定。

④抽真空完毕后，先关闭压力组表高低压手动维修阀，再关闭抽真空机。

操作步骤：

①当系统抽真空后，关闭压力组表上的高、低压手动阀。

②将中间软管的一端与制冷剂罐注入阀的接头连接起来，如图6-21所示，打开制冷剂罐开启阀，再拧开压力组表中间软管上端的螺母，让气体溢出几秒钟，把空气赶走，然后再拧紧螺母。

③打开高压侧手动阀至全开位置，将制冷剂罐倒立，以便从高压侧充注液态制冷剂。

④从高压侧注入规定量的液态制冷剂后，关闭制冷剂罐注入阀及压力组表上的手动高压阀，然后将仪表卸下。要特别注意，从高压侧向系统充注制冷剂时，发动机处于不起动状态（压缩机停转），更不可拧开压力组表上的手动低压阀，以防止产生液压冲击。

（2）低压端充注法（气态制冷剂充注）

通过压力组表上的手动低压阀，可向制冷系统的低压侧充注气态制冷剂。

特点： 充注速度慢，通常在补充制冷剂的情况下使用。

操作步骤：

①如图6-22所示，将压力组表与压缩机和制冷剂罐连接好。

②打开制冷剂罐，拧松中间注入软管在压力组表上端的螺母，直到听见有制冷剂蒸气流动的声音，然后拧紧螺母。目的是排出注入软管中的空气。

③打开手动低压阀，让制冷剂进入制冷系统。当系统的压力值达到0.4 MPa时，关闭手动低压阀。

④启动发动机，将空调开关接通，并将风机开关和温控开关都调至最大。

⑤再打开压力组表上的手动阀，让制冷剂继续进入制冷系统，直至充注量达到规定值。

⑥在向系统中充注规定量制冷剂之后，从视液玻璃窗处观察，确认系统内无气泡、无过量制冷剂。随后将发动机转速调至2000 r/min，冷风机风量开到最高挡，若气温在30~35℃，系统内低压侧压力应为0.147~0.192 MPa，高压侧压力应为1.37~1.67 MPa。

⑦充注完毕后，关闭压力组表上的手动低压阀，关闭装在制冷剂罐上的注入阀，使发动机停止运转，将压力组表从压缩机上卸下。卸下时动作要迅速，以免制冷剂过多排出。

注意事项：

①确保制冷罐直立，防止制冷剂从负压端进入系统对压缩机造成损伤。

②充入到规定量后，关闭低压侧手动阀，再关闭制冷剂注入阀。

③不要充注过多的制冷剂，否则会引起轴承和皮带的故障。

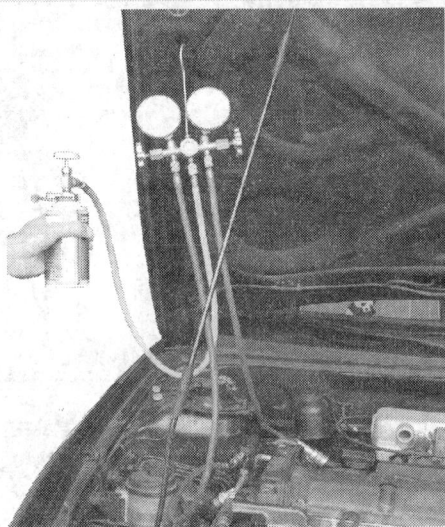

图6-22 从低压端充注气态制冷剂

3. 注意事项

（1）不要在封闭的空间或接近明火的地方操作制冷剂。

（2）始终戴好眼罩。

（3）小心液体制冷剂接触眼睛和皮肤。如液体制冷剂接触眼睛或皮肤，应用冷水冲洗。

注意： 不要揉眼睛或擦皮肤。在皮肤上涂凡士林软膏。严重的要立刻找医生或医院寻求专业治疗。

（4）不要加热容器罐或使其接近明火。

（5）小心不要跌落和用物体碰撞容器罐。

（6）制冷系统中如没有足够的制冷剂，不要运转压缩机。如系统中无充足的制冷剂，或润滑油不足，压缩机可能烧坏，所以必须小心避免发生。

（7）压缩机运转时不要打开压力表高压阀。如高压阀打开，制冷剂反方向流动，造成制冷剂罐爆裂，所以只能打开和关闭低压阀。

（8）制冷剂不能过量。如制冷剂过量，会导致制冷量不足、较差的燃油经济性、发动机过热等问题。

五、空调制冷系统的检修实训指导与实操工单

详见附录七。

任务二　开启制冷系统后，冷气不足（自动空调）

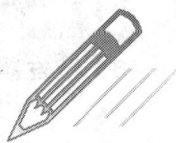

一、自动空调控制系统的组成

　　自动控制空调器是在传统的手动控制空调器的基础上，加装了一系列检测车内、车外和导风管空气温度变化以及太阳辐射的传感器，改良执行器的结构和控制，设计了智能型的空调控制器，能根据各传感器所检测的各温度系数经内部电路处理后，单独或集中对执行器的动作进行控制，同时自动空调还具有完善的自我检测诊断功能，以便对电控元件及线路故障进行检测。如图6-23所示，自动控制电路由传感器、空调ECU和执行器元件三部分组成。

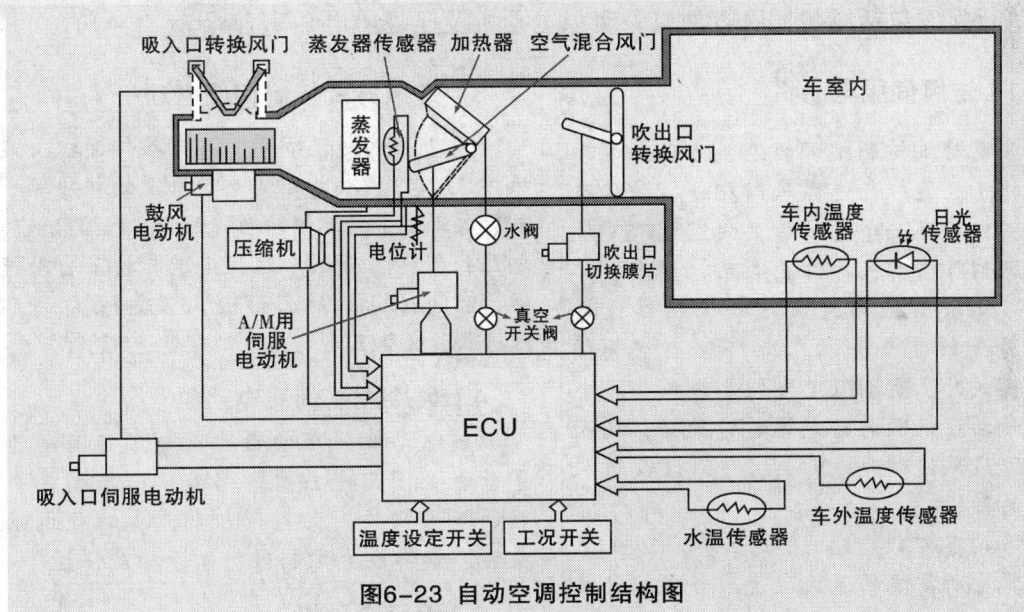

图6-23　自动空调控制结构图

二、自动空调控制系统及部件的功能

1. 传感器	
1）车内、外温度传感器	车内温度传感器一般装在仪表板下；车外温度传感器一般装在前保险杠右下端。它们是负温度系数的热敏电阻，其作用是检测车内、外温度变化，并将检测信号输入空调ECU。
2）光照传感器	采用光敏二极管，装在前挡风玻璃下，该传感器利用光电效应原理把日光照射量转换为电信号输入空调ECU。

3）蒸发器温度传感器

该传感器安装在蒸发器表面，用以检测表面的温度变化，以控制车内温度。温度控制器把温度传感器检测的信号与温度调节电位器的信号在空调ECU内加以比较，确定对电磁离合器供电或断电。

4）水温传感器

它安装在发动机冷却循环的水路上，检测冷却液温度。产生的水温信号输送给空调ECU，用于低温时的冷却风扇转速控制。有些自动空调器没有水温传感器。

5）压缩机锁止传感器

它是一种磁电式传感器，安装在空调装置的压缩机内，检测压缩机转速。压缩机每转一圈，该传感器线圈产生4个脉冲信号输送给空调ECU。

2. 执行元件

执行元件包括风门伺服电动机、暖风电动机及压缩机电磁离合器等。

1）进风伺服电动机

该电动机控制空调的进风方式。电动机的转子经连杆与进风风门相连，该伺服电动机内装有一个电位计，向空调ECU反馈进风伺服电动机的位置情况。

当驾驶员使用进风方式控制键选择"车外新鲜空气导入"或"车内空气循环"模式时，空调ECU即控制进风伺服电动机带动连杆顺时针或逆时针旋转，从而带动进风风门闭合或开启，达到改变进风方式的目的。

当按下"AUTO"键时，空调ECU首先计算出所需要的送风温度，并根据计算结果自动改变进风伺服电动机的转动方向，从而实现进风方式的自动调节，风力最大。

2）空气混合伺服电动机

当进行温度调节时，空调ECU控制空气混合伺服电动机连杆顺时针或逆时针转动，改变空气混合风门的开启角度，从而改变冷、暖空气的混合比例，调节送风温度。电动机内电位计的作用是向空调ECU输送空气混合风门的位置信号。

3）送风方式控制伺服电动机

用于控制送风方式。按下控制面板上某送风方式，空调ECU即使电动机上的相应端子搭铁，电动机带动连杆转动将送风控制挡风板转到相应位置，打开某个送风通道。按下自动控制键，空调ECU根据计算（送风温度），在吹脸、吹脸脚和吹脚三者之间自动改变送风方式。

4）最冷控制伺服电动机

该电动机操纵的最冷控制风门有全开、半开和全闭三个位置。当空调ECU使某个位置的端子搭铁时，电动机驱动电路使电动机旋转，带动最冷控制风门处于相应位置。

5）暖风电动机

暖风电动机的转速可以通过操作空调控制面板上的"高速"、"中速"和"低速"按键设定。

当按下"AUTO"键时，空调ECU根据送风温度自动调整暖风电动机转速。若水温传感器检测到水温低于40℃时，ECU控制暖风电动机停止转动。

6）电磁离合器

电磁离合器接受空调ECU的指令，控制压缩机的停止或工作。

3. 空调ECU

空调ECU与操作面板成一体，它对各种传感器输入的信号和功能选择键输入的指令进行计算、分析比较后，发出指令，控制各个执行元件动作，使车内温度、空气流动状况等始终保持在驾驶员设定的水平上，极大地简化了操作，该系统主要用在高级汽车空调上。

空调ECU控制的汽车空调系统具有以下几种功能。

1）空调控制

包括温度自动控制、风量控制、运转方式给定的自动控制、换气量控制等，满足车内空调对舒适性的要求。

2）节能控制

包括压缩机运转控制、换气量的最适量控制以及随温度变化的换气切换、自动转入经济运行、根据车内外温度自动切断压缩机电源等。

3）故障、安全报警

包括制冷剂不足报警、制冷压力高或低报警、离合器打滑报警、各种控制器件的故障判断报警等。

4）故障诊断存储

汽车空调系统发生故障，微电脑将故障部位用代码的形式存储起来，在需要修理时指示故障的部位。

5）显示

包括显示给定的温度、控制温度、控制方式、运转方式的状态等。

三、自动空调控制系统工作过程与原理

1. 控制过程

在自动空调系统中，驾驶员或乘客用温度设置开关设定所需的车内温度，ECU通过检测实际车内温度、太阳辐射量、车外温度、发动机冷却水温度等信息，计算出吹入车内空气所需要的温度，选择所需要的空气量，然后控制空气混合入口、水阀、进出气口转换挡板等，以使车内温度保持最佳，并将控制结果显示在仪表板上。

2. 温度调节过程

自动空调系统调节温度的过程是：先在吸气口吸入一定量的空气，这部分空气在蒸发器内通过热交换并被冷却，同时被干燥，然后使一部分冷却、干燥的空气通过空气混合入口送入加热器加热，剩余的冷空气直接送入混合室，与从加热器过来的空气相混合。经过混合处理后的空气通过空气出口吹进车内，直至使车内温度达到设定值。

3. 自动控制原理

自动空调一般根据车内外环境完成以下控制:

（1）通过调节空气混合风挡的角度来控制空气输出口温度。

（2）通过调节鼓风电动机的速度控制空气流动。

（3）通过选择冷或热气口、内部或外部气口控制空气进出；通过控制电磁离合器的开关，实现对压缩机的控制。自动空调控制原理结构如图6-24所示。

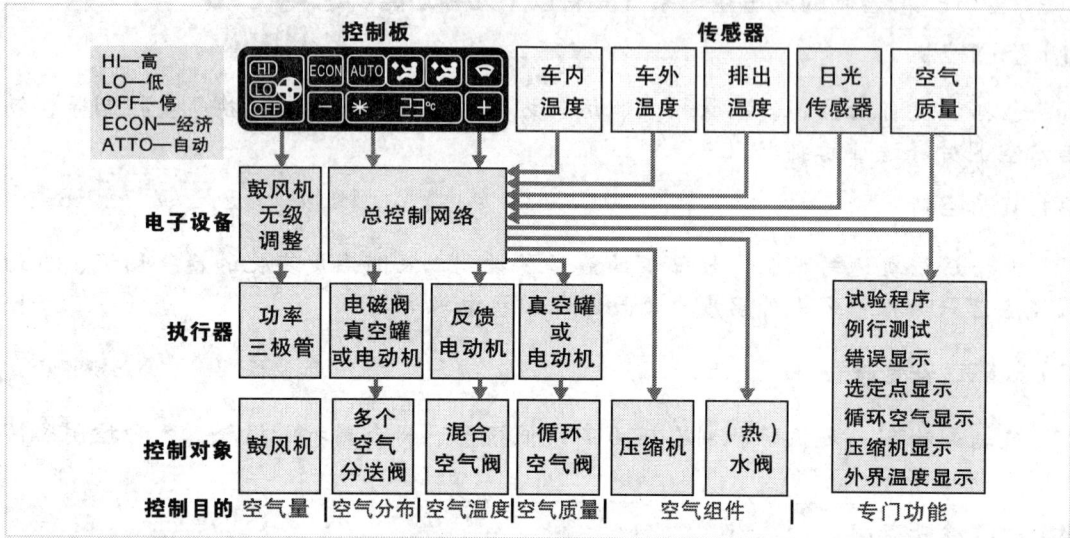

图6-24 自动空调控制原理结构框图

加速自动控制装置:

作用是在汽车加速或超车时，切断电磁离合器线圈电路，使压缩机停转，以利汽车加速。

怠速自动调整装置:

作用是当发动机怠速运转又需要制冷系统工作时，自动加大节气门开度以增大发动机输出功率，如图6-25所示。

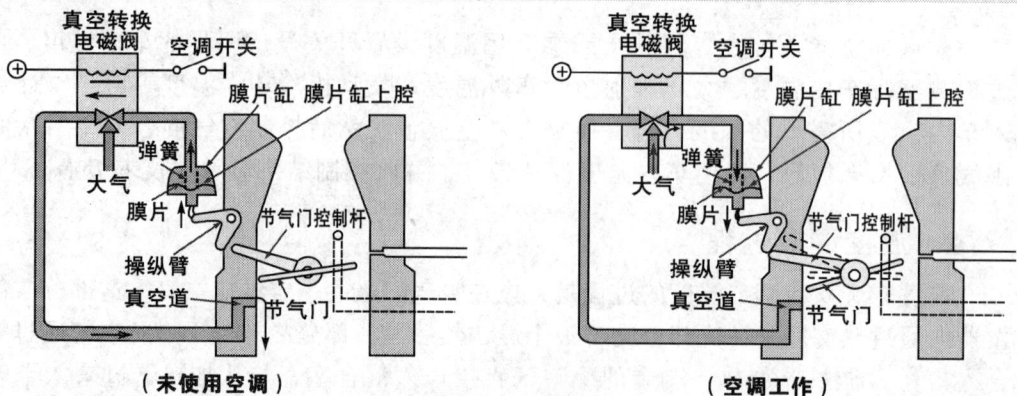

图6-25 怠速自动调整装置工作过程

下面以丰田卡罗拉为例，讲解自动空调控制原理。

卡罗拉自动空调电路如图6-26所示。空调放大器通过温度传感器检测车内、车外的温度，并与乘员选择的温度相比较后，向执行机构发出电信号，控制各种电动机及电磁阀动

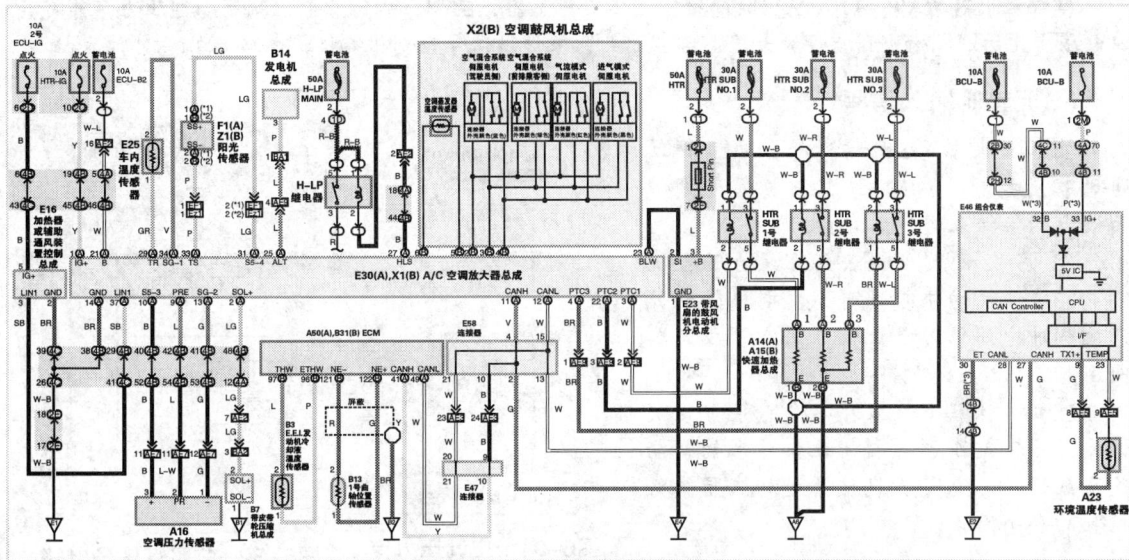

图6-26　自动空调系统电路

1）输入信号电路

（1）环境温度传感器

该传感器检测车外温度并将相应的信号发送至空调控制总成，电路如图6-27所示。组合仪表E46通过9脚、23脚输入环境温度传感器信号，并从27脚、28脚通过CAN总线送至空调控制。

（2）车内温度传感器

空调放大器的A29、A34脚外接车内温度传感器，该传感器检测作为温度控制依据的车厢温度，并发送信号至空调放大器，电路如图6-28所示。

（3）蒸发器温度传感器

空调放大器的B5、B6脚外接空调蒸发器温度传感器，电路如图6-29所示。

（4）阳光传感器

空调放大器的A31、A33脚外接阳光传感器。阳光传感器测量阳光的强弱，来修正混合门的位置与鼓风机的转速，电路如图6-30所示。

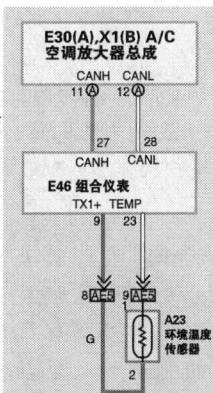

图6-27　环境温度传感器

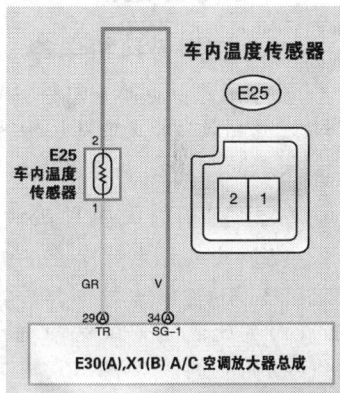

图6-28　车内温度传感器电路

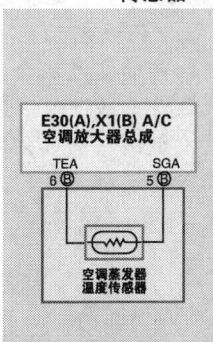

图6-29　空调蒸发器温度传感器电路

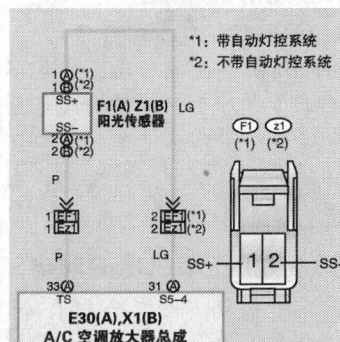

图6-30　阳光传感器电路

对于阳光传感器的检测可采用测量电阻的方法：

用布遮住阳光传感器，电阻为∞；在灯光或阳光下测量，电阻不为∞。

（5）空调压力传感器

空调放大器的A9、A10、A13脚外接空调压力传感器，空调压力传感器检测制冷剂压力，并将其以电压变化的形式输出到空调放大器，空调放大器根据该信号控制压缩机，电路如图6-31所示。

（6）其他输入信号

空调放大器的A37脚外接加热可辅助通风装置控制总成E16，驾驶员通过调节面板上的按钮来进行各种设定。

空调放大器的A25脚外接发电机E14的3脚，发动机启动时，发电机转动并产生脉冲电压信号，该信号由空调放大器使用。

空调放大器的A27脚接收前照灯照明信号（图6-32），并使用此信号来判断电气负载情况。电气负载信号是加热器线路控制的一个因素。

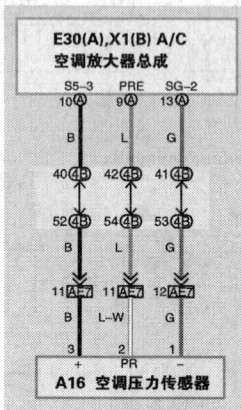

图6-31 空调压力传感器电路

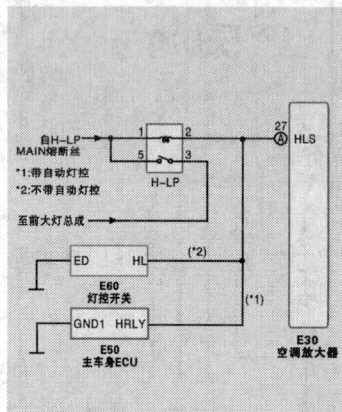

图6-32 前照灯信号电路

2）执行器电路

（1）空调鼓风机电路

空调鼓风机电路如图6-33所示。电流流向为：蓄电池电压→50A加热器熔断丝→鼓风电动机的3脚；鼓风电动机的2脚为控制脚，接空调放大器的A23脚，当空调放大器输出控制信号时，鼓风电动机运转。

（2）空调鼓风机总成

空调鼓风机电路如图6-34所示。空调放大器从B2、B3、B4脚输出控制信号，分别控制空调鼓风机总成内部的进气伺服电动机，实现内外循环风的控制；控制空调鼓风机总成内部的气流模式电动机，带动风向调节操纵机构中的拨盘、拨杆，不同的拨杆控制不同风门的开、闭，从而实现空气控制；控制空调鼓风机总成内部的空气混合伺服电动机，从而带动混合风门移动，实现不同比例的空气混合。

空调放大器与各伺服电动机之间是通过BUS IC线束进行通信的，空调放大器通过空调线束向各伺服电动机供电和发送工作指令；各伺服电动机将风门位置信息发送到空调放大器。

（3）压缩机电磁阀电路

空调机放大器的A2脚外接空调压缩机B7。空调压缩机接收来自空调放大器的制冷剂压缩请求信号，基于该信号，压缩机改变输出量。

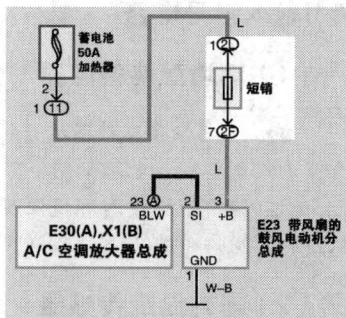

图6-33 空调鼓风机电路

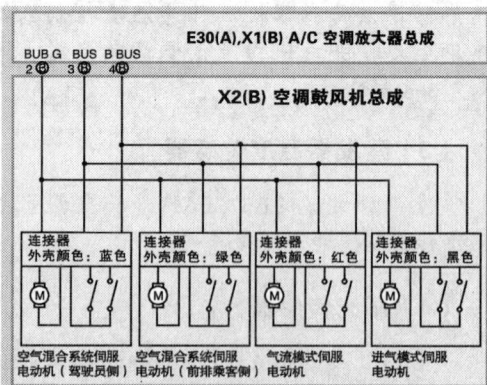

图6-34 空调鼓风机电路

（4）PTC加热器电路

PTC加热器由一个PTC元件、一个铝散热片和铜片组成。当电流施加在PTC元件上时，它会产生热量来加热通过装置的空气。

PTC加热器安装在加热器装置的散热器内，它在冷却水的温度很低且正常加热器效率不足时工作。空调控制总成切换PTC继电器内电路的通断，并且在工作条件满足（冷却水的温度低于65℃、设置温度为MAX.HOT、环境温度低于10℃且鼓风机开关没有置于OFF位置）时操作PTC加热器。PTC加热器根据电气负载或交流发电机的输出量控制PTC加热器线路。因此，应在其他电气部件关闭的情况下执行故障排除。

PTC加热器电路如图6-35所示。当空调放大器总成的A3脚输出控制信号时，HTR SUB1号继电器线圈得电，其触点闭合。

电流流向为：蓄电池电压→30A HTR SUB1号熔断丝→HTR SUB1号继电器触点→快速加热器总成A14的A1脚→快速加热器总成A14的B1脚→A6搭铁，此时，A14部分电路加热。

同理，当空调放大器总成的A22脚输出控制信号时，快速加热器总成A14的A2脚得电；当空调放大器总成的A4脚输出控制信号时，快速加热器总成A14的A3脚得电。

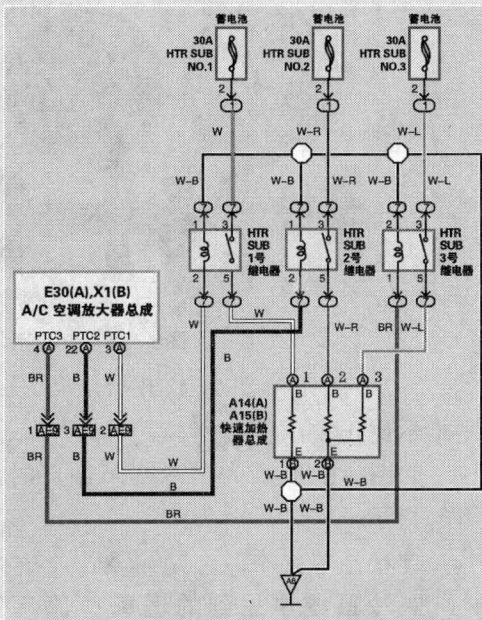

图6-35　PTC加热器电路

4. 冷气不足故障的检修

1）故障诊断表

对于冷气不足故障，首先应检查制冷量，如果制冷量不正常，按表6-1序号顺序查找故障原因，从而排除故障。

2）使用压力表组检修故障

（1）高压侧与低压侧压力表组指示值比正常值低，通过观察孔可见气泡。

如图6-36所示为制冷剂填充不足时压力组表数值。

症状：没有制冷或制冷不足。

制冷系统中见到的现象：低压与高压两侧压力低；观察孔可见气泡。

诊断：制冷剂不足。

原因：制冷系统漏气；制冷剂没有定期补足。

措施：用测漏仪测漏，并进行修理；补足制冷剂。

冷气不足故障诊断表		表6-1
序号	故障原因	排除方法
1	鼓风电动机转得慢	紧固接头或更换电动机
2	离合器打滑：磨损过量	更换磨损严重的离合器零件
3	离合器打滑：电压低	找出原因，并予以排除
4	离合器循环过于频繁	调整或更换恒温开关、低压控制器
5	恒温开关故障	更换恒温开关
6	低压控制器故障	更换低压控制器
7	经过蒸发器的气流不畅	清理蒸发器，修理混气门
8	经过冷凝器的气流不畅	清理冷凝器表面
9	储液干燥器滤网部分堵塞	更换储液干燥器
10	膨胀阀滤网部分堵塞	清理滤网，更换干燥器
11	膨胀阀遥控温包松动	清理接触处，紧固遥控温包
12	膨胀阀遥控温包未经保温	用软木和胶条保温
13	系统内有湿气	系统排气，抽真空，加注制冷剂
14	系统内有空气	系统排气，抽真空，加注制冷剂
15	系统内制冷剂过多	排除多余制冷剂
16	系统内冷冻机油过多	排除多余机油或更换机油
17	系统内制冷剂不足	修理泄漏，抽真空，加注制冷剂
18	热力膨胀阀故障	更换热力膨胀阀

低压侧
78.4kPa

高压侧
784~882kPa

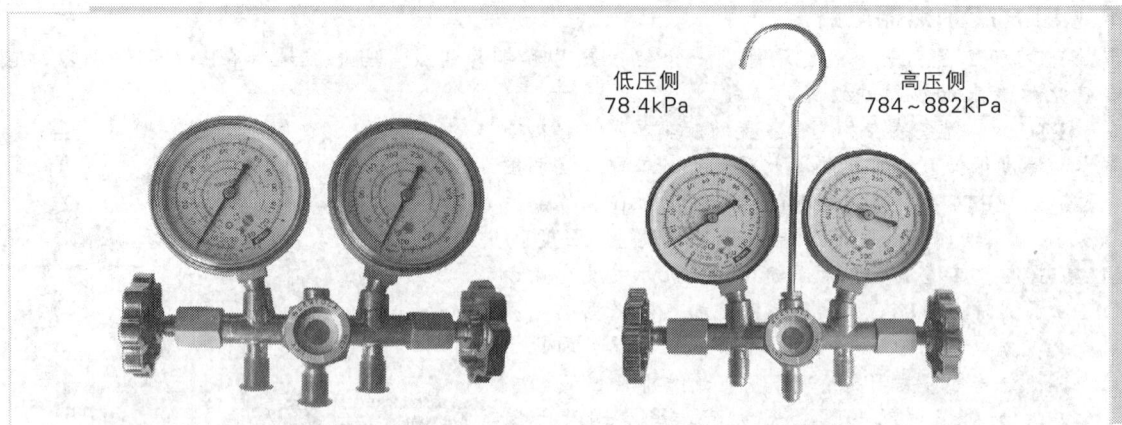

图6-36 制冷剂填充不足时压力组表数值指示

（2）低压侧压力表组指示负压，高压侧指示比正常值低。

如图6-37所示为制冷剂不循环时压力表组的指示。

症状： 不制冷。

制冷系统中见到的现象： 低压侧呈负压，高压侧呈低压或高压；集储器/干燥器前后管路存在温差，集储器/干燥器后管路出现冻结；膨胀阀出口管不冷。

诊断： 制冷剂不循环。

原因： 灰尘或污物阻塞膨胀阀或低压管路；灰尘或污物阻塞储液干燥器或高压管路；由于膨胀阀感温包漏气，针阀完全关闭。

措施： 清除灰尘或污物；清除不掉时，更换有关部件和集储器/干燥器。如感温包漏气，更换膨胀阀。

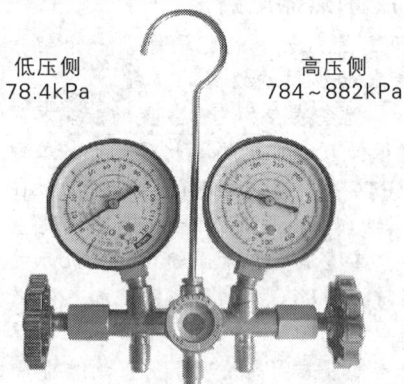

（3）在低压与高压两侧，压力表组均指示比标准值高，冷凝器排出侧不热。

如图6-38所示为制冷剂填充过量时压力表组指示。

症状： 空调器制冷效果差。

制冷系统中见到的现象： 低压侧与高压侧都指示比正常值高：通常高压侧压力高时冷凝器温度也高，但冷凝器排出侧不热；即使在用水浇冷凝器时，通过观察孔也看不到气泡。

诊断： 制冷剂过量。

原因： 制冷剂充填过量。

措施： 排出多余制冷剂，使留下的制冷剂达到标准量。

低压侧
10kPa

高压侧
588kPa

图6-37 制冷剂不循环时压力表组的指示

低压侧
245kPa·

高压侧
1960kPa

图6-38 制冷剂填充过量时压力表组指示

（4）在低压与高压两侧，压力表组均指示比正常值高，但在压缩机停止以后，高压侧压力急剧降至196kPa。

如图6-39所示为系统中混入空气时的压力表组指示。

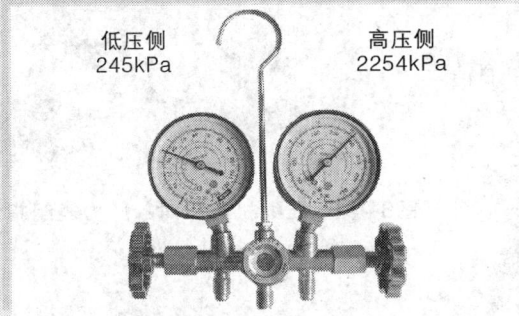

图6-39　循环中混入空气时的压力表组指示

注意：压力表组的指示值是在系统维修后，未抽好真空就填充制冷剂的情况下测量的。

症状：制冷效果差。

制冷系统中见到的现象：低压与高压两侧都指示比标准值压力高；在空调器停止并放置至少10h后，低压侧与高压侧之间平衡的压力呈高值；压缩机停止后，高压侧压力立即降至约196kPa，表针一直在振动；压缩机运行的同时，由于高压损失，此时压力降至约98kPa，如图6-40所示。

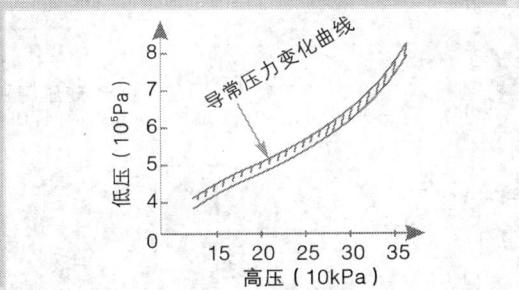

图6-40　高压与低压之间的压力变化曲线图

诊断：制冷系统中混入有空气。

原因：填充时抽真空不够；抽真空后充气过程中有空气进入制冷系统。

措施：继续进行抽真空；如在抽真空中仍然出现上述症状，更换集储器/干燥器及压缩机油，并清洗制冷系统。

（5）在低压侧与高压侧，压力表组都指示比正常值高，低压侧管路形成霜冻或深度冷凝。

如图6-41所示为膨胀阀失效时压力表组的指示。

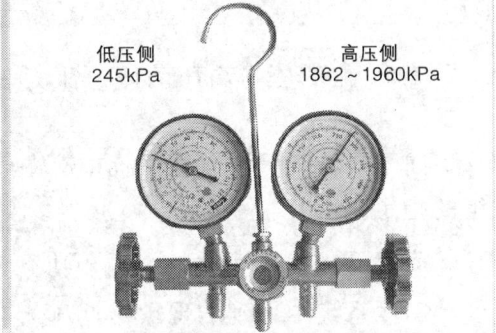

图6-41　膨胀阀失效时压力表组的指示

症状：制冷效果差。

制冷系统中见到的现象：低压与高压两侧均指示比正常值高；低压侧管路出现霜冻或深度冷凝。

诊断：低压管路中液态制冷剂过量。

原因：膨胀阀故障或失效（针阀开启过宽）；膨胀阀压力泡与蒸发器连接断开。

措施：检查和重新接好压力感温塞；若压力感温塞连接无断开故障，更换膨胀阀。

（6）低压侧制冷剂压力高，高压侧制冷剂压力低。

如图6-42所示为压缩机出故障时的压力表组指示。

症状：无制冷。

制冷循环中见到的现象：低压侧压力高，高压侧压力低；空调器停止工作后，低压侧与高压侧的压力立即趋于平衡。

诊断：压缩机不能进行有效压缩。

原因：不能有效压缩的原因在于压缩机活塞或活塞环损坏或阀门损坏。

措施：更换压缩机。

注意：更换压缩机时，测量旧压缩机中的油量，将新压缩机中的油取出，将与旧压缩机中油机量相等的油放回新压缩机中，然后安装新压缩机。

低压侧
392～588kPa

高压侧
686～980kPa

图6-42　压缩机故障时的压力表组指示

（7）在低压与高压两侧，压力表组指示值波动。

如图6-43所示为制冷系统中有湿气时压力表组的指示。

症状：空调器有时制冷，有时不制冷。

制冷系统中见到的现象：低压侧有时呈负压指示，低压及高压两侧压力周期波动。

诊断：集储器/干燥器超饱和。

原因：由于干燥器超饱和，制冷剂中的湿气不能去除，使膨胀阀中的针阀冻结，从而引起堵塞，当制冷剂不再循环时，冰被周围热量解冻及再冻结成冰，这一过程反复循环。

措施：更换集储器/干燥器及压缩机油，通过抽真空去除系统中的湿气。

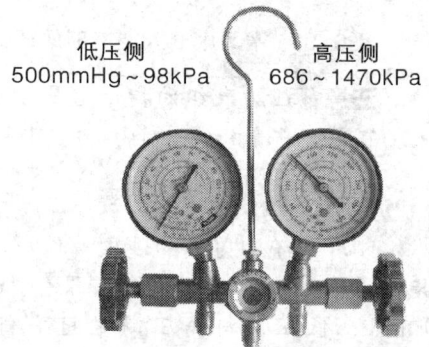

低压侧
500mmHg～98kPa

高压侧
686～1470kPa

图6-43　制冷循环中有湿气时压力表组的指示

（8）在低压与高压两侧，压力表组指示值均低。

如图6-44所示为制冷系统不良时压力表组的指示。

症状：冷气不足。

制冷系统中见到的现象：低压与高压两侧压力均低，从集储器/干燥器至制冷组件的管子有霜。

诊断：集储器/干燥器堵塞。

原因：集储器/干燥器中脏物阻碍制冷剂流动。

措施：更换集储器/干燥器。

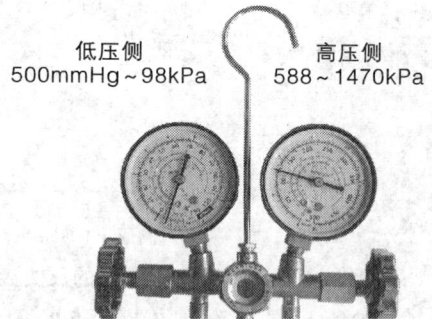

低压侧
500mmHg～98kPa

高压侧
588～1470kPa

图6-44　制冷系统不良指示

四、自动空调控制系统的检修实训指导与实操工单

详见附录八。

任务三　空调暖气不足

一、空调暖风系统的分类

汽车空调暖风系统的主要功能：

将在寒冷天气中行驶的汽车车厢温度调节到舒适的温度；另外还有风窗玻璃除霜的功能。

汽车空调暖风系统按热量的来源可以分为余热式和独立式。余热式暖风系统按照取暖介质的不同可以分为水暖式和气暖式。柴油发动机的汽车一般利用排气管的热量实现采暖，即气暖式暖风系统。客车一般都采用独立热源式采暖系统，有一个独立的加热器。现代轿车和一些货车广泛采用余热水暖式暖风装置，也就是通过热交换器将发动机冷却水的热量传给空气送出暖风。在这里我们主要介绍余热水暖式暖风系统。余热水暖式暖风装置工作原理如图6-45所示，水暖式取暖系统结构如图6-46所示。

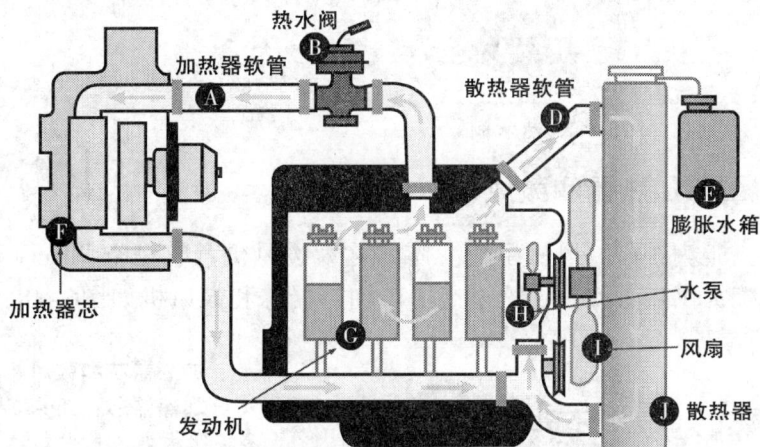

图6-45　余热水暖式暖风装置工作原理图

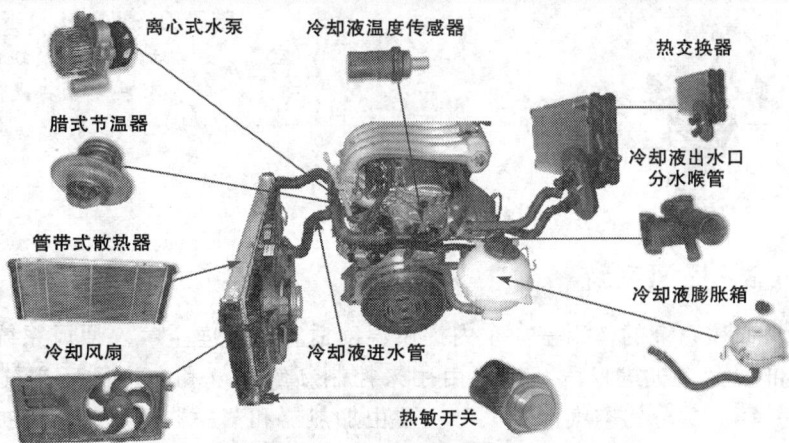

图6-46　水暖式取暖系统结构图

二、空调暖风系统零部件工作原理与检修

1. 热水阀

热水阀又称冷却液控制阀，装在发动机冷却液通往加热器的前面，用来控制进入加热器芯的发动机冷却液流量。热水阀如图6-47所示。

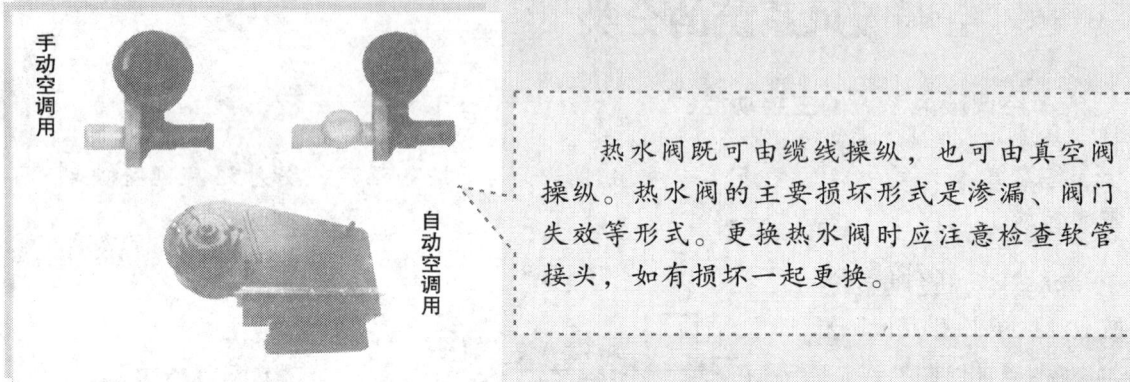

热水阀既可由缆线操纵，也可由真空阀操纵。热水阀的主要损坏形式是渗漏、阀门失效等形式。更换热水阀时应注意检查软管接头，如有损坏一起更换。

图6-47　热水阀

2. 加热器和鼓风机

加热器和鼓风机组成一体，称为暖风机，它是空调暖风系统最主要的零件，暖风系统提供热量就是在这里产生。加热器芯和鼓风机如图6-48所示。

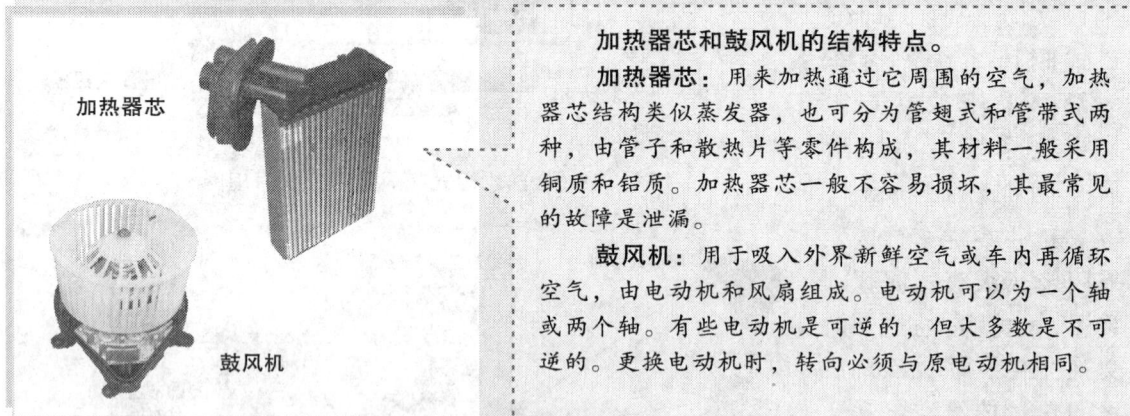

加热器芯和鼓风机的结构特点。

加热器芯：用来加热通过它周围的空气，加热器芯结构类似蒸发器，也可分为管翅式和管带式两种，由管子和散热片等零件构成，其材料一般采用铜质和铝质。加热器芯一般不容易损坏，其最常见的故障是泄漏。

鼓风机：用于吸入外界新鲜空气或车内再循环空气，由电动机和风扇组成。电动机可以为一个轴或两个轴。有些电动机是可逆的，但大多数是不可逆的。更换电动机时，转向必须与原电动机相同。

图6-48　加热器和鼓风机

3. 通风系统

通风系统的作用是向车内提供温度适宜的干净空气。通风系统主要由三部分构成。第一部分为空气进口段，主要由用来控制新鲜空气和室内循环空气的风门叶片和伺服器组成。第二部分为空气混合段，主要由加热器和蒸发器组成，用来提供所需温度的空气。第三部分为空气分配段，使空气吹向面部、脚部和风窗玻璃上。

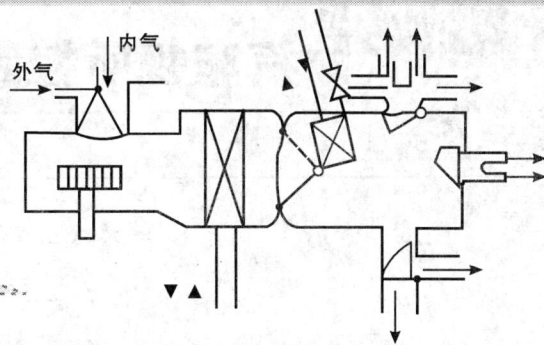

如图6-49所示，其工作过程为：新鲜空气+车内循环空气→进入风机→空气进入蒸发器冷却→由风门调节进入加热器的空气→进入各吹风口。

图6-49　通风系统

4. 暖气不足的检修

对于暖气不足故障，可按表6-2所示进行分析与排除。

暖气不足故障诊断表　　　　　　　　　　　　　　　表6-2

故障现象	可能的故障原因	排除方法
没有风	①鼓风机电路断或接触不良； ②熔断丝熔断； ③鼓风机烧坏； ④暖风开关坏或接触不良； ⑤暖风开关没有打开	①修理或更换有关线束或接插件； ②更换熔断丝； ③修复或更换鼓风机； ④修复或更换开关，去除开关接触面污物或锈斑； ⑤打开暖风开关
风不热	①空调操纵拨杆没有移到暖风开启位置； ②暖风水管中有气阻； ③水阀坏，打不开 　◆若水阀是钢丝绳操纵，可能是钢丝绳断； 　◆若水阀是真空操纵，可能真空管脱落，或真空阀坏，或真空膜泵（作动器）坏； 　◆若水阀是电磁阀操纵，则可能是电路断或电磁阀坏； ④发动机上的出水位置不对，使冷却水无法进入暖风芯子	①将空调拨杆移到最大暖风位置； ②将暖风机进水连接管从中间连接处断开；将水管位置提高，使空气能排出，然后再重新连接； ③换水阀； 　◆更换钢丝绳； 　◆查找真空回路问题，对症处理，更换零件； 　◆查找电磁阀电路，对症处理； ④重新开出水口（要慎重）
风不够热	①暖风操纵拨杆没有移到采暖最大开度位置； ②水阀被局部堵塞； ③水阀操纵机构只能部分打开阀门； ④热水管路被局部堵塞； ⑤发动机出水位置不对，使冷却水向暖风机流动不畅，或回水不畅； ⑥发动机刚起动不久，冷却液尚未热； ⑦外界温度过低，水箱面罩无防冻措施，致使冷却液不热	①将拨杆移到采暖最大位置； ②清理水阀； ③修理水阀操纵机构； ④清理管子或更换软管； ⑤重新安排进出水位置； ⑥让发动机工作一段时间； ⑦水箱前加棉罩或采取其他保暖措施
风量不足	①风量开关处在低挡位； ②风量开关接触不良； ③暖风进风口被杂物堵塞； ④暖风芯子表面被杂物堵塞	①风量开关转到高挡位； ②去除接触片污垢，拧紧压紧簧片； ③清除杂物； ④清除暖风机内杂物

三、空调暖风系统的检修实训指导与实操工单

详见附录九。

汽车视听控制工作不良的检测与修复

××××××汽车维修有限公司
维修委托书

工单号 No: 200803512

客户名称: 张三　　　　车牌号: ×××0088　　购车日期: 2005 年 3 月 6 日　联系电话: ×××××××××

联系人: 张三　　　　车 型: 丰田威驰　Vin No.: | L | T | V | B | A | 4 | 2 | 3 | X | 5 | 0 | 0 | 9 | 4 | 0 | 7 | 5 |

送修日期: 2008 年 3 月 25 日　　交付日期: 2008 年 3 月 27 日　　行驶里程: | 8 | 8 | 1 | 3 | 0 |

故障报修症状描述	汽车CD不能播出	交接物品	无
提车要求	付款方式: ☑现金　□刷卡　□支票　其他:	其他	洗车 是☑ 否□　带走旧件 是☑ 否□

序号	报　修　项　目
1	更换收音机总成
2	
3	
4	
5	
6	

小计:　　　　元

维修检查及施工情况详细见《维修检查·施工单》

备注	旧件检查	空罐		旧件		油量　E　1/4　1/2　3/4　F

全车外观检查

车身如有变形、油漆划痕、玻璃、灯具裂痕等损伤, 请在示意图中的方格内标注"√"。

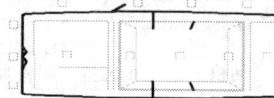

维修委托书细则

甲方: (客户)
乙方: ××××××汽车维修有限公司
维修细则:
1. 甲方已确认无包括现金在内的贵重物品遗留在车上。
2. 甲方已阅读并理解了本委托书及对应的《维修检查·施工单》上的所有内容, 同意按乙方所列的维修项目和价格进行维修, 甲方愿意支付相关的维修服务费及零件费。
3. 乙方同意甲方对维修车辆进行维修试车, 包括场地试验或路试。
4. 如果甲方同意不带走旧件, 乙方可以在甲方提车后对旧件进行处理。
5. 甲方确认并理解乙方已经充分告知的关于车辆检测或维修的相关情况, 同时乙方有权采取必要的措施(包括但不限于拆解车辆的机械、电路及发动机等)进行检测或维修。同意乙方在对车辆进行进一步检测或维修时不再另行通知甲方。
6. 如因乙方过失致使维修车辆或部件损坏, 乙方赔偿的范围仅限于维修或更换损坏车辆的部件, 甲方同意不再提出其他赔偿要求。
7. 甲方应事先备份维修车辆上安装的所有软件或可存储数据信息。无论如何, 维修车辆上安装的所有软件或可存储数据信息的损坏或丢失, 乙方不作赔偿。
8. 甲方应在乙方通知提取车辆之日起壹个月内提取车辆, 逾期不取, 乙方有权按政府公布的停车费价格收取保管费用。
本人确认已经清楚理解并接受以上维修细则。

甲方(客户)签名
张三
日期: 2008年3月25日

公司地址: ××××××
救援热线: ××××××××××××　服务热线: 020-×××××××××　传真: 020-×××××××××
开户行: ×××××××　账号: ×××××××××××××××　乙方代表(接待员): 王先生

某客户驾驶的威驰轿车，汽车CD不能播出，要求给予维修。

要完成这个工作任务，首先得知道汽车视听系统的组成、CD唱机的工作原理、CD唱机电路的检修方法，了解VCD影碟机的工作原理、VCD影碟机的检修方法。下面就分步来完成本学习情境的学习任务。

任务一 CD不能播放

随着数字音响技术的不断发展和人们对舒适性要求的不断提高，汽车车载视听已成为汽车的必选装备，激光唱机取代磁带播放机，成为中高档轿车音响的主流，而更方便的MD和MP3也开始成为汽车音响的选装配置。大中型旅行客车和长途客车上基本都装上了带卡拉OK功能的车载VCD视听系统，而一些高档轿车更是装用了车载DVD视听系统。

一、汽车视听系统的组成

汽车视听系统是在传统汽车音响的基础上，增加了视频信号源（AV功能），即VCD影碟机或DVD影碟机，同时增加了显示器。**汽车视听系统分为四大部分：信号源、放大器、扬声器和显示器。**

1. 信号源

信号源是汽车视听系统的节目源，包括汽车收音机（调谐器）、磁带放音机、CD唱机、车用VCD机或DVD机等。目前，普通中低档车用视听系统的信号源主要是车用收放音机和VCD机，高档汽车视听系统的信号源主要是收放音机、车用DVD机，还可以选装MP3和MD唱机。

1）CD唱机

CD（Compact Disc）唱机即激光唱机，是用来播放激光唱片的设备。

2）VCD影碟机

VCD（Video Compact Disc）机是用来播放采用MPEG-1标准压缩编码的VCD激光影碟的设备。VCD影碟机激光拾音器工作方式同CD激光唱机一样，机芯是通用的。VCD影碟机与CD激光唱机唯一的不同是增加了数字化音视信号解压缩功能，并分别经数模变换后输出模拟的声音和图像信号。VCD影碟机兼容了CD唱机的功能。

3）DVD影碟机

DVD（Digital Video Disc）即是数字影碟，采用的是MPEG-2标准压缩编码。DVD机解决了VCD图像清晰度不够高的问题，是更高级的激光影碟机。

4）MD唱机

MD即是指MiniDisc，它是由SONY公司于1992年正式投放市场的一种音乐储存媒体。MD所采用的压缩算法是ATRAC技术（压缩比是1∶5）。MD又分可录型MD（有磁头和激光头两个头）和单放型MD（只有激光头），是集磁、光、电、机于一体的高科技产品。它既具有CD的音质和长期保存性，又具有卡带的可录可抹性。

MD光碟可以储存74min（立体声）或148min（单声道）的音乐节目。

由于MD唱机体积小、可以反复擦录、具有强大的编辑功能，同时具有媲美CD唱机的音质和功能，使得MD唱机成为现代汽车视听系统的选装配置。目前车用MD主要有索尼、健伍等品牌。

5）MP3唱机

MP3是MPEG-1 Layer 3压缩格式（1∶10）的缩写，是数码技术和网络化的产物，同时MP3是一种计算机音频文件格式。它的特点是生成的声音文件音质接近CD，而文件大小却只有其十分之一。汽车上一般不单独装用MP3唱机，而是在CD机内集成了MP3播放功能，用于播放MP3节目。

2. 放大器

放大器简称功放，其主要作用是将各种节目信号进行电压放大和功率放大，然后推动扬声器发出声音。按功能不同可分为：前置放大器、功率放大器和环绕声放大器等类型。

3. 扬声器

扬声器又称为喇叭，是汽车视听系统的终端，决定着车内音响性能。扬声器的数量、口径和安装位置由汽车舒适性的要求而定，但是为了能欣赏立体声，车内至少需要装用两只扬声器，实物如图7-1所示。

图7-1　扬声器实物图

扬声器的主要功能：

把音频信号还原成声音传达出来，而其不同的声音，需要大小不同的喇叭来执行。一般而言，扬声器的体积越大，其声音越低沉；体积越小，声音越高。扬声器大体可分为全音域、同轴式、组合式三大类。全音域就是以一只扬声器涵盖大部分频率的声音范围；同轴式的构成是在低音扬声器的轴心上，再加上一个高音或者中音扬声器，形成所谓的同轴二音路或同轴三音路扬声器，在汽车上应用较多；组合式扬声器则是通过几个大小不同的扬声器单体，再配合上电容器、电阻、电感等电子元件形成的被动分音器，来分配不同频率范围，让大小不同的扬声器发出不同频率的声音。

4. 显示器

　　车载显示器是视听系统必不可少的组成之一，目前轿车VCD或DVD使用的显示器一般均为液晶超薄显示器，而大型客车一般使用的是电视机。DVD实物如图7-2所示。

图7-2　DVD实物图

5. 视听系统部件位置图

　　以威驰轿车为例，其轿车音响系统部件位置如图7-3所示。

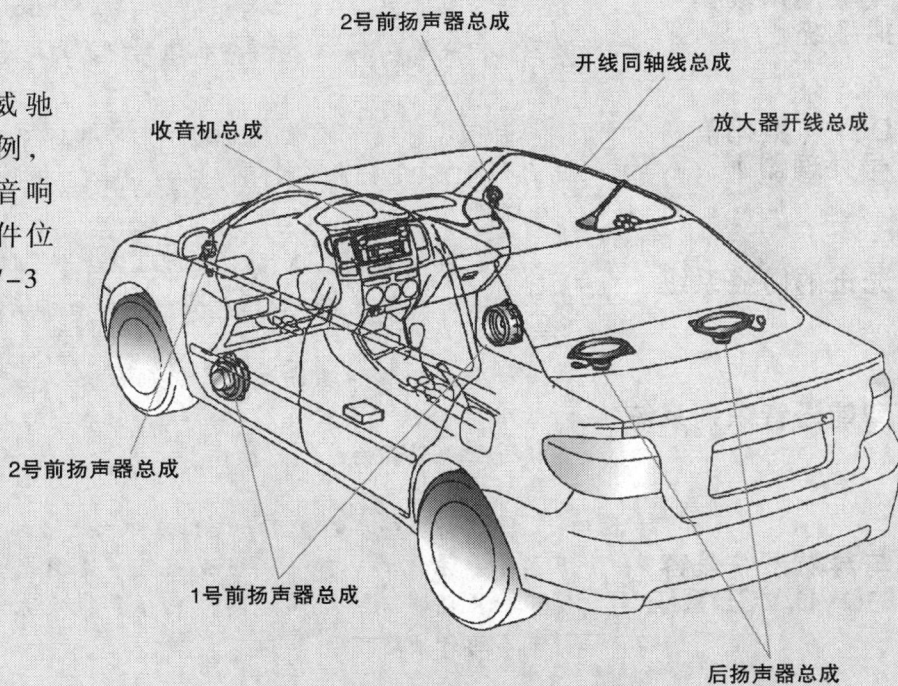

2号前扬声器总成

开线同轴线总成

收音机总成

放大器开线总成

2号前扬声器总成

1号前扬声器总成

后扬声器总成

图7-3　威驰轿车音响系统部件位置

二、汽车视听系统的特点

1. 具有防振系统的CD/VCD/DVD

　　目前采用的减振装置主要是防振悬架系统和电子减振系统。防振悬架包括拉簧、气囊（或橡胶阻尼）及硅油减振器等，具有衰减振动的功能。电子减振的原理是使用了大容量的缓冲存储器预读数据。例如：当播放CD音频数据时，经过CD-ROM解码器或者DSP的数据首先预读到缓冲存储器中，然后在CPU控制下再送入DSP，这样当激光头因振动停止读数据时，还可以从缓冲存储器中读取数据供给解码或者DSP，以产生连续的音乐。

2. 具有防盗功能的控制面板	许多高档汽车音响的控制面板具有熄火隐藏或可拆装功能。对于可隐藏式面板，当点火开关关闭时，原先色彩斑斓的液晶显示控制面板便会变成黑色（与仪表板同色），以避免引起窃贼注意。而装用可拆式面板的音响，当驾驶员离开汽车时，可以取下音响系统的控制面板，这样盗贼就是拿走了音响装置也无法使用。
3. 电话减音功能	当使用车载电话时，此功能会自动调低系统的声音，或使系统处于静音状态。当电话挂断后音响会自动恢复原来音量。
4. 驾驶座声场模拟系统	驾驶座声场模拟系统可根据驾驶者的选择，把左方、右方扬声器发出的声音延迟若干秒，模拟出一个驾驶座在中央的声场，使音质定位达到完美的境界。
5. DSP（数码信号处理器）	由于各种汽车的音响环境、声场都不够完美，因此需要用DSP进行声场校正。
6. 先进的防盗系统	现代汽车音响具有高技术的防盗系统，可以使用密码和其他高新技术，使汽车音响被盗后无法使用。
7. 智能语音识别系统	一些高档音响装备有语音识别系统，能根据人的语音进行操作。驾驶员驾驶车辆时，能通过语音命令直接进行视听音响系统的操作。
8. 与导航系统兼容的DVD/VCD系统	现代高档轿车的DVD/VCD视听系统同时也是车载卫星导航系统的一部分，当放入数字地图光盘后，在显示器上将显示出数字地图，配合导航系统，实时指引汽车的行驶路线。
9. 可伸缩的液晶显示屏	为了不占据仪表板的位置，汽车视听系统的液晶显示屏一般都设计成内藏式。当需要使用显示屏时，显示屏可以自动伸出，然后翻转到合适的角度以便于观看。

三、车用CD唱机的组成与工作原理

CD唱机由光学系统、机械系统和电信号处理系统三大部分组成。光学系统用来拾取CD唱片上的各种信号，机械系统用来完成CD唱片的运转及激光拾音器的循迹运动，电信号处理系统用来处理各种电信号。图7-4为CD唱机结构框图，图7-5为CD唱机的实物图。

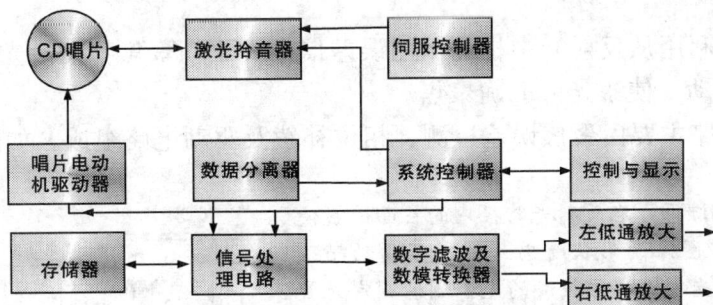

图7-4 CD唱机结构框图

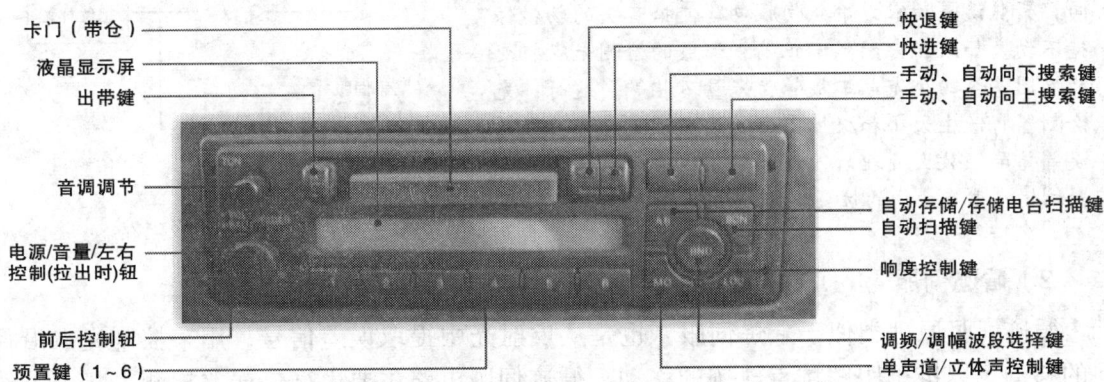

图7-5 CD唱机实物图

1．激光拾音器

激光拾音器简称"激光头"，它是激光唱机的关键部件，主要是发射激光和接收由CD唱片表面反射回来的光信号并进行光电转换。

2．转盘电动机驱动器

CD唱片上记录的信号从里向外呈螺旋状分布。重放时，拾音器以1.2m/s的恒定线速度进行循迹扫描。当拾音器在唱片的里圈循迹时，唱片的转速很快。随着播放的进行，唱片的转速均匀变慢。这就要求驱动电动机的转速逐渐减慢。这项工作由控制电路通过电动机驱动器来完成。

3．数据分离器

激光拾音器输出的电信号经前置放大后，送入数据分离器。数据分离器能正确地识别变化的几种信号的长度和彼此的间隔，从而分离出各种信号代码，并产生时钟信号。

4．数字信号处理及数模（D/A）转换器

数字信号处理电路的作用是将代表音频信号的数字信号进行解码，变成音频信号。

5．伺服系统

激光唱机中的伺服系统主要是聚焦伺服、循迹伺服和进给伺服。

1）聚焦伺服

聚焦伺服是利用从反射光中检测出的误差信号，驱动聚焦物镜沿光轴方向移动，跟踪唱片的上下波动，使激光束准确聚焦。

聚焦伺服电路主要由聚焦误差检测、相位补偿及驱动电路组成，如图7-6所示。

聚焦伺服的原理：在反射光路径中的柱面透镜使光束形成图像，图像的形状随唱片的上下波动而改变，再由四分割光电二极管组成的光检测器测定光量分布的变化情况。当聚焦准确时，四分割光电二极管上的成像为圆形。这时，各光电二极管接收的光量相同，聚焦误差为零，聚焦伺服电路使拾音头的物镜保持不动。如果光束聚焦不正确，形成的检测光点将变为椭圆，使四个光电二极管受光量不相等。这时，光检测器将产生大小和极性不同的聚焦误差信号，聚焦误差信号经放大处理后，控制聚焦线移动，调节拾音器物镜在垂直方向的位置，使其聚焦准确。

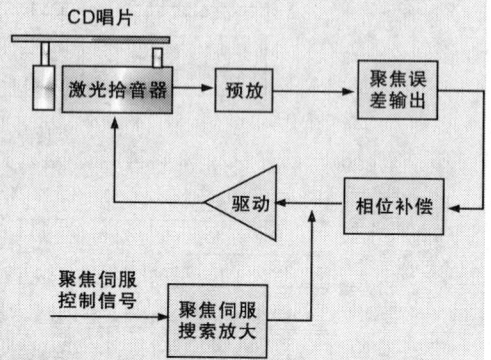

图7-6　聚焦伺服电路

2）循迹伺服

循迹伺服原理类似于聚焦伺服，也是从反射光中提取误差信号，用来控制光点沿径向的移动，以准确跟踪坑点轨迹的移动。循迹伺服电路主要由循迹误差检测、相位补偿和驱动等电路组成，如图7-7所示。

图7-7中的循迹伺服控制信号是用于开机后的快速自由选曲，让整个激光唱头沿唱片径向作大幅度的移动，以便移到唱片上的选定部分播放。进给伺服控制信号是根据用户在唱机面板上的按键输入信息，由微处理器发出的，其驱动输出送往进给伺服电动机，通过滑动或摆动臂机构实现对激光唱头的进给控制。当选曲结束，激光唱头进入选定的循迹跟踪范围时，由微处理器发出循迹跟踪伺服控制信号接通循迹跟踪伺服环路，进入循迹跟踪伺服。循迹误差检测提供物镜偏离纹迹中心的方向和大小的信息，经相位补偿和驱动等电路后，变成物镜致动器中循迹跟踪线圈的电流，产生磁场作用力，使激光唱头物镜沿径向移动，从而实现精确的纹迹跟踪。

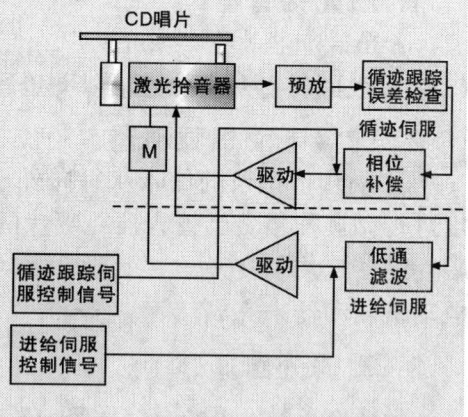

图7-7　循迹和进给伺服电路原理

6. 信息存储和控制显示系统

激光唱机的信息存储和控制显示系统是为了便于操作和显示放唱时间、曲目等信息而设立的。它有放音、快进、快退、停止、暂停、计时和音量指示等多种功能。信息存储系统由微处理器组成，它可以事先编排节目次序进行存储，然后按存储内容进行播

四、车用CD唱机的检修

1. 汽车激光视听装置的检修注意事项

检修CD唱机等激光视听设备，要特别注意以下几个问题：

（1）拆卸、检查和安装中，要特别注意保护镜头和精密机械部件，手不要触及镜头透镜，清洗镜头时注意不要让棉纱和尘埃留在镜头上。

（2）在检修时，绝对不能用眼睛直视激光光路的方法来确定激光是否接通。眼睛应尽可能保持离激光拾音器30cm以上，以免造成对眼睛的伤害。

（3）注意防静电。人体通常都带有静电，一般情况没有什么危害。但激光音视设备中的IC均采用CMOS技术，其输入阻抗很高，人手上的静电碰上CMOS电极会产生较高的电压击穿电极，造成IC的损坏。对静电最敏感的部件是激光拾音器，它更容易受人体静电损坏。

（4）不要随便调整电路板上的电位器。在打开机盖后，除非绝对必要，不应随手调整电路主板上的调整电位器。因为这些调整电位器是在机器出厂时严格校对好的。

（5）在拆卸时要切断电源，同时应防止振动和用力过大而使内部器件损坏。

2. 车用CD唱机常见故障的检修步骤

一般故障检修步骤如图7-8所示。

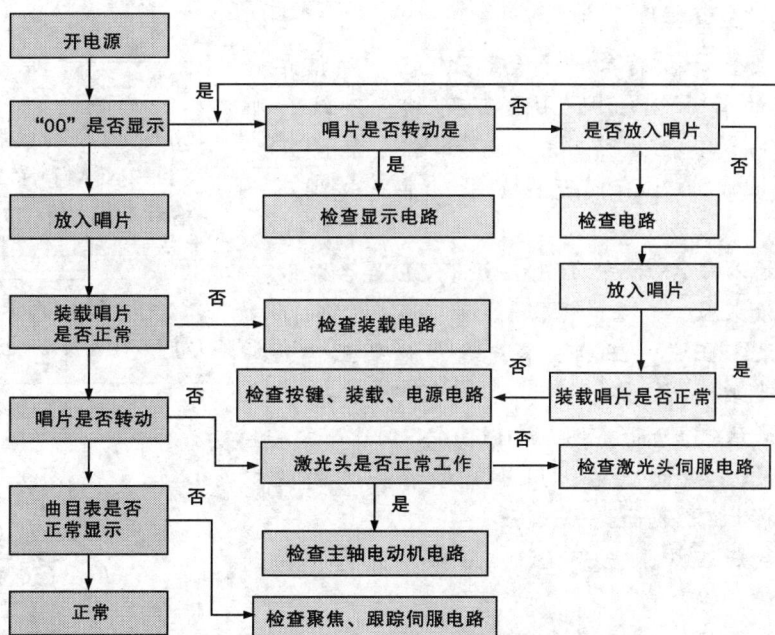

图7-8　车用CD唱机检修步骤

3. CD唱机电路检修

车用CD唱机常见的故障有：托盘不能开启、激光二极管无输出、唱片目录不能正确读出、激光拾音器聚焦不正确、激光拾音器跟踪轨迹有误、转盘（唱机）电动机转动不正常及信号处理电路失常等，下面以丰田威驰轿车为例，介绍车用CD唱机电路的检修。

1）CD不能插入或插入后不能弹出故障的检修

（1）电路图（图7-9）

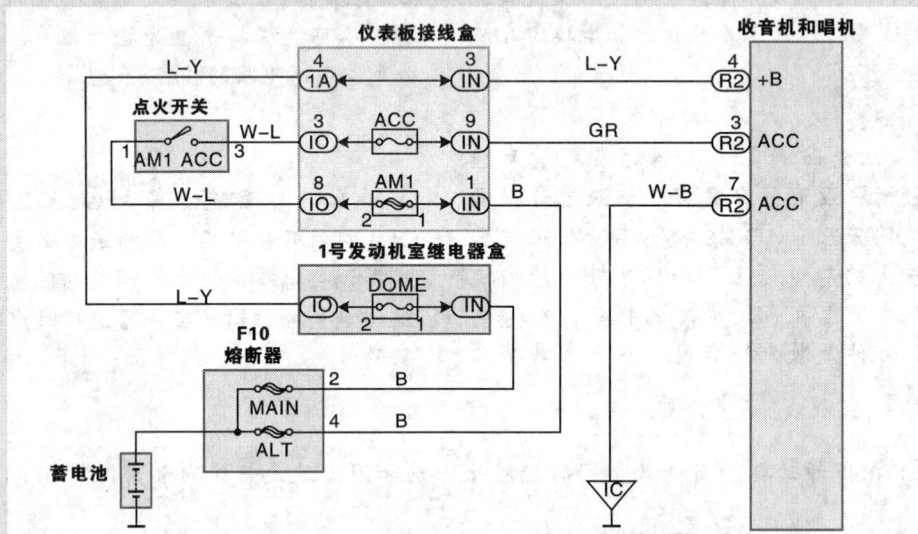

图7-9　丰田威驰轿车车用CD唱机电路

（2）检查程序

①检查是否插入一个合适的CD。确信是一个正常的音乐CD，并且没有变形、裂纹、脏污、划伤或其他缺陷。标准：正常的音乐CD。如果不正常，CD有问题；如果正常，转到下一步骤。

②插入一个合适的CD，检查CD是否装反。标准：没装反。

如果不正常，正确安装光盘；如果正常，转到下一步骤。

③清洁CD盘面（图7-10）。

如果CD盘面脏污，用软布按箭头方向从中心向外擦拭CD表面。

擦拭后正常，光盘脏污；如果不正常，转到下一步骤。

④更换另一个CD并重新检查。用正常CD更换有问题的CD，看相同的故障是否再次发生。标

> **注意：** 不能播放半透明或异形的CD；由个人电脑（录制的音乐）的CD-ROM和录制CD-R不能播放；播放80mm的CD不需要适配器。

> **注意：** 不要使用普通录音机的清洁剂或防静电防护剂。

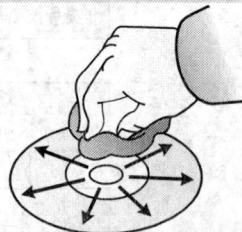

图7-10　清洁CD盘面

准：故障消失。

如果故障消失，说明原CD有问题；否则，转到下一步骤。

⑤检查收音机自动搜台功能是否正常。执行收音机自动搜台功能，检查功能是否正常。

标准：故障消失。

如果正常，检查和更换收音机总成；如果不正常，转到下一步骤。

⑥检查收音机总成（+B、ACC、GND）（图7-11）。

a.检查每个工况下端子间的导通情况，其标准应符合表7-1所示要求。

b.测量每个工况下端子间的电压，其标准应符合表7-2所示要求。

如果正常，检查和更换收音机总成；如果不正常，修理或更换线束或连接器。

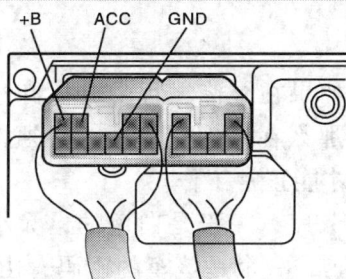

图7-11　检查收音机总成

检查端子间是否导通　　　　　表7-1

测试器连接	条件	标准状态
GND-车身搭铁	常态	导通

检查端子间的电压　　　　　表7-2

测试器连接	条件	标准状态
+B-GND	常态	10~14V
ACC-GND	点火开关位于ACC或ON	标准状态 10~14V

2）CD不能播出的检修

（1）电路图（图7-9）

（2）检查程序

①检查插入的是一个合适的CD。确信是一个正常的音乐CD，并且没有变形、裂纹、脏污、划伤或其他缺陷。标准：正常的音乐CD。

注意： 不能播放半透明或异形的CD；由个人电脑录制的CD-ROM和录制CD-R不能播放；播放80mm的CD不需要适配器。

如果不正常，CD有问题；如果正常，转到下一步骤。

②插入一个合适的CD，检查CD是否装反，标准：没装反。

如果不正常，正确安装CD；如果正常，转到下一步骤。

③清洁CD盘面（图7-10）。如果CD盘面脏污，用软布按箭头方向从中心向外擦拭CD表面。

注意： 不要使用普通录音机的清洁剂或防静电防护剂。

如果正常，CD盘面脏污；如果不正常，转到下一步骤。

④更换另一个CD并重新检查。用正常CD更换有问题的CD，看相同的故障是否再次发生。标准：故障消失。

如果正常，CD有问题；如果不正常，转到下一步骤。

⑤检查收音机自动搜台功能是否正常。执行收音机自动搜台功能，检查功能是否正常；标准：故障消失。

如果不正常，转到步骤⑦；如果正常，转到下一步骤。

⑥检查是否车内的温度急剧变化。标准：车内的温度急剧变化。

注意： 车内温度急剧变化会使CD唱机内产生结露现象，CD可能不能播放。

如果正常，由于温度变化而结露（使用前放置一段时间）；如果不正常，检查和更换收音机总成。

⑦检查收音机总成（+B、ACC、GND）（图7-11）。

a.检查每个工况下的端子间导通情况，其标准应符合表7-1所示要求。

b.测量各工况下端子间的电压，其标准应符合表7-2所示要求。

如果正常，检查和更换收音机总成；如果不正常，修理或更换线束或连接器。

3）音响解码

汽车中、高档音响视听系统都具备多种防盗功能，一旦出现音响视听系统被盗或在使用和维修过程中拆下蓄电池电缆、蓄电池严重亏电、音响熔断器烧断等使系统非正常断电的现象，音响视听系统就会锁止。必须按照正确步骤输入正确密码后，系统才能正常工作。如果多次输入错误密码，将会导致音响被永久锁止。所以一旦音响被锁，首先要找到音响密码，然后按正确的方法输入密码。

（1）常用解码方法

①输入防盗密码。按照要求，人工输入正确的防盗密码，使系统恢复正常工作。

②更换防盗系统集成块。更换音响系统防盗集成块，重新设定新的防盗密码。

③消除音响系统防盗功能。采取使防盗系统集成块失效的方法，消除防盗功能，此方法可能会造成系统损坏。

④输入通用密码。当音响系统电源接通后，输入车型音响系统的通用防盗密码。例如凌志LS400的通用密码有180-824、241-239、279-239、283-689等十几组可供选用。

⑤用解码器解码。用电脑解码仪获得防盗密码。

（2）汽车音响系统解码举例

① 奔驰车系音响解码方法

音响电路具有防盗功能，如果在维修过程中，拆卸过蓄电池或者拆卸过音响系统的电路，那么在修理完毕后，必须按照正确步骤输入音响密码，音响系统才能正常工作。

车主使用手册上贴有两张卡片，一张是白色的，大小和名片相同。长的正面主要有两个号码，一个是该车的密码，由5位数组成，且每位数都在1~6之间，另一个是音响系统的批号，如F21127929A；卡片反面写着：当你输入密码时，若听到"嘟嘟"声，应立即停止并重新由第一位开始输入密码。另一张是黄色的方形卡片，正中间有一钥匙形状的符号，指明如果音响系统显示"CODE"时应输入密码号才能工作。

正确输入如下：

a.拔出点火钥匙后，在音响系统的面板左侧，标有ANTI-THEFT字样的旁边有一红色防盗指示灯将连续闪烁，用户应仔细注意这一特征。

b.钥匙拔下后，只需触摸音响系统按键，报警的办法是在报警期间接通点火开关。

c.音响系统电源电压只要低于5V（如蓄电池亏电、拆蓄电池、电子设备修理或拆音响系统等等操作），音响系统就不能工作。当电源电压恢复正常后，字母"CODE"会出现在显示屏下，要求用户输入该音响系统的密码。

d.当音响系统接通时，如显示"CODE"字符，你应该按白色卡片提供的密码号顺序输入。如果连续三次输入正确的密码，音响系统仍不接受的话，应耐心等待1h之后再输入，在此期间音响系统不接受任何指令，所以一切操作都是徒劳的。输入五位数字的密码号时，必须按照顺序逐一输入。例如：密码号为12345，你输入125，再接着输入34，虽然一样是5位数，音响系统也将不会正常工作。当输入密码的第5位数字时，如果听到"嘟嘟"声音就应立即停止。重新输入密码时，应从密码的第1位开始输入。

② 丰田音响解码方法（通用码）

a. 丰田音响解码通用密码（表7-3）

丰田音响解码通用密码 表7-3

车型	通用密码	车型	通用密码
凌志	（1）凌志LS400：512 810，769 800，810 284，279 239，334 989，180 824，740 850，283 689，241 239，906 743，540 471，596 239，412 923 （2）凌志ES300：840 960，891 440，481 960 （3）凌志GS300：891，440，588 （4）RS300通用码：547 219，689 243，838 269，715 269	亚洲龙（AVALON）	266 614，120 167，366 614，254 810，641 283，609 533
		佳美（CAMRY）	906 743，540 471，034 787，787 410，878 410，607 410，054 787，640 392，531 182，108 431，054 787，640 702，
大霸王（PREVIA）	108 431，16803，16804，17801	富士通	752 722
松下	524 608	柯罗娜（CORONA）PRE通用码	717 542，631 484，940 237，824 152，460 371
丰田跑车通用码	003 254，235 236	丰田吉普车通用码	837 692，405 221

b. 解码方法

主要根据操作步骤，按机正面的开关或键。
(a)将点火开关（钥匙）置ACC位置（即开锁）。
(b)同时按住机的电源开关和1、4、6键，此时屏幕出现"SEC"。
(c)再同时按住机的向上键"∧"和"1"键，屏幕显示"△"。
(d)此时可输入通用码前三位数字，三位数字分别从1键、2键、3键输入。

例如，要输入5、1、2这三位数，则在"1"键按6次，在"2"键按2次，在"3"键按3次（即按的次数比要输入的字多1），此时屏幕就会显示出"512"。

(e)继续按住向下键"∨"和"1"键,屏幕显示:----。

(f)同时,可继续输入通用码的后三位数,三位数字需分别从1、2、3键输入,例如要输入8、1、0这3位数,则在"1"键按9次,在"2"键按2次,在"3"键按1次,此时屏幕就会显示出"810"(按确认键SCAN)。

(g)至此,一组码已输入机内,如果输入正确,该组码又是对应此机的,那么3s后屏幕变暗,就是说,机已被解开。但如果输入错误,或输入的码无错而并不是对应该机的码,机此时是打不开的。屏幕即显示"E1"(E1表示已输入1组码机没有打开,要继续输入第二组码再试,如输入第二组码仍未能打开则屏幕显示E2,以此类推,如果连续输入五组码都未能打开,机会自动断电关闭,这里要等15min或更长时间,再从头试解或再用未用过的码来试解)。

(h)特殊情况的输入方法(当同时按下"∧"键和"1"键屏幕显示"∧----—"时为特殊情况):

按照上述程序(d)输入数字法输入前三位数,等到这三位数字在屏幕上消失,按照上述程序f输入数字法再输入后三位数字。

③解码后重新输入新密码的方法

待机在解码后,同时按住1、6键,然后按1、2、3键分别输入你所设定的新密码(限三位数),输入法同上述一样。

> **注意:** 打开点火开关(ON位置),如果音响显示SED(本机的三位码没有锁死)时操作如下:
>
> (1)直接按△键和1键,从1、2、3键输入任何码,按确认键(SCAN)。然后再从1继续操作等到本机完全锁死。
>
> (2)按1、4、6键,按开关,这时本机可以启动。

丰田汽车音响硬件解密方法:

拆开音响电路板,在磁带卡座后方位置有一只八脚的带有PDH00X字样的IC芯片,这就是控制音响密码的IC,用电烙铁将IC芯片焊开,更换一个相同型号的空白芯片,就可以重新使音响工作,但失去了音响的防盗工能。

五、威驰音响检修实训指导与实操工单

详见附录十。

任务二　VCD影碟机不能播放

一、车用VCD影碟机的组成及工作过程

1. 车用VCD影碟机的组成

　　车用VCD影碟机是构成汽车视听系统的重要组成，是移动影院的视频信号源。目前，中、大型的长途客车和旅游客车上普遍装用了车用VCD系统，而且为了使用方便，一般都还配有多片式自动换片机。

　　VCD影碟机主要由CD机芯、伺服电路、系统控制电路、MPEG-1解码电路、PAL/NTSC编码器、音频电路和RF变换器等构成，如图7-12所示。

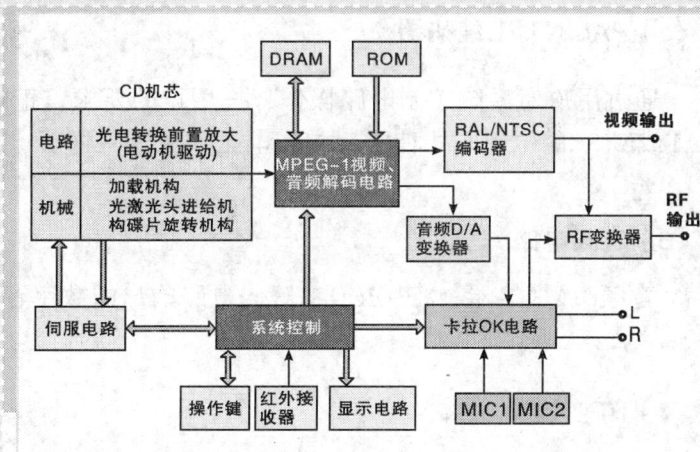

图7-12　VCD的基本构成

1）CD机芯

　　这部分与CD机相同，主要由电路部分和机械部分组成。电路部分主要包括光电转换电路、前置放大电路和驱动电路。机械部分主要由光盘加载部分、激光拾音器进给机构和碟片旋转机构组成。

2）伺服电路

　　伺服电路用于保证激光拾音器从光盘上准确地拾取信息。它包括如下电路。

　　（1）**聚焦伺服电路**：通过聚焦线圈控制激光拾音器的上下移动，以保证激光聚焦在光盘上的信息轨迹面上。

　　（2）**循迹伺服电路**：通过循迹线圈控制激光拾音器的水平微动，以保证激光焦点沿着光盘上的信息轨迹移动。

　　（3）**进给伺服电路**：通过进给电动机驱动电路驱动进给电动机，以便带动激光拾音器沿着光盘上的信息轨迹从最内圈移动到最外圈，或使激光拾音器进行跳跃式移动。

3）系统控制电路

系统控制电路用于控制VCD机按用户的要求进入各种工作方式，操作电路设置在操作板上，操作板上还有红外接收器和显示器，接收遥控操作指令，显示VCD的工作方式、播放节目和时间。

4）MPEG-1视、音频解码电路

这是VCD的核心部分，主要用于将压缩的视频和音频信号还原成未经压缩的视频和音频信号。

5）PALINTSC编码器

通过用户对系统控制电路操作，按用户的要求，把MPEG解码出的视频信号编排成PAL或NTSC的电视制式信号，与彩电工作原理一样。

6）音频电路

音频D/A变换器：将MPEG-1解码电路输出的数字音频信号还原成模拟音频信号。

7）RF变换器

Rf变换器主要用于把视频信号和音频信号变换成电视广播的频道信号。

2．车用VCD影碟机的工作过程

VCD机的工作顺序是在系统的微机指令控制之下有序进行的，如图7-13所示。

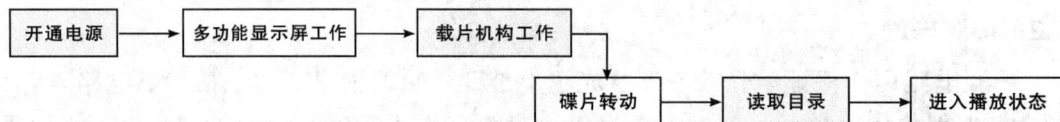

图7-13　VCD机工作顺序

二、车用VCD影碟机的检修

1．故障检修步骤

VCD激光影碟机的大部分组成系统与CD唱机相仿，因而在检修时，可借鉴检修

CD的方法。

当VCD影碟机出现故障时，如无声无像、声像不稳等，如图7-14所示，首先应判断是否CD部分出了故障，因为它是声像的公共通道。判断的方法是播放一张CD音乐碟片，若能正常播放，显示稳定均匀，则故障不在CD部分；若CD碟片也不能正常播放，则首先应检修CD部分。

当故障在VCD部分时，应根据图像和声音的有无，进行故障部位划分。当出现声像全无时，应检查CD-ROM解码器和MPEG-1解码器，因为这是数据的公共通道，而且由于声像解码互锁的关系，无论是音频解码或视频解码部分故障，都会引起解码停止。对于CL480系列单片解码芯片，无论是音频解码还是视频解码损坏，都必须更换CL480系列芯片。

检修声像全无的故障，思路应扩大到解码芯片和外围电路，如电源电路、时钟电路、DRAM电路和EPROM电路。若所有硬件和接线都没有查出问题，可将同型机的EPROM更换一试，看是否是EPROM内部软件有误。

当声音和图像只出现其一时，问题必然在解码输出以后，包括解码器至DAC电路的引线、DAC电路、时钟信号电路、同步信号电路、参考电压电路等，还有DAC以后的电制式编码电路和复合同步信号电路、彩色副载波信号电路、电源电路以及输出放大电路。应逐级孤立检查、判断、排除故障。

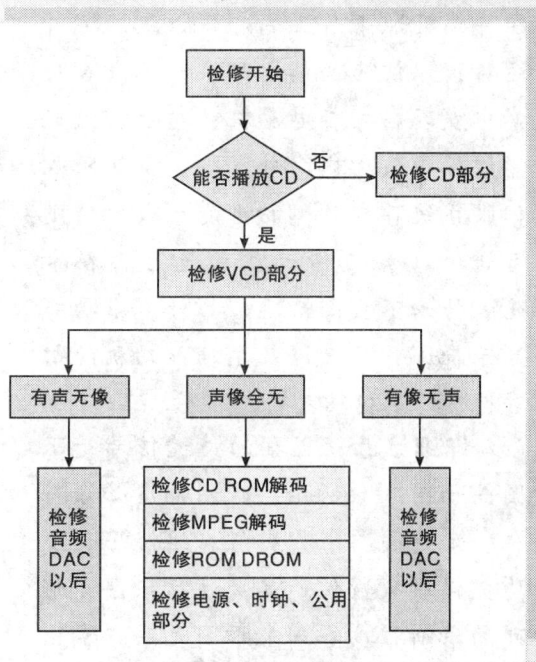

图7-14　VCD故障检修步骤

2. 车用VCD的检修方法

1）碟片不旋转

初步诊断：初步诊断中主要观察的部件是激光拾音器组件和主轴电动机。要求观察的各项动作均对应着与此动作相配合的工作电路或执行部件，如果察觉出某项动作过程不正常，就可以提高诊断进程，有利于正确迅速排除故障。初步诊断主要观察三个动作过程，它们分别对应着滑动控制、聚焦搜索和激光控制系统。激光头进入内圈时，聚焦物镜应做上下搜索动作，同时激光管点亮呈暗红色。还要判断主轴电动机的旋转趋势，如果存在这种趋势，则可将检修判断位置一下子移到主轴驱动单元，暂时可以不必按详细诊断过程逐节判断。

详细诊断：FOK信号是关键检查信号，它对主轴电动机是否旋转有直接影响。在无FOK信号的情况下，应该弄明白FOK信号的形成与哪些系统有关，在此列出三个有待检查的系统，其中有的系统是否需要检查可以结合初步诊断的结果而行事。碟片不旋转的详细诊断程序如图7-15所示。

2）无法读取目录信号

初步诊断：观察激光组件滑动机构，在主轴电动机旋转启动时，激光组件离开原来静止的起始位置，朝外运行，以便光头读取目录，如果在观察中发现在主轴电动机旋转后，激光器组件很快由内向外滑行，说明跟踪伺服系统存在故障的可能比较大，则可进一步检查滑动机构是否存在卡死、传动不良等情况。另外，多功能显示屏工作状况以及主轴电动机的起转速度均属观察之列。

详细诊断：观察的关键信号是眼图，如图7-16所示。眼图幅度必须符合一定范围要求，一般在维修手册上均提供该项数值。其次注意眼图菱形孔的清晰程度。如果眼图无法正常出现或幅值偏小的话，应该检查跟踪伺服系统，包括跟踪线圈和跟踪激光传感器。另外，RF信号系统内的激光接收、RF信号放大的异常都会引起眼图幅度下降。在观察到眼图比较正常的情况下，可以考虑数字信号处理内的锁相环频率是否正确，若频率偏移过多，使锁相失锁，会影响位同步信号的提取。目录信号读取显示与子码译码和传输均有关联，在排除故障时应逐一检查判断。检查流程如图7-17所示。

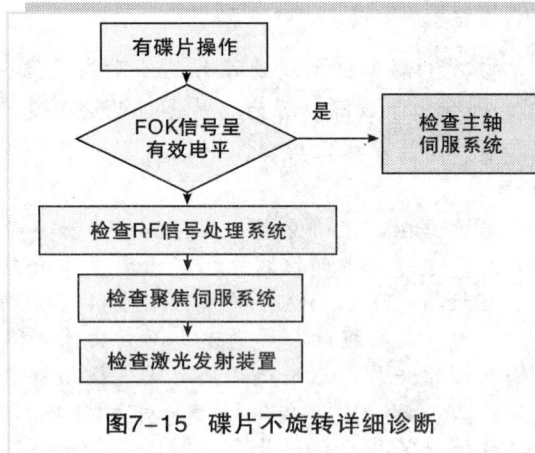

图7-15　碟片不旋转详细诊断

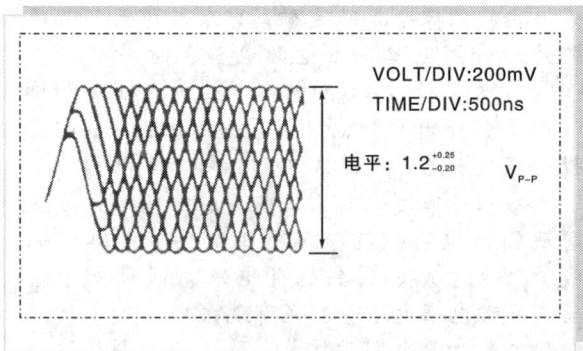

VOLT/DIV:200mV
TIME/DIV:500ns

电平：$1.2^{+0.25}_{-0.20}$　V_{P-P}

图7-16　标准眼图（RF波形）

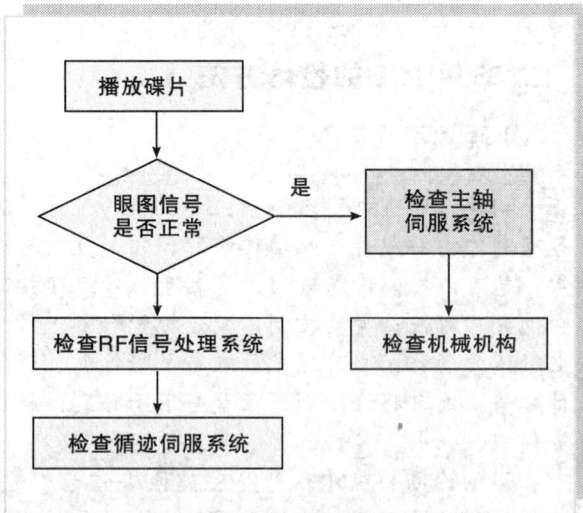

图7-17　无法读取信号的检查流程

附录

《汽车舒适与安全系统检修》
实训指导与实操工单

沿虚线裁剪

附录一 汽车电动车窗不升降的检修实训指导与实操工单

以卡罗拉轿车为例

→ **1. 前门的拆装**

1）拆卸

（1）从蓄电池负极端子断开电缆。

注意：断开蓄电池电缆后，重新连接时，某些系统需要初始化。

（2）拆卸前门内把手框。

使用头部缠有保护胶带的螺丝刀，脱开3个卡爪并拆下前门内把手框，如附图1所示。

（3）拆卸前扶手座上板。

①使用头部缠有保护胶带的螺丝刀，脱开2个卡子和6个卡爪，拆下前扶手座上板，如附图2所示。

②断开连接器。

（4）拆卸电动车窗升降器主开关总成（驾驶员侧）。

拆下3个螺钉和电动车窗升降器主开关总成，如附图3所示。

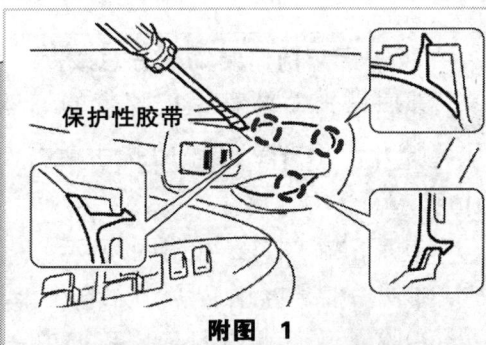

附图 1

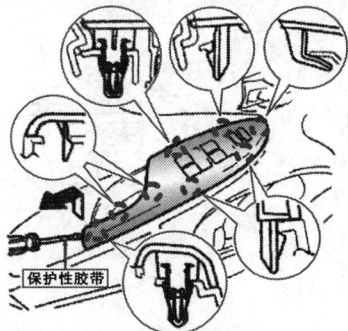

附图 2

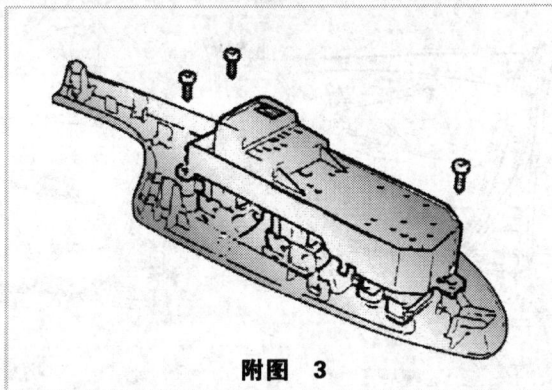

附图 3

注意：前排乘客侧电动车窗升降器开关总成的拆卸与电动车窗升降器主开关总成不同，具体操作如下。

使用头部缠有保护胶带的螺丝刀，脱开2个卡爪并拆下电动车窗升降器开关总成，如附图4所示。

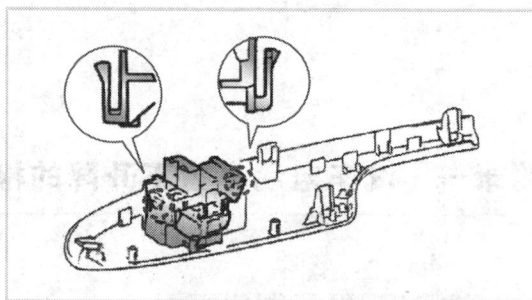

附图 4

（5）拆卸门控灯总成（带门控灯）。

①使用头部缠有保护胶带的螺丝刀，脱开卡爪并拆下门控灯总成，如附图5所示。

②断开连接器。

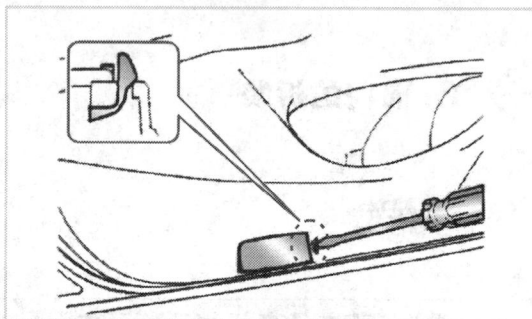

附图 5

（6）拆卸前门装饰板分总成。

①使用头部缠有保护胶带的螺丝刀，脱开卡爪并断开车门扶手盖，如附图6所示。

②拆下2个螺钉，如附图7所示。

③使用卡子拆卸工具，脱开9个卡子。

④脱开5个卡爪并从前门玻璃内密封条上分开前门装饰板分总成，如附图8所示。

⑤脱开2个卡爪，并断开前门内把手分总成，如附图9所示。

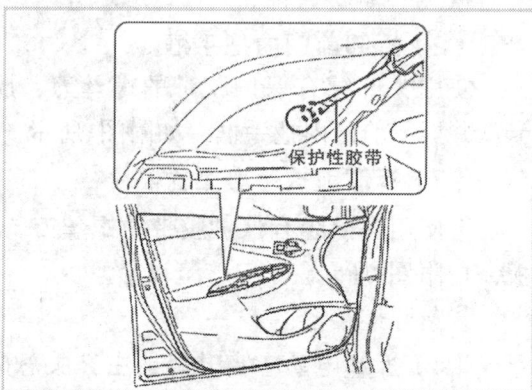

保护性胶带

附图 6

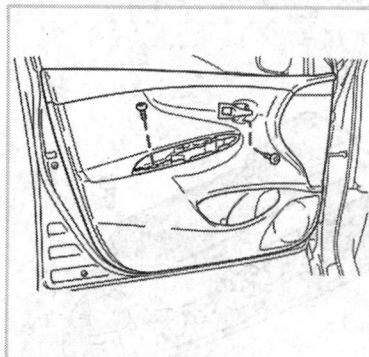

附图 7

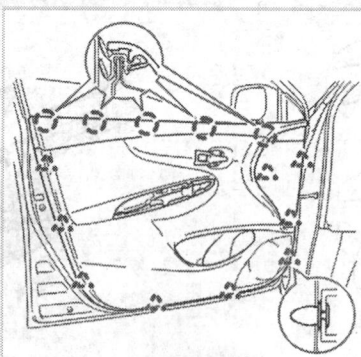

附图 8

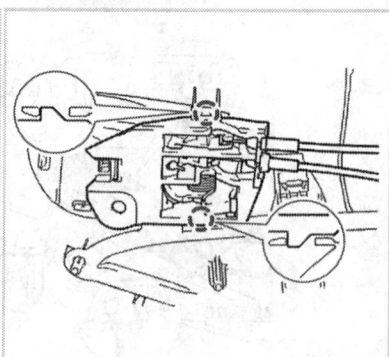

附图 9

（7）拆卸前门内把手分总成。

断开前门锁止遥控拉索和前门侧锁止拉索，并拆下前门内把手分总成，如附图10所示。

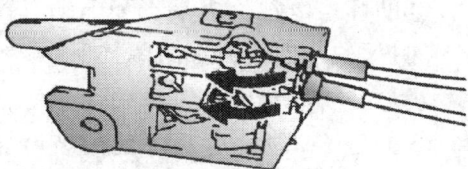

附图 10

（8）拆卸前门下门框支架装饰条。

①脱开卡子和卡夹，并拆下前门下门框支架装饰条。

②断开连接器，如附图11所示。

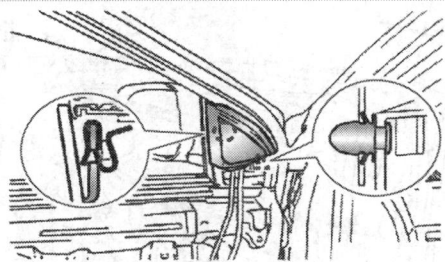

附图 11

（9）拆卸前2号扬声器总成。

（10）拆卸前门玻璃内密封条。

从前门板上拆下前门玻璃内密封条，如附图12所示。

（11）拆卸前1号扬声器总成。

（12）拆卸车门装饰板支架。

拆下2个螺钉和车门装饰板支架，如附图13所示。

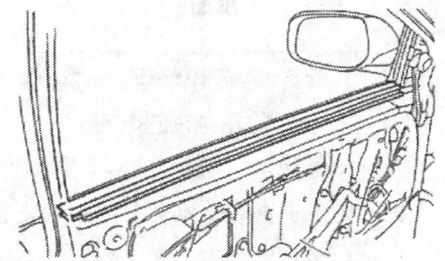

附图 12

（13）拆卸前门检修孔盖。

①断开连接器。

②拆下前门检修孔盖，如附图14所示。

提示：去除车门上的残留胶带。

（14）拆卸带盖的车外后视镜总成。

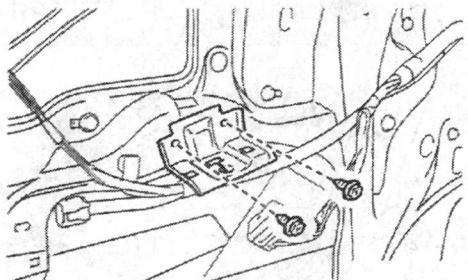

附图 13

（15）拆卸前门玻璃分总成。

①连接蓄电池负极端子。

②连接电动车窗升降器主开关总成，并移动前门玻璃分总成以便能看到车门玻璃螺栓。

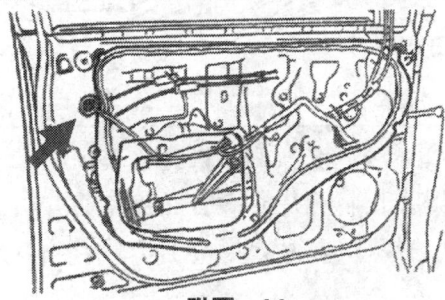

附图 14

③断开蓄电池负极端子和电动车窗升降器主开关总成。

④拆下2个螺栓，如附图15所示。

小心： 拆下螺栓后，车门玻璃可能掉落，造成损坏。

⑤如附图16所示，拆下前门玻璃分总成。

小心： 不要损坏车门玻璃。

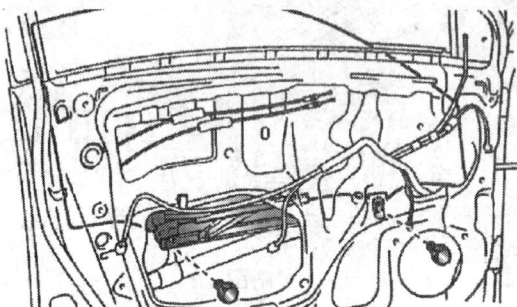

附图 15

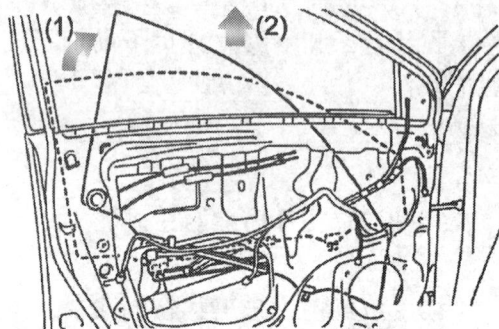

附图 16

（16）拆卸前窗升降器总成。

（17）拆卸前门加强垫。

①拆下螺栓。

②拆下导管和前门加强垫，如附图17所示。

（18）拆卸前门玻璃升降槽。

拆下前门玻璃升降机槽，如附图18所示。

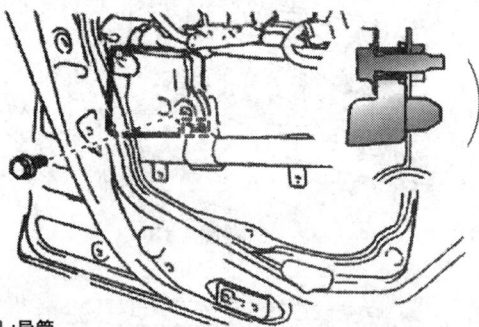

⟦⟧:导管

附图 17

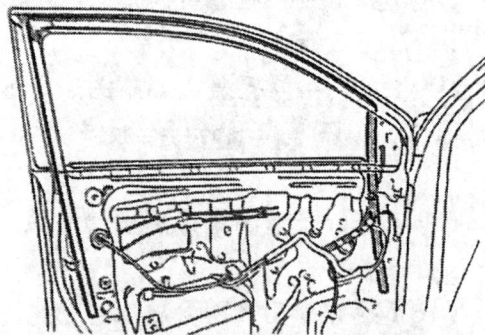

附图 18

（19）拆卸前门框装饰条。

脱开卡子并拆下门框装饰条。

提示： 需要更换的卡子，因为在拆下门框装饰条时卡子会损坏，如附图19所示。

（20）拆卸前门后下门框分总成。

如附图20所示，拆下螺栓和前门后下门框分总成。

（21）拆卸前门外把手盖（驾驶员侧）。

①拆下孔塞。

②用"TORX"梅花套筒扳手（T30）松开螺钉，然后将前门外把手盖和车门锁芯作为一个单元拆下，如附图21所示。

提示：由于螺钉与前门外把手框分总成集成为一体，不能将其拆下。

③使用螺丝刀，脱开2个卡爪并拆下前门外把手盖，如附图22所示。

（22）拆卸前门外把手总成（不带智能上车和启动系统）。

如附图23所示，拆下前门外把手总成。

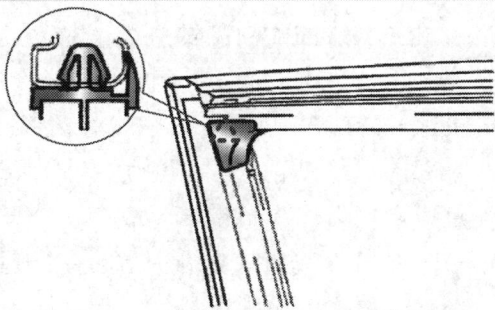

附图 19

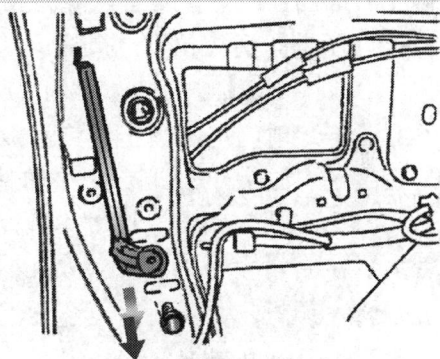

附图 20

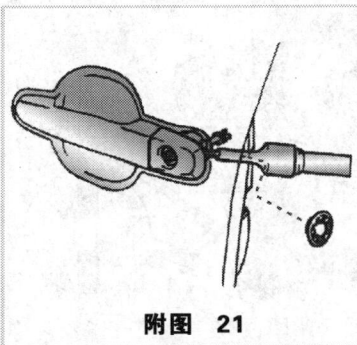

附图 21

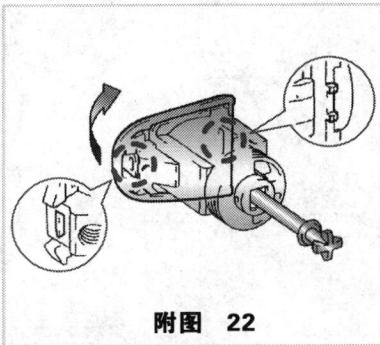

附图 22

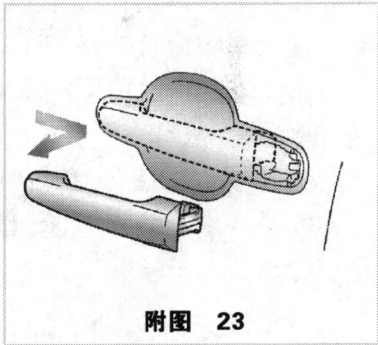

附图 23

（23）拆卸前门外把手前装饰盖。

脱开2个卡爪，拆下前门外把手前装饰盖，如附图24所示。

（24）拆卸前门外把手后装饰盖。

脱开2个卡爪，拆下前门外把手后装饰盖，如附图25所示。

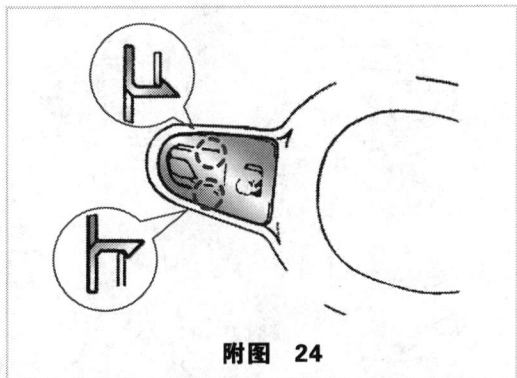

附图 24

（25）拆卸前门门锁总成。

①用"TORX"梅花套筒扳手（T30）拆下3个螺钉。

②向下滑动前门门锁总成，将前门门锁总成和拉索作为一个单元取下。

③将门锁线束密封件从前门门锁总成上拆下，如附图26所示。

（26）拆卸前门锁止遥控拉索总成。

拆下前门锁止遥控拉索总成。

（27）拆卸前门内侧锁止拉索总成。

①用螺丝刀脱开3个卡爪，如附图27所示。

提示：使用螺丝刀之前，请在螺丝刀头部缠上胶带。

②拆下前门内侧锁止拉索总成。

（28）拆卸前门外把手框分总成（不带智能上车和启动系统）。

①使用"TORX"梅花套筒扳手（T30）拆下螺钉。

②如附图28所示，用钳子脱开密封垫。

③脱开卡爪并拆下前门外把手框分总成，如附图29所示。

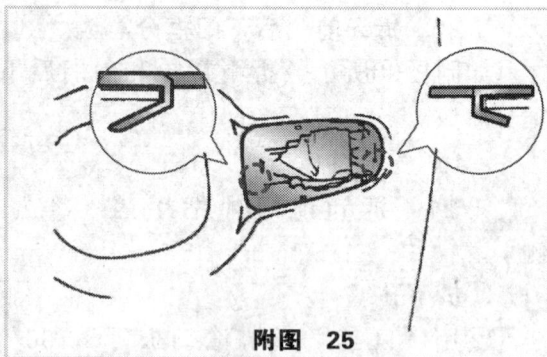
附图 25

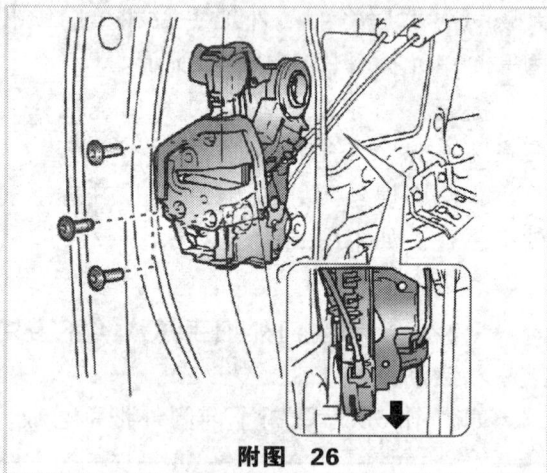
附图 26

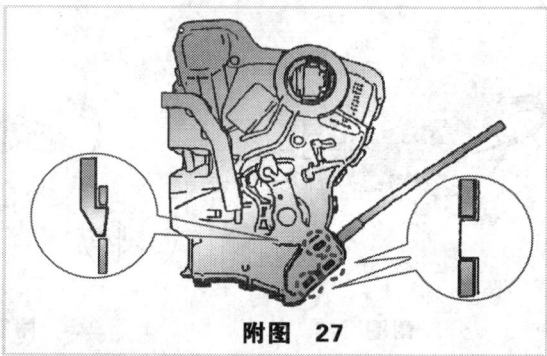
附图 27

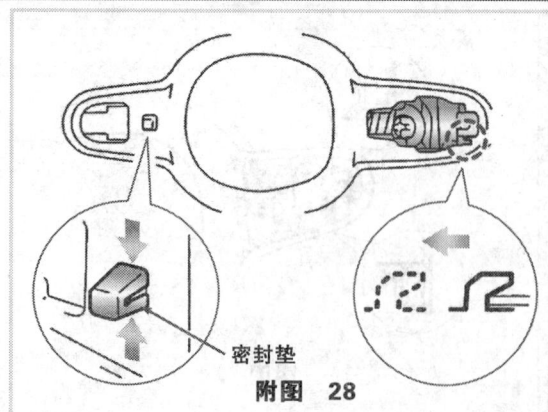
密封垫
附图 28

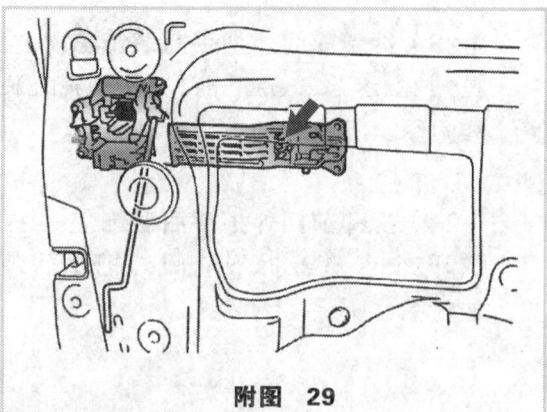
附图 29

（29）拆卸前门锁开启杆。

如附图30所示，拆下前门锁开启杆。

（30）拆卸前门开度限位器总成。

拆下螺栓、2个螺母和前门开度限位器总成，如附图31所示。

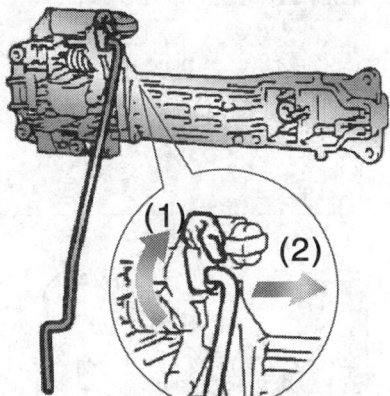

附图 30

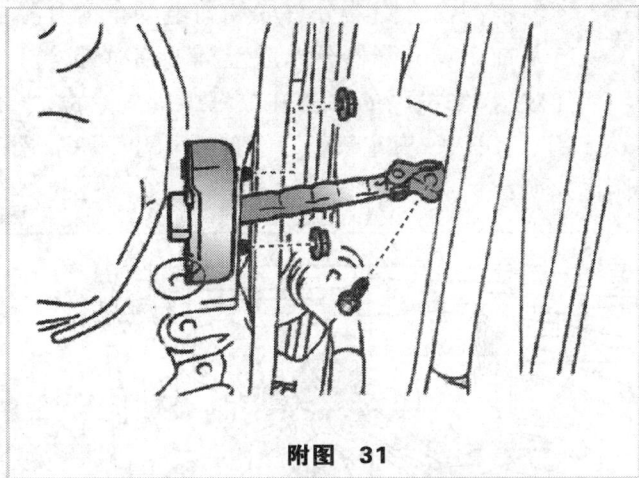

附图 31

（31）拆卸前门密封条。

用卡子拆卸工具脱开16个卡子，并拆下前门密封条，如附图32所示。

（32）拆卸前门腰线防护条总成。

（33）拆卸遮光胶带。

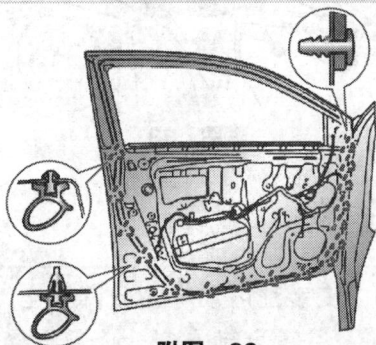

附图 32

2）安装

安装按与拆卸相反的顺序进行，安装时要注意：

（1）重复使用已拆下的前门门锁总成时，给连接器换上一个新的门锁线束密封件。

（2）不要使润滑脂或脏物黏附在连接器的门锁线束密封件表面。

（3）重复使用门锁线束密封件或使用损坏的门锁线束密封件，可能导致连接部位进水，导致前门门锁总成发生故障。

2. 车窗升降器总成的拆装

1）拆卸

（1）拆卸前门窗升降器分总成。

①断开连接器。

②松开临时螺栓。

小心：不要拆下临时螺栓。如果拆下临时螺栓，前门窗升降器可能掉落，造成损坏。

③拆下5个螺栓，如附图33所示。

④将前门窗升降器分总成和前电动车窗升降器电动机总成作为一个单元拆下。

⑤从前门窗升降器分总成上拆下临时螺栓。

（2）拆卸前电动车窗升降器电动机总成。

用"TORX"梅花螺丝刀（T25），拆下3个螺钉和前电动车窗升降器电动机总成，如附图34所示。

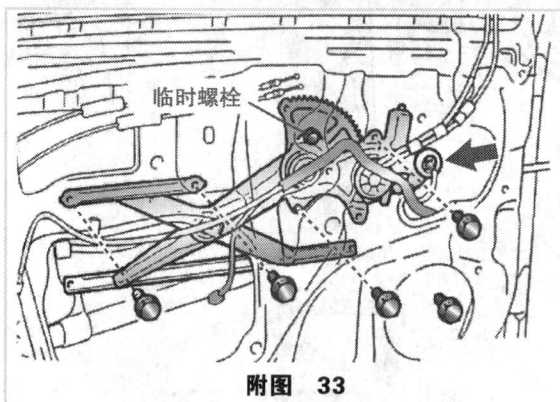

附图 33

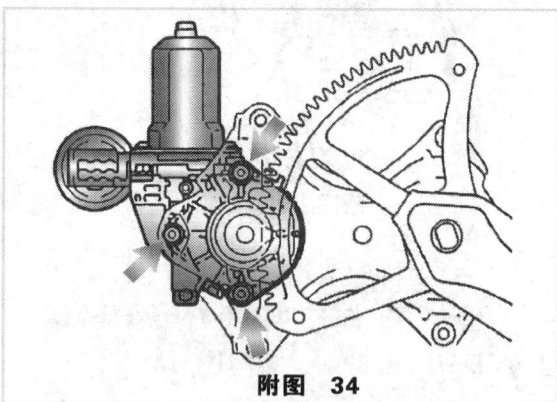

附图 34

2）安装

（1）安装前电动车窗升降器电动机总成。

小心：安装电动车窗升降器电动机时，升降器臂必须低于中间位置。

用"TORX"梅花螺丝刀（T25）和3个螺钉安装前电动车窗升降器电动机总成。

拧紧力矩：5.4N·m。

提示：当自攻螺钉插入时，新的前门窗升降器使用自攻螺钉钻出新的安装孔。

（2）安装前门窗升降器分总成

①将通用润滑脂涂抹在前门窗升降器分总成的滑动部分上。

②将临时螺栓安装到前门窗升降器分总成上。

③临时安装前门窗升降器分总成。

④紧固临时螺栓和5个螺栓，以安装前门窗升降器分总成。

拧紧力矩：8.0N·m。

⑤连接连接器。

➤ 动 ✕ 手 ✕ 实 ✕ 操

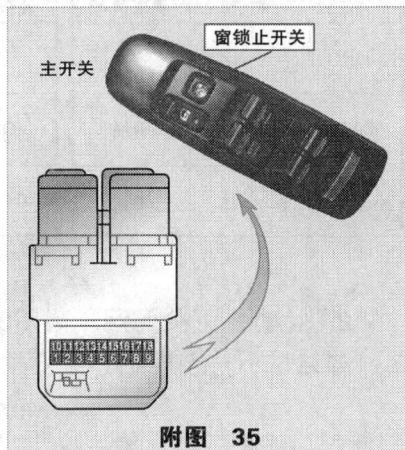

主开关

窗锁止开关

附图 35

以威驰轿车为例

1. 电动车窗调节器主开关总成的检查

1）检查主开关导通性（附图35）

（1）驾驶员侧车窗开关（车窗未锁和上锁），标准如附表1所示。

附表1

开关位置	端子	规定情况	开关位置	端子	规定情况
UP	4-6-7	导通	DOWN	1-3-4	导通
	1-3-9			6-7-9	
OFF	1-3-4	导通	AUTO DOWN	1-3-4	导通
	1-3-9			6-7-9	

（2）前乘员侧车窗开关（车窗未锁），标准如附表2所示。

（3）前乘员侧车窗开关（车窗上锁），标准如附表3所示。

（4）左后侧车窗开关（车窗未锁），检测标准如附表4所示。

附表2

开关位置	端子	规定情况
UP	1-3-15	导通
	6-7-18	
OFF	1-3-15	导通
	1-3-18	
DOWN	1-3-18	导通
	6-7-15	

附表3

开关位置	端子	规定情况
UP	6-7-18	导通
OFF	15-18	导通
DOWN	6-7-15	导通

附表4

开关位置	端子	规定情况
UP	1-3-13	导通
	6-7-12	
OFF	1-3-13	导通
	1-3-12	
DOWN	1-3-12	导通
	6-7-13	

（5）左后侧车窗开关（车窗上锁），检测标准如附表5所示。

（6）右后侧车窗开关（车窗未锁），标准如附表6所示。

（7）右后侧车窗开关（车窗上锁），标准如附表7所示。

如结果不符合规定，更换主开关总成。

沿虚线裁剪

附表5				附表6				附表7		
开关位置	端子	规定情况		开关位置	端子	规定情况		开关位置	端子	规定情况
UP	6-7-12	导通		UP	6-7-10	导通		UP	6-7-10	导通
					1-3-16					
OFF	12-13	导通		OFF	1-3-10	导通		OFF	10-16	导通
					1-3-16					
DOWN	6-7-13	导通		DOWN	1-3-10	导通		DOWN	6-7-16	导通
					6-7-16					

2）检查主开关照明（附图36和附表8）

如结果不符合规定，更换主开关总成。

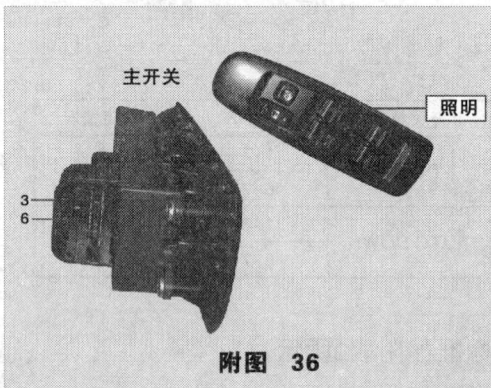

附图 36

主开关
照明
3
6

附表8

测量情况	规定情况
蓄电池正极-端子6	开关照明灯亮
蓄电池负极-端子3	

2. 电动车窗调节器开关总成的检查

注意：所有的调节器开关（前乘客侧、左后侧、右后侧）都应用同样方法进行检查，调节器开关导通性如附图37和附表9所示。

如结果不符合规定，更换调节开关总成。

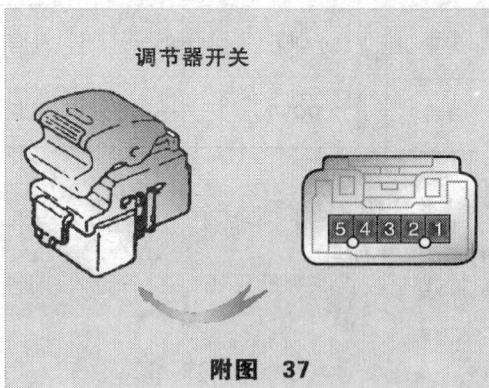

调节器开关

5 4 3 2 1

附图 37

附表9

开关位置	端子	规定情况
UP	1-2	导通
	3-4	
OFF	1-2	导通
	3-5	
DOWN	1-4	导通
	3-5	

3. 电动车窗调节电动机的检查

1）检查调节器电动机的运动（附图38）

注意：

（1）驾驶员侧和左后侧的调节器电动机应以相同方法进行检测。

（2）前乘员侧和右后侧的调节器电动机应以相同方法进行检测。

当接头和每个端子加以蓄电池正极电压时，检查电动机运动平顺性。驾驶员侧和左后侧的标准如附表10所示。前乘员侧和右后侧的检测标准如附表11所示。

如果不符合规定，更换电机。

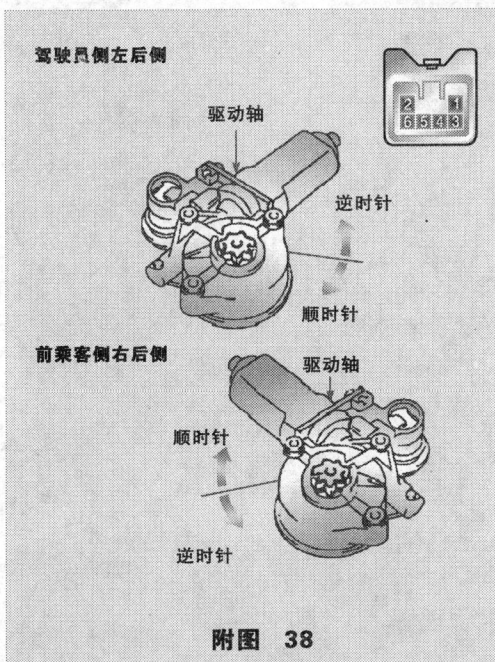

附图 38

附表10

测量情况	规定情况
蓄电池正极－端子4 蓄电池负极－端子5	顺时针
蓄电池正极－端子5 蓄电池负极－端子4	逆时针

附表11

测量情况	规定情况
蓄电池正极－端子4 蓄电池负极－端子5	顺时针
蓄电池正极－端子4 蓄电池负极－端子5	逆时针

2）检查调节器电动机内的PTC工作情况

注意： 此工作须将电动车窗调节电动机和门玻璃安装在车上进行。

（1）将直流400A的万用表表笔接到端子4或5的线束上。

注意： 万用表的表笔的正负极和电流方向一致。

（2）完全关上窗玻璃。

（3）在主开关切至UP（上）（电流切断检查），当车窗完全合上60s，检查电流经过多长时间由16～34A降到1A。标准为4～90s。

（4）检测电流切断60s后，当主开关或调节器开关切为DOWN（下）时，玻璃应向下。

如果不符合规定，更换电动机。

附录二 汽车电动后视镜不能调整的检修实训指导与实操工单

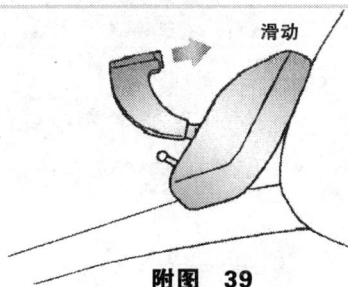

附图 39

→ 后视镜总成的拆装

1.拆装内后视镜总成

安装和拆卸顺序相反。如附图39所示，拆下内后视镜总成。

2.拆装左侧外后视镜总成

注意：安装与拆卸的顺序相反；右侧使用同左侧相同的方法进行。

1）拆下左侧前门维护孔盖

（1）拆下门拉手。

（2）无电动车窗的车型：拆下前门窗调节器把手总成。

（3）有电动车窗的车型：拆下电动车窗调节器主开关总成。

（4）拆下左侧前门下部框架支撑装饰。

（5）拆下左侧前门边板。

（6）拆下左侧内把手。

（7）拆下左侧维护孔盖。

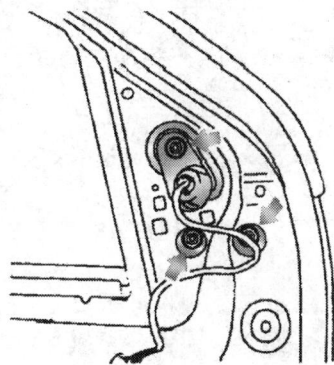

附图 40

2）拆下左侧后视镜总成

（1）有电动后视镜的车型：断开接头。

（2）拆下3条螺栓和左侧后视镜，如附图40所示。

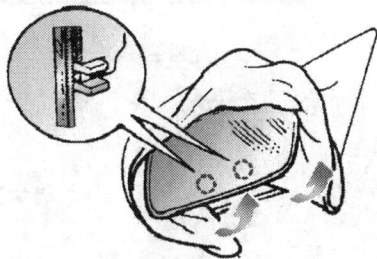

附图 41

3）左侧拆下外后视镜盖

（1）在后视镜和后视镜体之间插入抹布。

（2）拉动布的下部断开后视镜头，如附图41所示。

（3）拉出后视镜，拆下镜子，如附图42所示。

（4）如附图43所示，松开钩子，拆下外后视

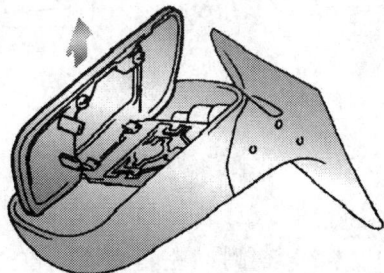

附图 42

沿虚线裁剪

镜盖。

4）左侧安装外后视镜总成

（1）将后视镜盖装到后视镜体上。

（2）连接钩子（A），把后视镜装进后视镜体，如附图44所示。

（3）把后视镜推进钩子并定位。

（4）用3个螺母安装后视镜，拧紧力矩为8.0N·m。

（5）有电动后视镜的车型：连接接头。

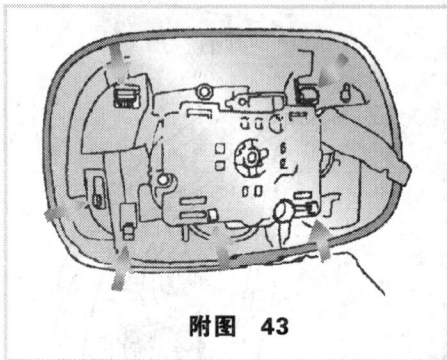

附图　43

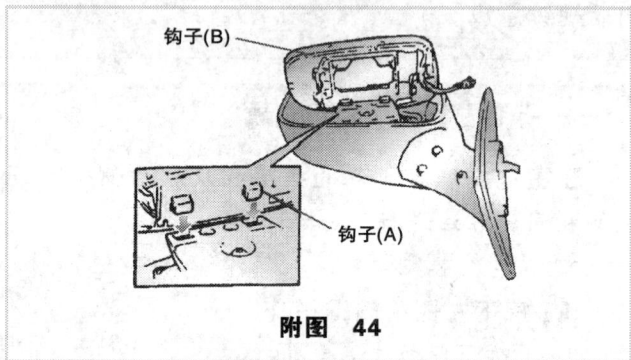

附图　44

动 手 实 操

1. 外后视镜开关总成的检查（附图45）

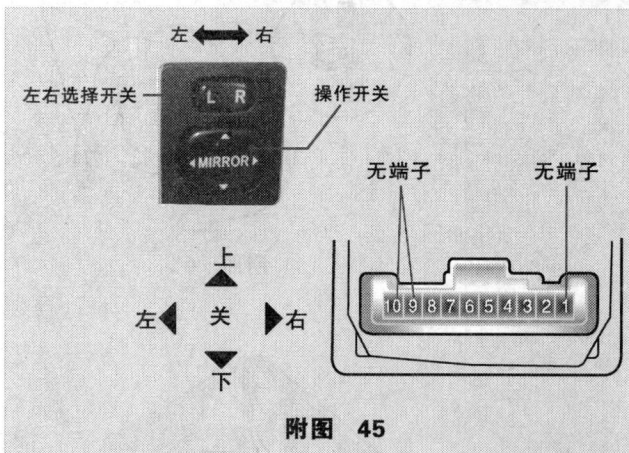

附图　45

附表12

端子	开关位置	规定情况
一	关	不导通
4-8 6-7	上	导通
4-7 6-8	下	导通
5-8 6-7	左	导通
5-7 6-8	右	导通

注：如果结果不符合规定，更换开关总成。

附表13

端子	开关位置	规定情况
一	关	不导通
3-8 6-7	上	导通
3-7 6-8	下	导通
2-8 6-7	左	导通
2-7 6-8	右	导通

注：如果结果不符合规定，更换开关总成。

（1）左侧：左右调整开关。检查开关导通性，标准（左侧）如附表12所示。

（2）右侧：左右调整开关。检查开关的导通性　标准（右侧）如附表13所示

2. 左侧外后视镜总成的检查（附图46）

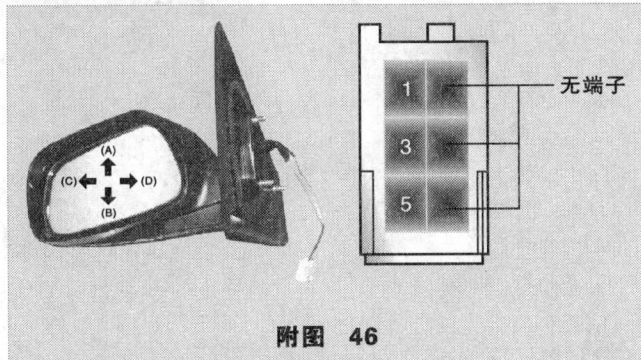

附图 46

（1）断开后视镜接头。

（2）加蓄电池电压检查后视镜面运动，标准（左侧）如附表14所示。

附表14

测量情况	后视镜动作
蓄电池正极-MV（5） 蓄电池负极-COM（3）	后视镜向（A）
蓄电池正极-COM（3） 蓄电池负极-MV（5）	后视镜向下（B）
蓄电池正极-COM（3） 蓄电池负极-MH（1）	后视镜向左（C）
蓄电池正极-MH（1） 蓄电池负极-COM（3）	后视镜向右（D）

注：如果结果不符合规定，更换后视镜总成。

沿虚线裁剪

附录三 汽车中控门锁的检修实训指导与实操工单

→ **1. 门锁总成的检查**

（1）加蓄电池电压，检查门锁电动机的工作情况，如附图47和附表15所示。

附表15

测量端子	标准状态	测量端子	标准状态
蓄电池正极－端子4 蓄电池负极－端子1	上锁	蓄电池正极－端子1 蓄电池负极－端子4	开锁

注：如果工作不符合标准，则更换门锁总成。

（2）检查门锁在开锁和上锁时的导通情况，如附图48和附表16所示。

（3）检查开关在不同位置时的导通情况，如附表17所示。

附表16

测量端子	门锁位置	标准状态
7-9	上锁	导通
－	OFF	－
7-10	开锁	导通

注：如果工作不符合标准，则更换门锁总成。

附表17

测量端子	门锁位置	标准状态
7-8	上锁	不导通
	开锁	导通

注：如果工作不符合标准，则更换门锁总成。

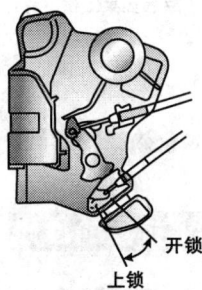

附图 47

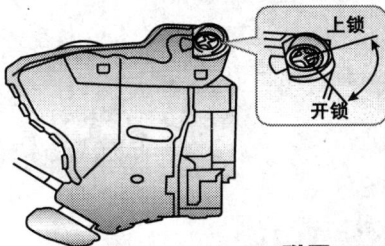

附图 48

沿虚线裁剪

2. 电动车窗调节主开关总成的检查

检查门锁控制开关的导通情况，如附图49和附表18所示。

如果检查结果不符合标准，则更换开关总成。

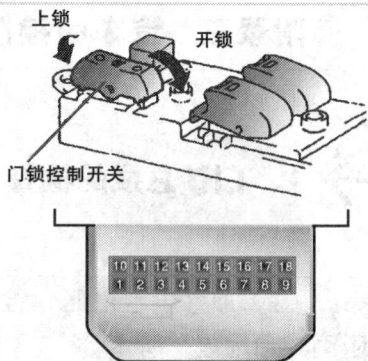

附图 49

附表18

测量端子	门锁位置	标准状态
1-5	上锁	导通
-	OFF	-
1-8	开锁	导通

注：如果工作不符合标准，则更换门锁总成。

动 手 实 操

遥控器的检修

1.遥控器电池的更换

注意：操作时要格外小心，因为这些元件是精密的电子元件。

（1）用螺丝刀撬开遥控器壳，如附图50所示。

注意：不要用力撬壳。

（2）拆下2粒电池（锂电池）。

注意：不要用手指按电极弹片；向上撬动电池（锂电池），用力导致变形；手不要接触电池，水分会造成生锈；不要触摸或移动发射器里的任何元件，否则会影响操作。

（3）如附图51所示，装入2粒新电池（锂电池），正极（+）朝上。

注意：确保发射器电池的正极与负极的朝向正确；小心不要弯曲发射器电池里的极片；小心不要让灰尘和油污沾染发射器盒。

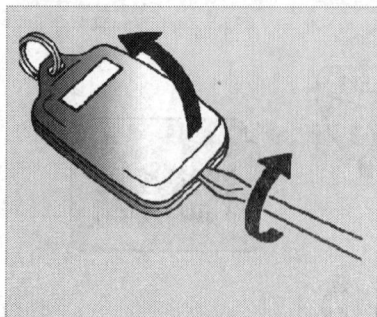

附图 50

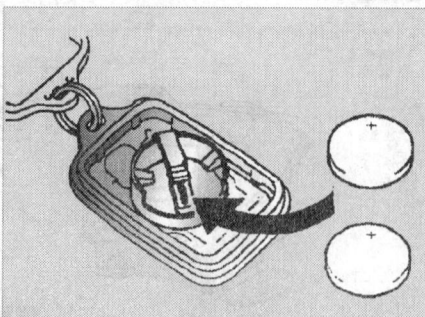

附图 51

（4）检查橡胶盖是否扭曲或者滑落，安装遥控器壳。

注意：任何的损坏都会造成电池（锂电池）和极片之间的接触不良。

2.门控遥控器登记识别码

如果更换了门控遥控器或者防盗ECU（TVSS ECU），就要登记识别码。登记识别码的方法如下：

（1）在汽车处于非警戒状态时，进行以下工作。

①打开驾驶员侧车门，把钥匙插入点火开关钥匙孔。

②在10s内把点火开关从ON位置转到OFF位置5次。

③使发全指示器LED灯亮。

（2）安全指示器LED灯亮时，在步骤（1）以后，于16s内按压任意遥控器的开关一次，这样会使LED灯熄灭。再次按压同样的开关一次会使LED灯闪烁一次，然后保持常亮，遥控器识别码的登记就完成了。

（3）为了登记其他的遥控器（识别码），在先前的登记工作完成后16s内重复步骤2。

注意：一次能登记4个识别码。如果试图登记5个遥控器识别码，最早登记在TVSS ECU中的识别码将被清除。

（4）当任何一扇车门关上，点火开关转到ON位置或者遥控在登记后的16s内没有信号发出，则LED灯全熄灭，识别码的登记就结束了。

附录四 汽车防盗系统的检修实训指导与实操工单

→ 动 手 实 操

1. 防盗ECU的检查

（1）断开T7 ECU连接器，检查线束一侧连接器每个端子的电压和导通情况，如附图52所示。其结果应符合附表19所示要求。如果结果不符合标准，可能是线束一侧有故障。

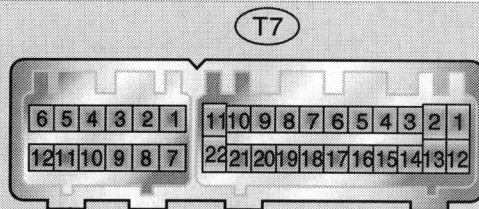

附图 52

附表19

符号（端子号）	导线颜色	工况	标准状态
E(T7–22)⇔搭铁	W–B⇔–	任何工况	导通
CTYB(T7–10)⇔搭铁	R–L⇔–	行李舱门全关→开	
HDCY(T7–8)⇔搭铁	V⇔–	发动机罩全关→开	不通→导通
SR(T7–11)⇔搭铁	Y⇔–	钥匙未插入→钥匙插入	
L1(T7–21)⇔搭铁	GR⇔–	使用钥匙，驾驶员侧门锁LOCK→其他位置	
UL1(T7–21)⇔搭铁	G–B⇔–	使用钥匙,驾驶员侧门锁UNLOCK→其他位置	导通→不通
+B(T7–1)⇔搭铁	L–Y⇔–	任何工况	10~14V
IG(T7–15)⇔搭铁	L–⇔–	点火开关LOCK→ON	0V→10~14V
VLI(T7–5)⇔搭铁	B–L⇔–	点火开关LOCK→ON	0V→10~14V
DOME(T7–16)⇔搭铁	R–W⇔–	1.驾驶员侧门全关→开 2.前乘客侧门全关→开 3.右后门全关→ 4.左后门全关→开	10~14V→0V

（2）重新连接连接器T7 ECU，检查连接器每个端子的电压，其结果应符合附表20所示要求。如果结果不符合标准，TVSS ECU可能有故障。

附表20

符号（端子号）	导线颜色	工况	标准状态
HAZ(T7–14)⇔E(Y7–22)	G–O⇔W–B	警备状态→报警发声状态	脉冲（波形）
IND(T7–4)⇔E(T7–22)	W–R⇔W–B	设置准备期间	3~5V（波形）
SLIN(T7–2)⇔E(T7–22)	G–R⇔W–B	TVSS警报器发声（TVSS在报警状态）	10~14V

2. 防盗系统电路检查

1）指示灯电路的检查

（1）检查防盗指示灯。

①串联3节1.5V的干电池。

②给防盗指示灯连接器端子之间加4.5V的正电压，检查防盗指示灯是否闪亮。标准：指示灯亮。

> **注意**：如果正极（+）导线和负极（-）导线连接不正确，则防盗指示灯不亮；电压高于4.5V将损坏防盗指示灯；如果电压太低，防盗指示灯不亮。

如果不正常，更换防盗指示灯；如果正常，转到下一步骤。

（2）检查线束（TVSS ECU防盗指示灯），如附图53所示。

①断开T7 ECU连接器。

②断开T8指示灯开关连接器。

③检查线束一侧连接器之间的导通性。端子IND（T7-4）⇔（T8-1）在标准状态下应导通。

如果不正常，修理或更换线束和连接器；如果正常，转到下一步骤。

线束侧

T7 TVSS ECU

T8 防盗指示灯

附图 53

（3）检查线束（防盗指示灯搭铁），如附图54所示。断开T8连接器，检查线束一侧连接器和搭铁之间的导通性。端子T8-2搭铁在标准状态下应导通。

如果不正常，修理或更换线束和连接器；如果正常，检查或更换TVSS ECU。

T8 防盗指示灯

附图 54

2）ECU电源电路的检查

（1）从发动机室接线盒上拆下DOME熔断丝，检查熔断丝。标准：导通。

如果不正常，更换熔断丝；如果正常，转到下一步骤。

（2）检查TVSS ECU（电源），如附图55所示。断开T7 ECU连接器，检查线束一侧连接和搭铁之间的电压。端子+B（T7-1）⇔搭铁在标准状态下为1～14V。

如果不正常，修理或更换线束和连接器；如果正常，转到下一步骤。

（3）检查TVSS ECU（搭铁）（附图55）。断开T7 ECU连接器，检查线束一侧连接器和搭铁之间的导通性。端子E（T7-22）⇔搭铁在标准状态下应导通。

如果不正常，修理或更换线束和连接器；如果正常，检查和更换TVSS ECU。

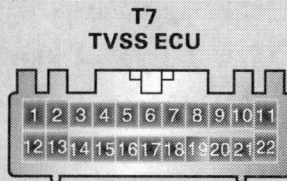

线束侧

T7
TVSS ECU

附图 55

3）点火开关电路的检查

（1）从发动机室接线盒上拆下ECU-IG熔断丝，检查熔断丝。标准：导通。

如果不正常，更换熔断丝；如果正常，转到下一步骤。

（2）检查点火或启动开关总成，如图56所示，其结果应符合附表21所示要求。

如果不正常，修理或更换点火或启动开关总成；如果正常，转到下一步骤。

（3）检查TVSS ECU（电源）（附图56）。

①断开T7 ECU连接器。

②打开点火开关。

③检查线束侧连接器和搭铁之间的电压。端子IG（T7-15）搭铁在点火开关置于ON的工况下，标准电压：10～14V。

如果不正常，修理或更换线束和连接器；如果正常，检查或更换TVSS ECU。

4）TVSS报警电路的检查

（1）检查TVSS报警器，如附图57所示。将蓄电池正极（+）导线和负极（-）导线分别连接到报警器连接器的端子1和2上，检查TVSS报警器报警，其结果应符合附表22所示要求。

如果不正常，更换TVSS报警器；如果正常，转到下一步骤。

（2）检查线束（TVSS ECUTVSS报警器），如附图58所示。

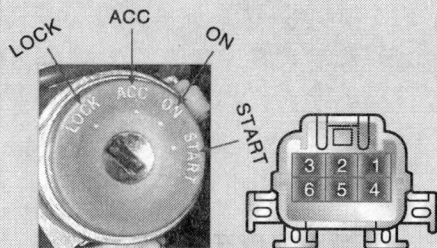

附图 56

附表21

端子号	开关位置	标准状态
—	LOCK	—
1⇔3	ACC	导通
1⇔2⇔3	ON	导通
5⇔6		
1⇔2	START	导通
4⇔5⇔6		

附图 57

附表22

测量连接	操作
蓄电池正极（+）—端子1	报警器报警
蓄电池正极（-）—端子2	

①断开T7 ECU连接器。

②断开T13报警器连接器。

③检查线束一侧连接器之间的导通性，端子SILN（T7-2）⟺（T13-1）在标准状态下应导通。

如果不正常，修理或更换线束和连接器；如果正常。转到下一步骤。

（3）检查线束（TVSS报警器∞搭铁）（附图58）。

①断开T13报警器连接器。

②检查线束一侧连接器和搭铁之间的导通性，端子T13-2⟺搭铁在标准状态下应导通。

如果不正常，修理或更换线束和连接器；如果正常，检查或更换TVSS ECU。

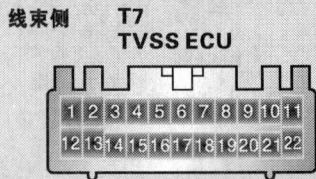

附图 58

5）危险报警开关电路的检查

（1）当按下危险警告信号开关时，检查危险警告灯应闪烁。

如果不正常，检查危险警告系统；如果正常，转到下一步骤。

（2）检查线束（TVSS ECU转向信号闪光器），如附图59所示。

①断开T7 ECU连接器。

②断开IJ接线盒连接器。

③检查线束侧连接器之间的导通性，端子HAZ（T7-14）⟺（IJ-4）在标准状态下应导通。

如果不正常，修理或更换线束和连接器；如果正常，检查或更换TVSS ECU。

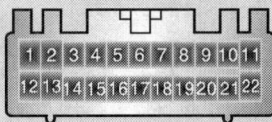

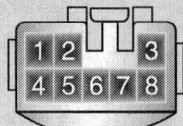

附图 59

6）启动机断路继电器电路的检查

（1）从发动机室接线盒拆下ECU-IG熔断丝，检查该熔断丝。标准：导通。

如果不正常，更换熔断丝；如果正常，转到下一步骤。

（2）检查启动机断路继电器，如附图60所示。

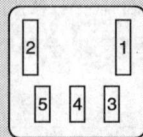
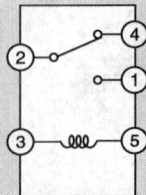

附图 60

①拆下启动机断路继电器。

②检查导通性，其结果应符合附表23所示要求。

如果不正常，更换继电器。

（3）检查TVSS ECU（电源），如附图61所示。

①断开T7 ECU连接器。

②打开点火开关。

③检查线束侧连接器和搭铁之间的电压。端子VLT（T7-5）⇔搭铁在点火开关置于ON的工况下，标准电压：10～14V。

④重新连接T7 ECU连接器。

⑤打开点火开关。

⑥检查线束侧连接器和搭铁之间的电压。端子VLT（T7-5）⇔搭铁在点火开关置于ON的工况下，标准电压：10～14V。

如果不正常，修理或更换线束和连接器；如果正常，检查或更换TVSS ECU。

7）钥匙未锁报警开关总成的检查

（1）检查钥匙未锁报警开关总成。检查开关连接器和搭铁之间的导通性，如附图62所示，结果应符合附表24所示要求。

如果不正常，更换钥匙未锁报警开关总成；如果正常，转到下一步骤。

（2）检查线束（TVSS ECU钥匙未锁报警开关），如附图63所示。

①断开T7 ECU连接器。

②断开U1开关连接器。

③检查导线侧连接器之间的导通性，端子SR（T7-11）⇔（U1-2）在标准状态下应导通。

如果不正常，修理或更换线束和连接器；如果正常，转到下一步骤。

附表23

端子号	条件	标准状态
2⇔4 3⇔5	常态	导通
2⇔4	在端子3和5之间加B+	不通

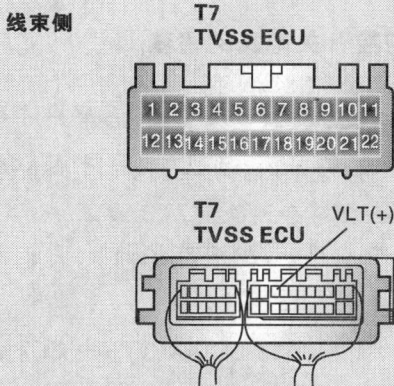

附图 61

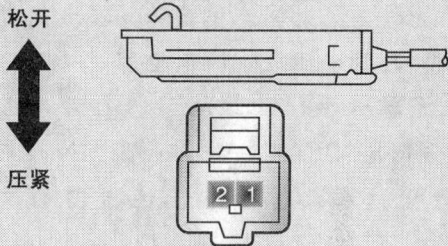

附图 62

附表24

端子号	条件	标准状态
1⇔2	开关压紧（钥匙插入）	导通
	开关松开（钥匙拔出）	不通

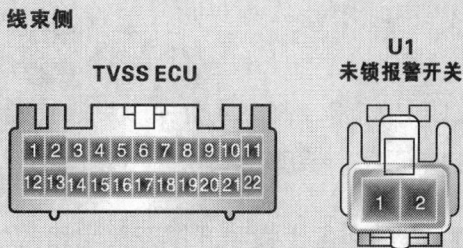

附图 63

（3）检查线束（钥匙未锁报警开关搭铁），如附图63所示。

①断开U1开关连接器。

②检查线束侧连接器和搭铁之间的导通性。端子U1-1⟷搭铁在标准状态下应导通。

如果不正常，修理或更换线束和连接器；如果正常，检查或更换TVSS ECU。

8）门控开关电路的检查

（1）检查门控开关。检查开关连接器和搭铁之间的导通性，如附图64所示，其结果应符合附表25所示要求。

如果不正常，更换门控灯开关；如果正常，转到下一步骤。

（2）检查TVSS ECU（CTY电压），见附图55。

①断开T7 ECU连接器。

②检查线束侧连接器和搭铁之间的导通性，应符合附表26所示要求。

注意： 车门开锁或车门打开又关上后，TVSS ECU使DOME灯亮3s，为车内提供照明。因此，T7 ECU连接器的端子16是0V。

如果不正常，修理或更换线束和连接器；如果正常，转到下一步骤。

（3）检查线束（TVSS ECU）⟷行李舱门锁总成，如附图65所示。

①断开T7 ECU连接器。

②断开L4门锁连接器。

③检查线束侧连接器的导通性，端子CTYB（T7-10）⟷（L4-2）在常态下应导通。

如果不正常，修理或更换线束和连接器；如果正常，检查或更换TVSS ECU。

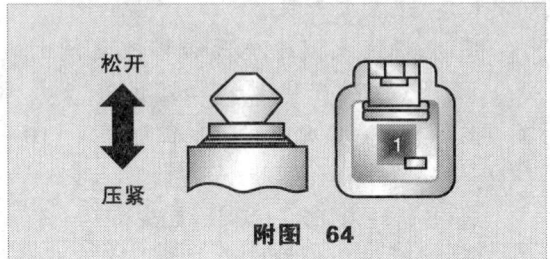

附图 64

附表25

端子号	条件	标准状态
1⟷搭铁	开关压下	不通
	开关松开	导通

附表26

端子号	条件	标准状态
DOME(T7-16)⟷E(T7-22)	驾驶员侧车门全关→打开	*导通→不通
	前乘客侧车门全关→打开	
	右侧后车门全关→打开	
	右侧后车门全关→打开	

注：*当交换正负极端子时，在一个方向上导通，而另一个方向上不通。

线束侧

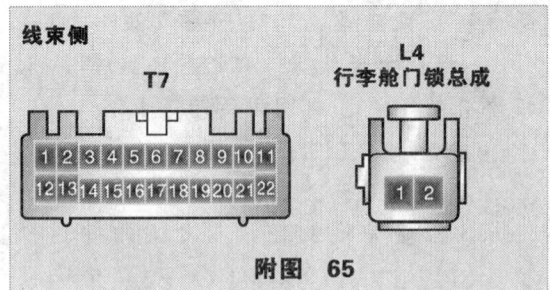

附图 65

9）车门钥匙上锁和开锁开关电路的检查

（1）检查门锁总成

如果不正常，更换门锁总成；如果正常，转到下一步骤。

（2）检查线束（TVSS ECU⇔门锁总成），如附图66所示。

①断开T7 ECU连接器。

②断开D9门锁连接器。

③检查线束侧连接器和搭铁之间的导通性，其结果应符合附表27所示要求。

如果不正常，修理或更换线束和连接器；如果正常，转到下一步骤。

（3）检查线束（门锁总成⇔搭铁），如附图67所示。

①断开D9门锁连接器。

②检查线束侧连接器和搭铁之间的导通性。端子E（D9-7）⇔搭铁在标准状态下应导通。

如果不正常，修理或更换线束和连接器；如果正常，检查或更换TVSS ECU。

10）发动机罩控制开关电路的检查

（1）检查发动机罩控制开关，如附图68所示。检查开关连接器和搭铁之间的导通性，其结果应符合附表28所示要求。

如果不正常，修理或更换发动机罩控制开关；如果正常，转到下一步骤。

（2）检查线束（TVSS ECU⇔发动机罩控制开关），如附图69所示。

①断开T7 ECU连接器。

②断开E3开关连接器。

③检查线束侧连接器之间的导通性，端子HDCY（T7-8）⇔E（3-1）在标准状态下应导通。

如果不正常，修理或更换线束和连接器；如果正常，转到下一步骤。

（3）检查线束（发动机罩控制开关搭铁），见附图69。

①断开E3开关连接器。

②检查线束侧连接器和搭铁之间的导通性，端子E（3-2）⇔搭铁在标准状态下应导通。

如果不正常，修理或更换线束和连接器；如果正常，检查或更换TVSS ECU。

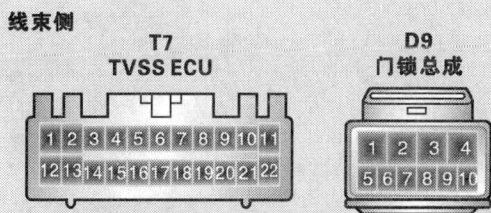

附图 66

附表27

符号（端子号）	标准状态
UL1(T7-21)⇔UL(D9-10)	导通
U1(T7-2)⇔L(D9-9)	导通

附图 67

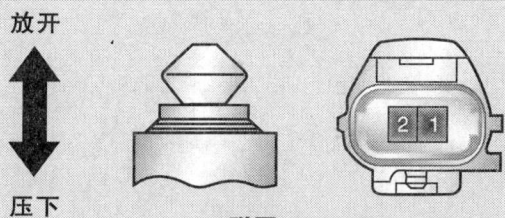

附图 68

附表28

端子号	条件	标准状态
1⇔2	放开（开）	导通
	压下（关）	不通

附图 69

附录五 安全气囊的检修实训指导与实操工单

→ 1. 带安全气囊喇叭按钮总成的拆装（附图70）

（1）遵守注意事项。

（2）断开蓄电池负极端子。

（3）拆卸喇叭按钮总成。

注意：如果当点火开关旋转到ON而断开安全气囊连接器，DTL将被记录。

①前轮朝正前方。

②使用T30的梅花套筒扳手，松开2个梅花螺钉，直到螺纹槽碰到螺钉壳，如附图71所示。

③从喇叭按钮总成中取出转向盘盖。

④松开喇叭连接器。

注意：当取下喇叭按钮总成时，注意不要拉安全气囊线束。

⑤用螺丝刀断开安全气囊连接器，如附图72所示。

⑥取下喇叭按钮总成。

（4）安装喇叭按钮总成。

①连接安全气囊连接器和喇叭连接器。

②当确认螺钉螺槽碰到螺纹后，安装喇叭按钮。

③使用梅花套筒扳手，安装2个梅花螺钉，拧紧力矩：8.8N·m。

（5）检查喇叭按钮总成（附图73）。对安装在汽车上的喇叭按钮总成（带有安全气），目视检查喇叭按

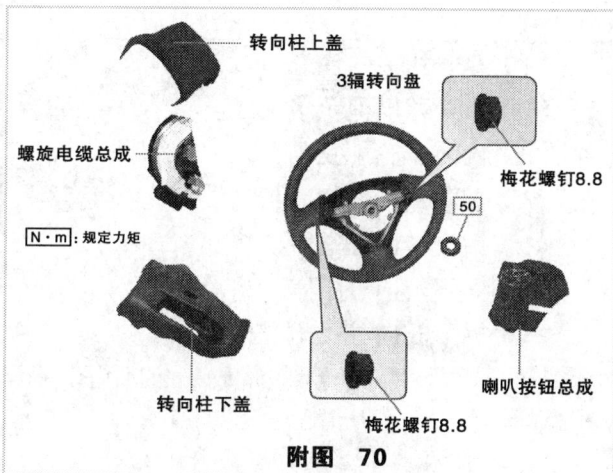

附图 70

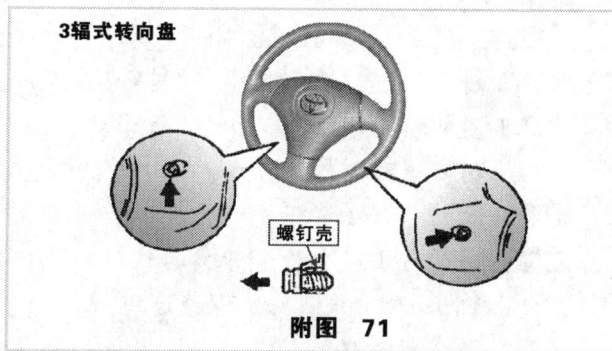

附图 71

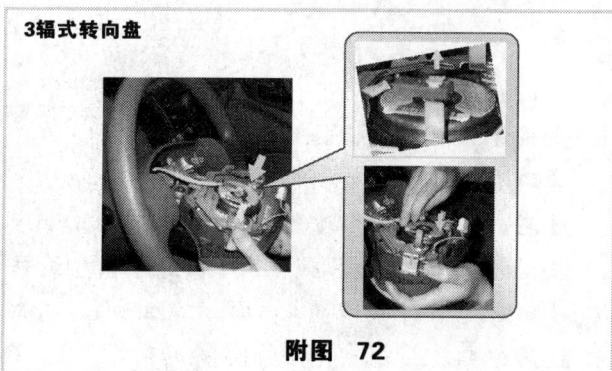

附图 72

钮总成表面和槽口部裂痕、细微裂缝或者明显的变色。

（6）检查SRS警告灯。

附图 73

2. 螺旋电缆总成的拆装

（1）遵守相关的注意事项。

（2）断开蓄电池负极端子。

（3）让前车轮朝正前方。

（4）拆下喇叭按钮总成。

（5）拆下转向盘总成。

（6）拆下转向柱下盖。

（7）拆下转向柱上端盖。

（8）拆下螺旋电缆总成，如附图74所示。

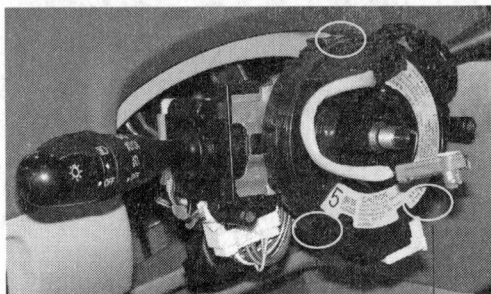

附图 74　　扣爪

①断开安全气囊连接器和螺旋电缆连接器。

②掰开3个扣爪，并且拆下螺旋电缆。

（9）检查螺旋电缆总成。如果发现下列情况，更换螺旋电缆总成：连接器有裂纹或者刮伤、螺旋电缆总成有裂纹、凹槽或者碎片。

（10）使前轮朝正前方。

（11）安装螺旋电缆总成。

①将转向信号开关置于转向位置。

注意：为了防止转向信号开关的销折断，确保转向控制杆处于无转向位置。

②扣上3个扣爪，并且安装螺旋电缆。

注意：更换新的螺旋电缆时，在安装控制杆前先拆下锁销。

③连接安全气囊连接器。

④用3个螺钉安装转向柱下端盖。

（12）螺旋电缆对中。

①确保点火开关旋转到OFF。

②确保蓄电池负极端子断开。

注意：在拆下蓄电池端子90s后才可以进行操作。

③逆时针旋转螺旋电缆，直到变得难以旋转，如附图75所示。

④然后顺时针旋转螺旋电缆大约2.5圈，并对齐标记，如附图76所示。

注意：电缆将绕中心左、右旋转2.5圈。

附图 75

转动标记

固定标记

附图 76

（13）安装转向盘总成。

（14）安装喇叭按钮总成。

（15）检查喇叭按钮总成。

（16）检查SRS警告灯。

动 手 实 操

中央气囊安全传感器的拆装

零部件分解图如附图77所示。

中央安全气囊传感器总成的拆装方法如下：

（1）遵守相关注意事项。

（2）断开蓄电池负极端子。

（3）拆下控制箱嵌板。

（4）拆下控制箱孔盖。

（5）拆下控制箱地毯。

（6）拆下控制箱总成后部。

（7）拆下中央安全气囊传感器总成，如附图78所示。

①从中央安全气囊传感器总成上断开3个连接器。

②从中央安全气囊传感总成上拆下4个螺栓。

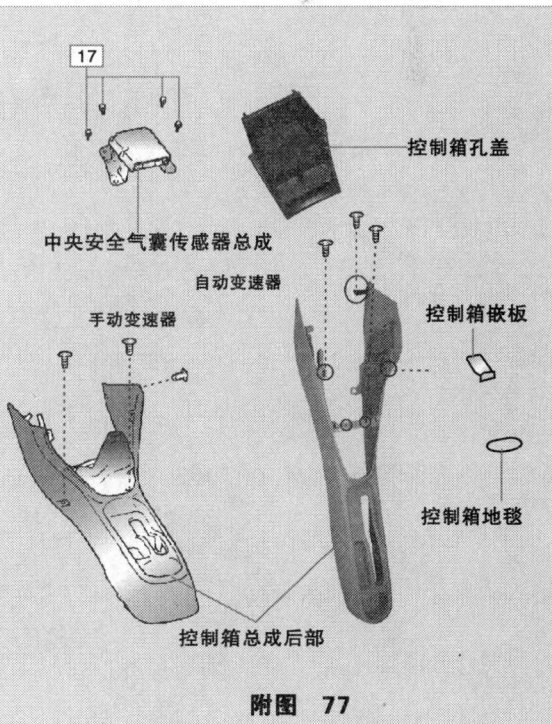

控制箱孔盖

中央安全气囊传感器总成

自动变速器

控制箱嵌板

手动变速器

控制箱地毯

控制箱总成后部

附图 77

（8）安装中央发全气囊传感器总成。

①确保点火开关旋转到OFF。

②确保蓄电池负极端子已经断开。

注意： 在折下端子90s后进行操作。

③临时用4个螺栓安装中央安全气囊传感器总成。

④按照规定拧紧力矩拧紧4个螺栓，拧紧力矩：17.5N·m。

⑤把连接器连接到中央安全气气囊传感器总成。

⑥检查没有松动。

⑦检查防水片正确设置。

⑧检查中央安全气囊传感器总成。

⑨检查安全气囊警告灯。

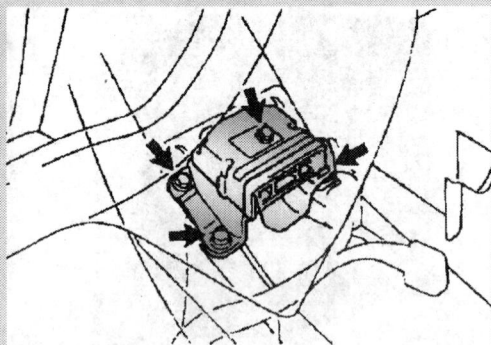

附图 78

附录六 汽车电动座椅不能调整的检修实训指导与实操工单

➤ 动 手 实 操

以卡罗拉轿车为例

1. 电动座椅内部电动机的检测

◆检查前排座椅总成

（1）检查座椅骨架的工作情况（滑动调节电动机）。

检查在将蓄电池连接至滑动调节电动机连接器端子（附图79）时，座椅骨架是否平顺移动，其结果应符合附表29所示要求。

附图 79

附表29

测量条件	运转方向
蓄电池正极(+)→C1-1 蓄电池负极(+)→C1-2	前
蓄电池正极(+)→C1-2 蓄电池负极(+)→C1-1	后

注：如果结果不符合规定，更换前排座椅总成。

（2）检查座椅骨架的工作情况（升降器电动机）。

检查在将蓄电池连接至升降器电动机连接器端子（附图80）时，座椅骨架是否平顺移动，其结果应符合附表30所示要求。

附图 80

附表30

测量条件	运转方向
蓄电池正极(+)→C2-2 蓄电池负极(+)→C2-1	向上
蓄电池正极(+)→C2-1 蓄电池负极(+)→C2-2	向下

注：如果结果不符合规定，更换前排座椅总成。

2. 电动座椅开关的检测

当操作每个开关时，测量指定端子之间的电阻，见附图81和附表31～附表33。

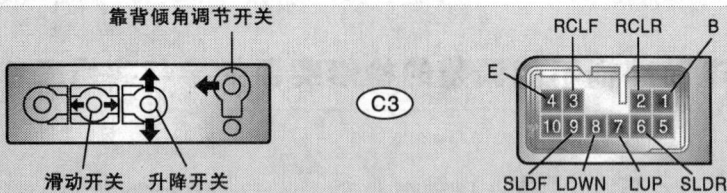

附图 81

附表31

检测仪连接	开关状态	规定状态
C3-1(B)-C3-9(SLDF)	前	小于1Ω
C3-4(E)-C3-6(SLDR)	前	小于1Ω
C3-1(B)-C3-6(SLDR)	前	10kΩ或更大
C3-4(E)-C3-9(SLDF)	前	10kΩ或更大
C3-4(E)-C3-6(SLDR)	OFF	小于1Ω
C3-4(E)-C3-9(SLDF)	OFF	小于1Ω
C3-1(B)-C3-6(SLDR)	OFF	10kΩ或更大
C3-1(B)-C3-9(SLDF)	OFF	10kΩ或更大
C3-1(B)-C3-6(SLDR)	后	小于1Ω
C3-4(E)-C3-9(SLDF)	后	小于1Ω
C3-1(B)-C3-9(SLDF)	后	10kΩ或更大
C3-4(E)-C3-6(SLDR)	后	10kΩ或更大

附表32

检测仪连接	开关状态	规定状态
C3-1(B)-C3-7(LUP)	开	小于1Ω
C3-4(E)-C3-8(LDWN)	开	小于1Ω
C3-1(B)-C3-8(LDWN)	开	10kΩ或更大
C3-4(E)-C3-7(LUP)	开	10kΩ或更大
C3-4(E)-C3-7(LUP)	OFF	小于1Ω
C3-4(E)-C3-8(LDWN)	OFF	小于1Ω
C3-1(B)-C3-7(LUP)	OFF	10kΩ或更大
C3-1(B)-C3-8(LDWN)	OFF	10kΩ或更大
C3-1(B)-C3-8(LDWN)	降	小于1Ω
C3-4(E)-C3-7(LUP)	降	小于1Ω
C3-1(B)-C3-7(LUP)	降	10kΩ或更大
C3-4(E)-C3-8(LDWN)	降	10kΩ或更大

附表33

检测仪连接	开关状态	规定状态	检测仪连接	开关状态	规定状态
C3-1(B)-C3-3(RCLF)	前	小于1Ω	C3-1(B)-C3-3(RCLF)	OFF	10kΩ或更大
C3-4(E)-C3-2(RCLR)	前	小于1Ω	C3-1(B)-C3-2(RCLR)	OFF	10kΩ或更大
C3-1(B)-C3-2(RCLR)	前	10kΩ或更大	C3-1(B)-C3-2(RCLR)	后	小于1Ω
C3-4(E)-C3-3(RCLF)	前	10kΩ或更大	C3-4(E)-C3-3(RCLF)	后	小于1Ω
C3-4(E)-C3-2(RCLR)	OFF	小于1Ω	C3-1(B)-C3-3(RCLF)	后	10kΩ或更大
C3-4(E)-C3-3(RCLF)	OFF	小于1Ω	C3-4(E)-C3-2(RCLR)	后	10kΩ或更大

3. 电动座椅腰部开关的检测

在操作开关时测量端子之间的电阻，见附图82和附表34。

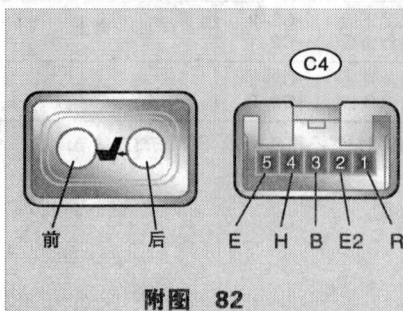

附图 82

附表34

检测仪连接	开关状态	规定状态
C4-1(R)-C4-2(E2)	前	小于1Ω
C4-3(B)-C4-4(H)	前	小于1Ω
C4-1(R)-C4-2(E2)	OFF	小于1Ω
C4-4(H)-C4-5(E)	OFF	小于1Ω
C4-1(R)-CR-3(B)	后	小于1Ω
C4-4(H)-C4-5(E)	后	小于1Ω

注：如果结果不符合规定，更换开关。

4. 腰部支撑调节器总成的检测

检查腰部支撑调节器的工作情况。

当蓄电池连接到腰部支撑调节器电动机连接器端子上时，检查腰部支撑调节器是否平稳移动，见附图83和附表35。

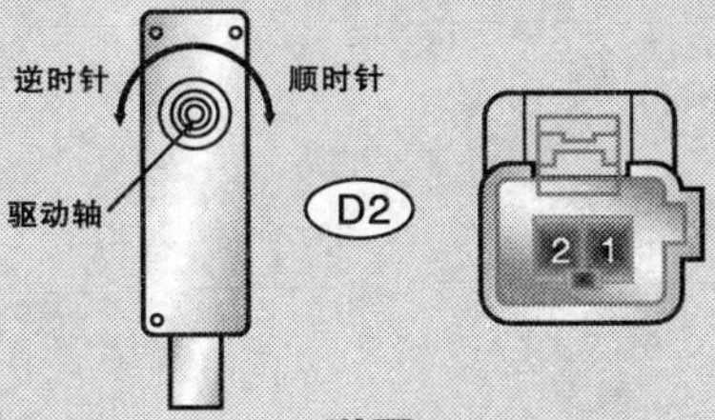

附表35

测量条件	运转方向
蓄电池正极(+)→D2-2 蓄电池负极(−)→D2-1	顺时针
蓄电池正极(+)→D2-1 蓄电池负极(−)→D2-2	逆时针

注：如果结果不符合规定，则应更换腰部支撑调节器。

附图 83

沿虚线裁剪

附录七 空调制冷系统的检修实训指导与实操工单

→ 1. 空调压缩机就车拆装

空调压缩机总成零部件分解图如附图84所示。

1）拆卸

（1）从系统内排出制冷剂。

（2）拆下V形（压缩机到曲轴皮带轮）皮带。

（3）断开制冷剂吸入口，如附图85所示。

①拆下螺栓，从压缩机和电磁离合器上断开制冷剂吸入口。

②从制冷剂吸入口拆下O形环。

注意：用聚氯乙烯胶带密封所有断开部分的开口，以防水分和异物进入。

（4）断开制冷剂排出口，如附图86所示。

①拆下螺栓，从压缩机和电磁离合器上断开制冷剂排出口。

②从制冷剂排出口上拆下O形环。

注意：用聚氯乙烯胶带密封所有断开部分的开口，以防水分和异物进入。

（5）拆下右侧发动机下盖。

（6）拆下压缩机和电磁离合器总成。

①断开接头。

②拆下4个螺栓、压缩机和电磁离合器总成，如附图87所示。

（7）拆下电磁离合器总成。

①在台钳上夹紧压缩机和电磁离合器。

②用锂鱼钳夹住离合器轮毂。

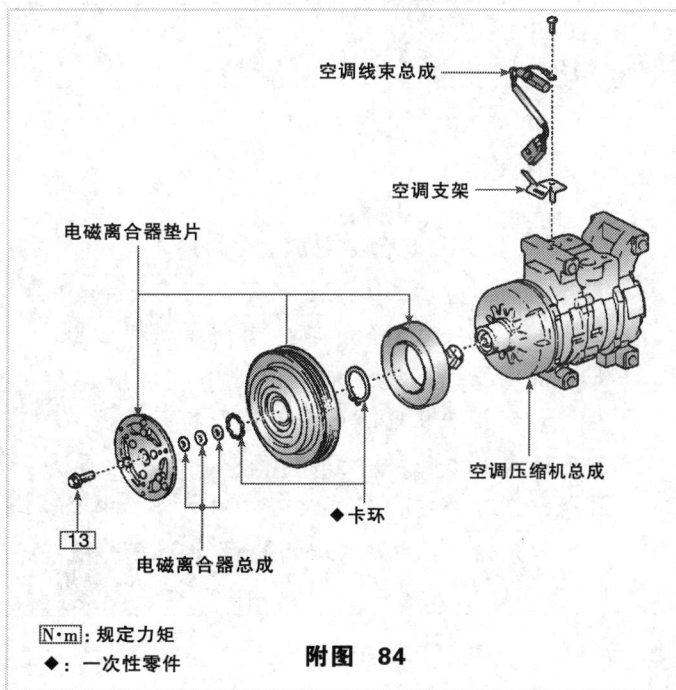

空调线束总成

空调支架

电磁离合器垫片

空调压缩机总成

◆卡环

13

电磁离合器总成

N·m：规定力矩
◆：一次性零件

附图 84

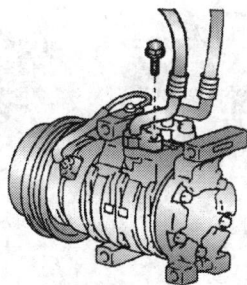

附图 85

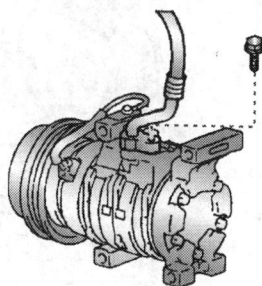

附图 86

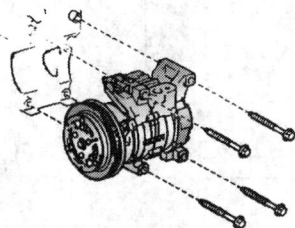

附图 87

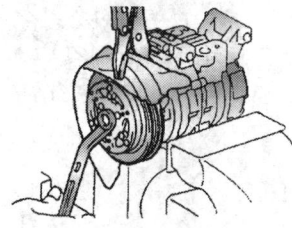

附图 88

③拆下螺钉、电磁离合器轮毂和垫片，如附图88所示。

④用卡环钳拆下卡环和电磁离合器转子，如附图89所示。

⑤拆下螺钉，断开连接器。

⑥用卡环钳拆下卡环和电磁离合器定子，如附图90所示。

（8）拆下空调控制线束总成。

（9）拆下支架。

（10）拆下压缩机总成。

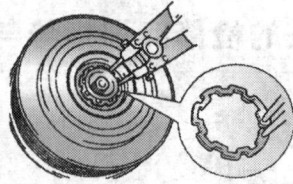
附图 89

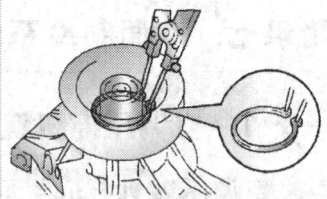
附图 90

2）安装

（1）安装电磁离合器总成。

①如附图91所示，安装电磁离合器定子。

②用卡环钳安装新的卡环，有斜角的面朝上，如附图92所示。

③安装螺栓，连接接头。

④用卡环钳安装电磁离合器转子和新的卡环，有斜角的面朝上，如附图93所示。

⑤安装离合器轮毂和垫片。

注意：在分解前，不要改变电磁离合器中的组合垫片。

⑥用鲤鱼钳夹住电磁离合器轮毂，安装螺栓，如附图94所示，拧紧力矩：13N·m。

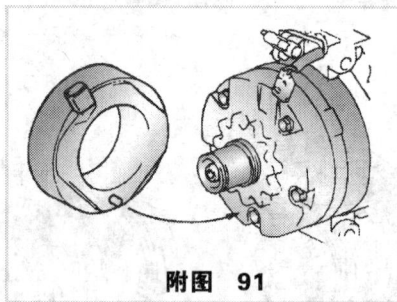
附图 91

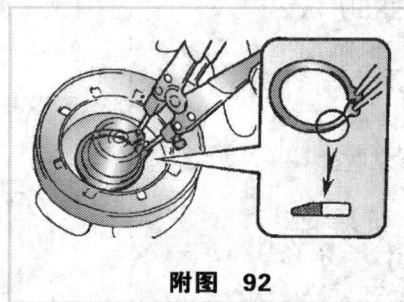
附图 92

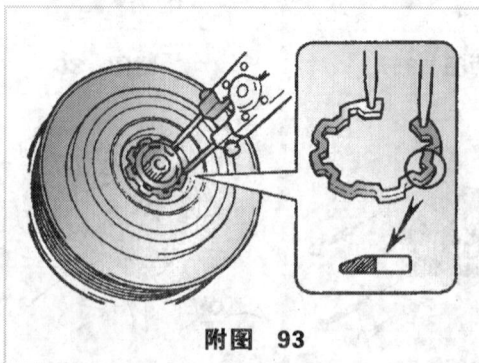
附图 93

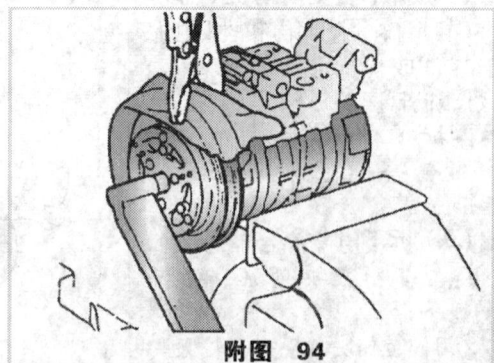
附图 94

（2）检查电磁离合器间隙，如附图95所示。

①安装百分表，对准电磁离合器毂。

②连接蓄电池的正极引线到端子，负极引线到搭铁线。开关离合器，测量间隙。标准间隙：0.25～0.50mm。如测量值超出标准值，拆下电磁离合器轮毂，用垫片调整。

注意：调整垫片应不超过3个。

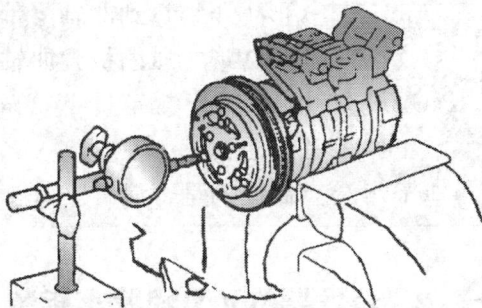

附图　95

（3）检查压缩机油。当更换新的压缩机和电磁离合器时，从维修阀中慢慢放出制冷剂后，安装前从新的压缩机和电磁离合器中排出所有的压缩机机油。

注意：

①当检查压缩机油量时，请参考制冷系统的拆装注意事项。

②由于压缩机机油残留于车上的管路中，如新压缩机和电磁离合器在安装前未放掉一些压缩机机油，系统内的压缩机机油过量，阻碍制冷剂循环的热交换，造成制冷剂故障。

③如旧压缩机和电磁离合器中的残油量过小，检查油泄漏。

④确认压缩机油为ND-OIL8。

（4）安装压缩机和电磁离合器。

①用4个螺栓安装压缩机和电磁离合器，拧紧力矩：25N·m。

注意：按如附图96所示顺序，安装压缩机和电磁离合器，紧固螺栓。

②连接接头。

（5）安装制冷剂排出孔，见附图96。

①从管口撕下缠裹的聚氯乙烯胶带。

②给新O形环和压缩机以及电磁离合器的接触面涂上足够的压缩机机油。压缩机油：ND-OIL8或等效物。

③在制冷剂排出孔安装O形环。

④用螺栓连接制冷剂排出孔到电磁离合器和压缩机上，拧紧力矩：9.8N·m。

（6）安装制冷剂吸入孔。

①从管口撕下缠裹的聚氯乙烯胶带。

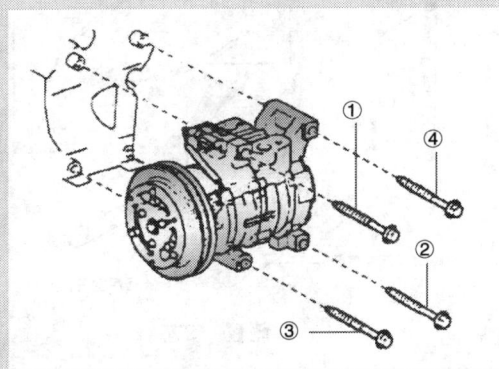

附图　96

②给新O形环和压缩机以及电磁离合器的接触面涂上足够的压缩机机油。压缩机油：ND-OIL8或等效物。

③在制冷剂排出孔安装O形环。

④用螺栓连接制冷剂吸入孔到电磁离合器和压缩机上，见附图96，拧紧力矩：9.8N·m。

（7）安装V形（压缩机到曲轴皮带轮）皮带。

（8）调整V形（压缩机到曲轴皮带轮）皮带。

（9）充分紧固V形（压缩机到曲轴皮带轮）皮带。

（10）加注制冷剂，规定量：420g±30g。

（11）发动机暖机。

（12）检查制冷剂是否泄漏。

2. 蒸发器单元总成就车拆装

空调蒸发器单元总成的零部件分解如附图97、附图98所示。

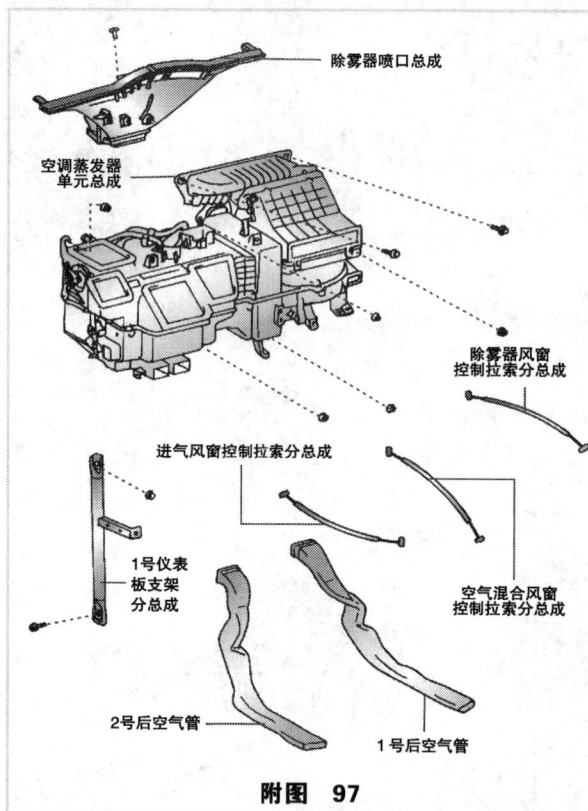

附图 97

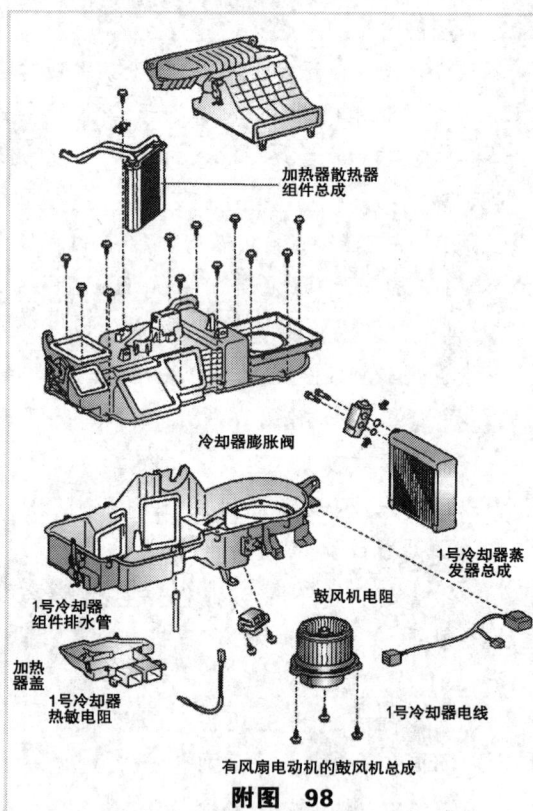

附图 98

1）拆卸

（1）从系统内排放出制冷剂。

（2）断开空调管路总成，如附图99所示。

①拆下螺栓，断开空调管路总成。

②从空调管路总成上拆下2个O形环。

（3）从加热器单元上断开加热器排水管，如附图100所示。用钳子夹住夹子的两端，滑出夹子（从加热器单元上）。断开加热器排水管。

（4）断开加热器进水管。用断开加热器排水管相同的方法（从加热器单元上）断开加热器进水管。

（5）拆下下侧仪表板总成。

注意：参考拆下侧仪表总成的方法。

（6）拆下除雾喷口总成。

①松开夹箍，拆下螺钉，如附图101所示。

②拆开导航天线总成。

③松开两个锁扣，拆下夹箍和除雾器喷口总成，如附图102所示。

（7）拆下1号仪表板支架总成。

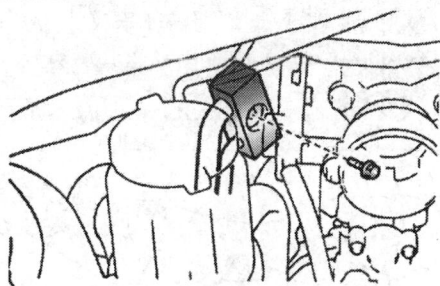

附图　99

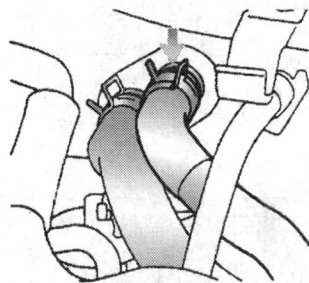

附图　100

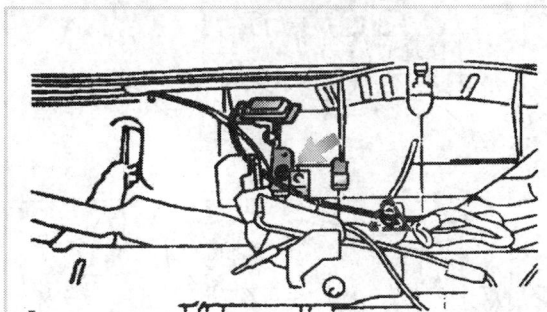

△：夹箍

附图　101

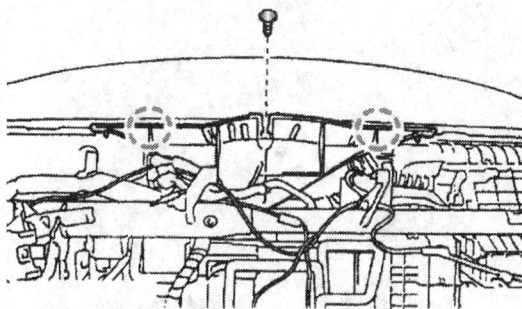

◯：锁扣2个

附图　102

①向后拆下夹箍，如附图103所示。

②松开三个夹箍，拆下螺钉，如附图104所示。

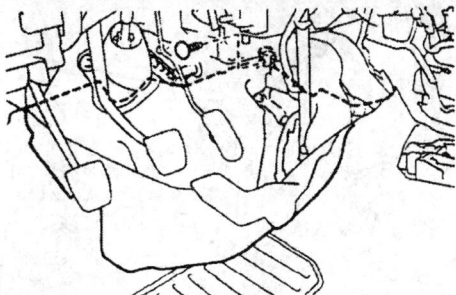

附图　103

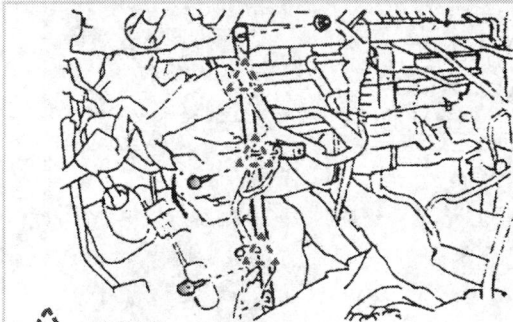

△：夹箍3个　　附图　104

③拆下螺栓、螺母和1号仪表板支撑总成。

（8）松开两个锁扣，断开2号后风道，如附图105所示。

（9）松开两个锁扣，断开1号后风道，如附图106所示。

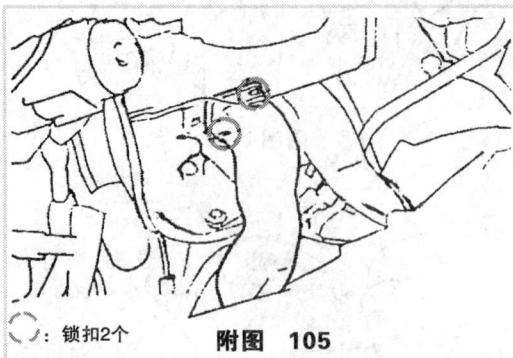

: 锁扣2个　　附图 105

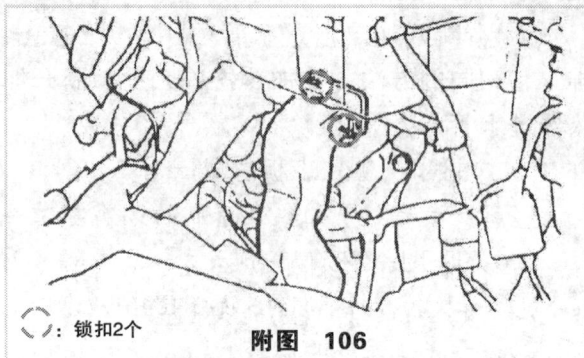

: 锁扣2个　　附图 106

（10）拆下4个螺栓，断开安全气囊ECU总成，如附图107所示。

（11）拆下2个螺栓，断开安全气囊ECU，如附图108所示。

注意：

①不要用太大的力拆安全气囊ECU的接头。

②不要碰撞安全气囊ECU。

（12）拆下除雾器风窗控制拉索总成。

①从夹箍上断开外拉索，如附图109所示。

②断开内拉索和除雾器风窗控制拉索总成。

注意：

①勿扭弯拉索。

②如拉索弯曲，空调控制总成的工作就会出问题。

（13）拆下空气混合风窗控制拉索总成。

①从夹箍上断开外拉索，如附图110所示。

②断开内拉索和空气混合风窗控

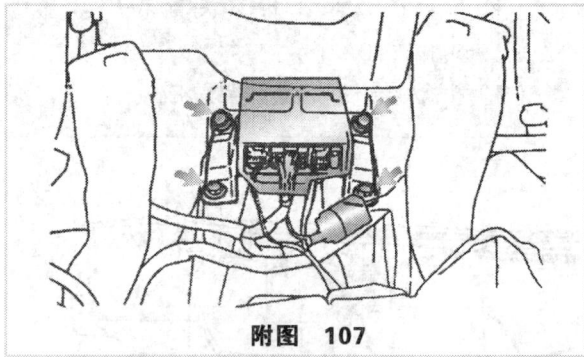

附图 107

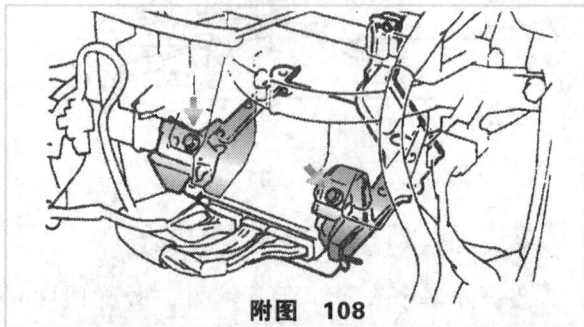

附图 108

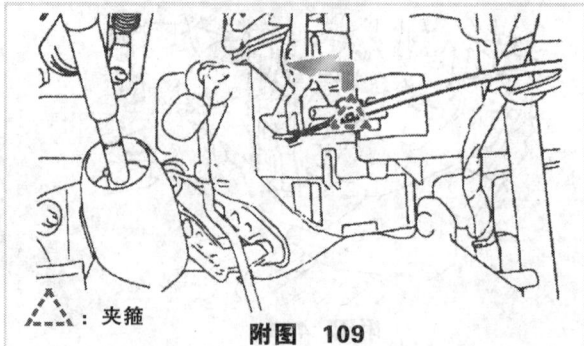

: 夹箍　　附图 109

制拉索总成。

注意：

①勿扭弯拉索。

②如拉索弯曲，空调控制总成的工作就会出问题。

（14）拆下进气风窗控制拉索总成。

①从夹箍上断开外拉索，如附图111所示。

②断开内拉索和除雾器风挡控制索总成。

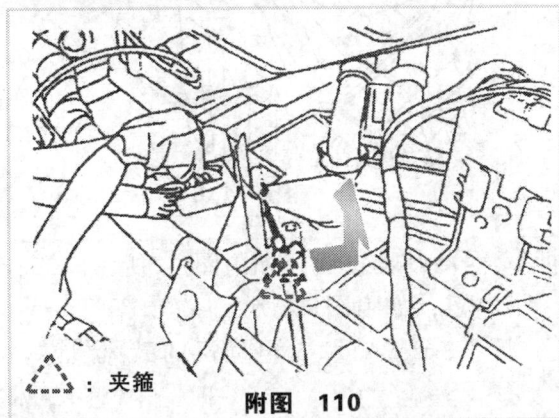

△：夹箍

附图 110

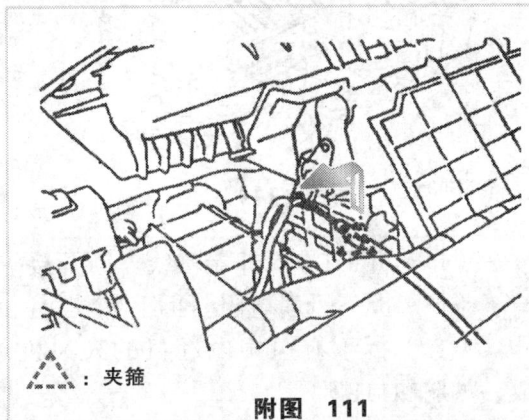

△：夹箍

附图 111

注意：

①勿扭弯拉索。

②如拉索弯曲，空调控制总成的工作就会出问题。

（15）拆下空调蒸发器单元总成。

①松开夹箍，如附图112所示。

②断开接头。

③拆下2个螺栓、5个螺母和空调蒸发器单元总成，如附图113所示。

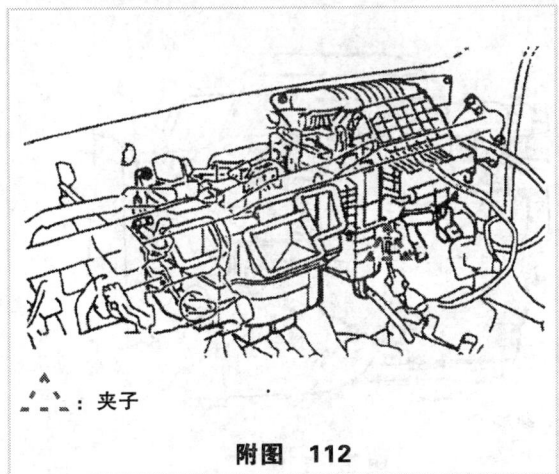

△：夹子

附图 112

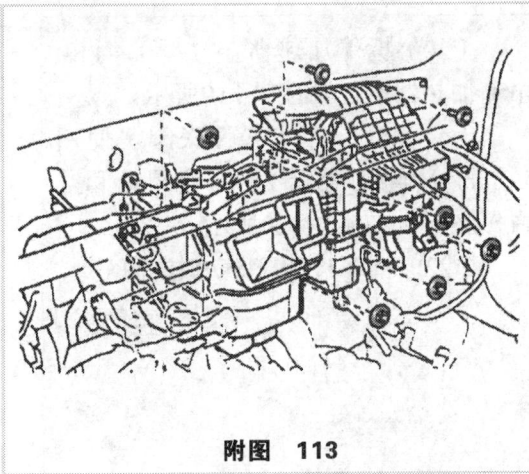

附图 113

（16）拆下加热器单元总成。

①松开2个锁扣，拆下风道总成，如附图114所示。

②拆下螺栓、夹箍和加热器散热器单元总成，如附图115所示。

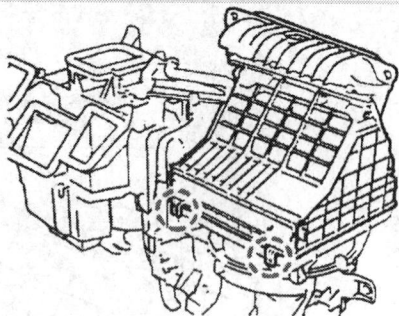

: 锁扣2个　附图 114

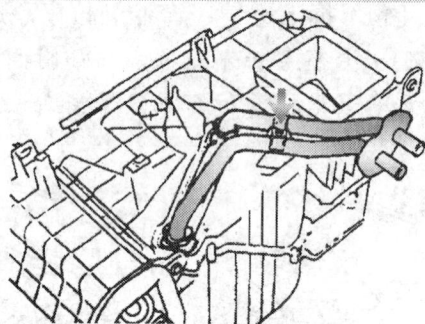

附图 115

（17）拆下1号冷却器接线。断开接头，拆下1号冷却器接线，如附图116所示。

（18）拆下风扇电阻。拆下2个螺钉和鼓风机电阻，如附图117所示。

（19）拆下有风扇电动机的鼓风机总成。拆下3个螺钉和有电动机的鼓风机总成，如附图118所示。

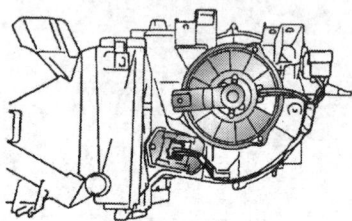

附图 116

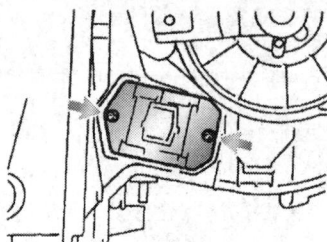

附图 117

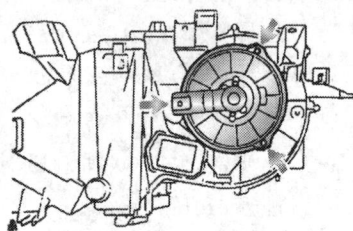

附图 118

（20）拆下加热器盖。拆下4个锁扣和加热器盖，如附图119所示。

（21）拆下冷却器膨胀阀。使用5.0mm六角扳手拆下2个六角螺栓和空调膨胀阀，如附图120所示。

（22）拆下1号制冷热敏电阻。

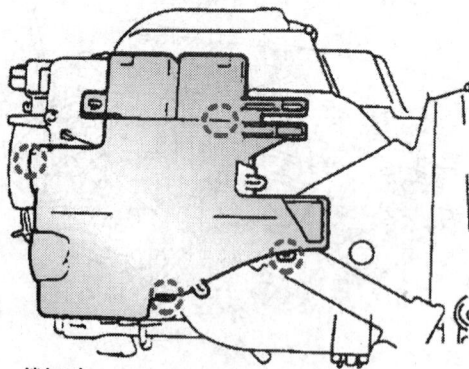

: 锁扣4个　附图 119

①断开模式杆，如附图121所示。

②拆下12个螺钉和加热器上盖，如附图122所示。

③从1号冷却器蒸发器总成上拆下1号冷却器热敏电阻，如附图123所示。

（23）拆下冷却器蒸发器总成。

①从加热器的下盖拆下1号制冷蒸发器总成，如附图124所示。

②从1号制冷蒸发器总成拆下2个O形环，如附图125所示。

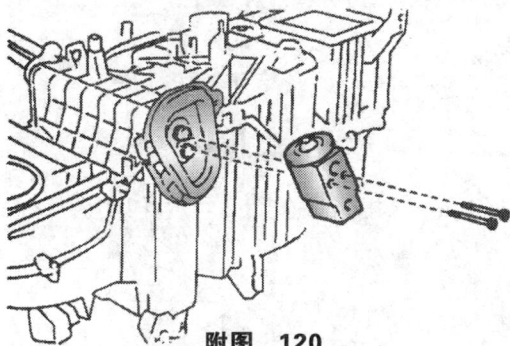

附图 120

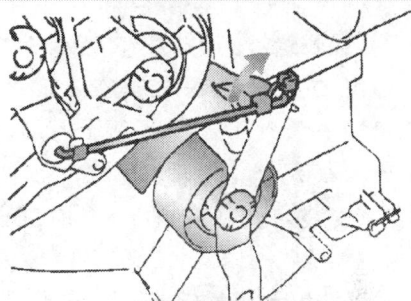

附图 121

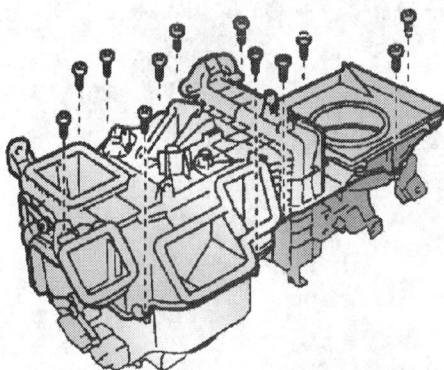

附图 122

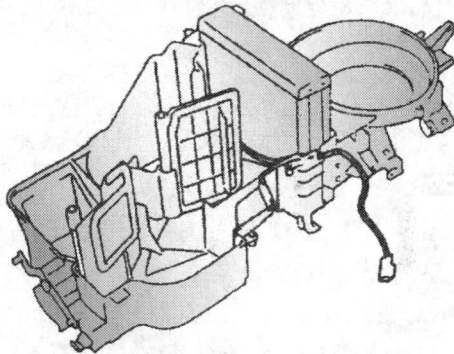

附图 123

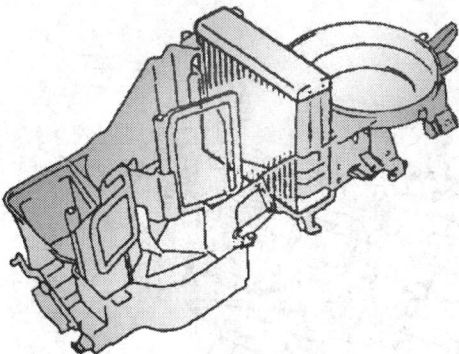

附图 124

附图 125

2）安装

（1）安装1号冷却器蒸发器总成。

①给2个O形环和膨胀阀接口表面涂上足够的压缩机机油。压缩机机油：ND-OIL8或类似物。

②在1号冷却器蒸发器总成安装2个O形环（附图125）。

③在加热器的下盖安装1号冷却器蒸发器总成（附图124）。

（2）安装1号冷却器热敏电阻。

①如图126所示，安装制冷热敏电阻。

②用12个螺钉固定加热器上盖（附图122）。

③连接模式杆（附图121）。

（3）安装空调膨胀阀（附图120）。用5.0mm六角扳手安装2个六角螺栓，拧紧力矩：3.5N·m。

（4）安装空调蒸发器单元总成。

①用2个螺栓和5个螺母安装空调蒸发器单元总成。

注意：安装空调蒸发器单元总成时，按如附图127所示顺序紧固螺母。

②连接接头。

③安装夹箍。

（5）安装安全气囊ECU。用2个螺栓安装安全气囊ECU，拧紧力矩：3.0N·m。

注意：

①不要用太大的力连接安全气囊ECU的接头。

②不要碰撞安全气囊ECU。

（6）安装安全气囊ECU总成。

（7）安装下侧仪表板总成。

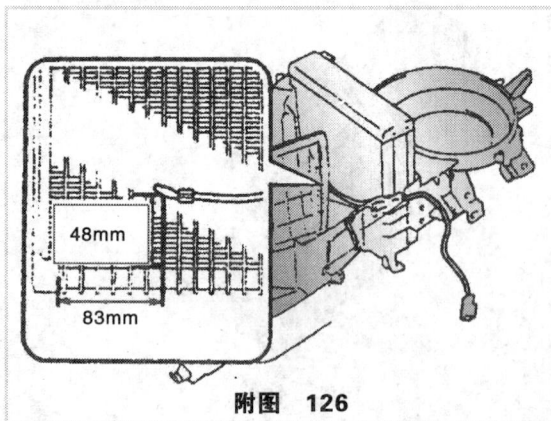

附图 126

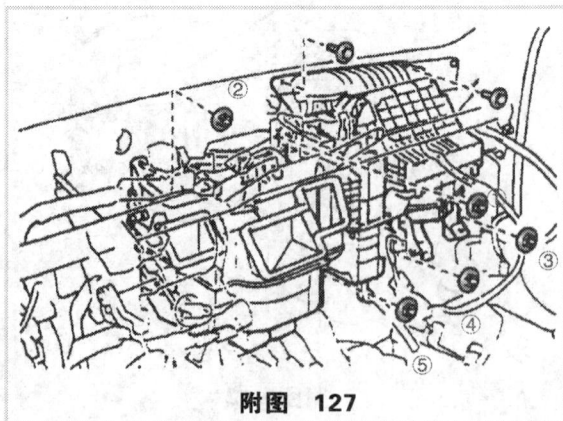

附图 127

（8）安装加热器控制和附件总成。

①在加热器控制杆上，安装除雾器风窗控制拉索总成的内拉索。

②在拉索夹箍上，安装除雾器风窗控制拉索总成的外拉索。

注意：

①勿扭弯拉索。

②如拉索弯曲，加热器控制和附件总成的工作就会出问题。

③操作加热器控制旋钮，检查在FACE和DEF位置都能停下，确认不回弹。

④从加热器控制和附件总成上拉拉索，检查外拉索应不能拉开。

⑤在加热器控制杆上，安装空气混合风窗控制拉索总成的内拉索。

⑥在拉索夹箍，安装空气混合风窗控制拉索总成的外拉索。

注意：

①勿扭弯拉索。

②如拉索弯曲，加热器控制和附件总成的工作就会出问题。

③操作加热器控制旋钮，检查控制杆在最大制冷和最大制热端位置都能停下，确认不回弹。

④从加热器控制和附件总成上拉拉索，检查外拉索应不能拉开。

⑤在加热器控制杆上，安装进气风窗控制拉索总成的内拉索。

⑥在拉索夹箍上，安装进气风窗控制拉索总成的外拉索。

注意：

①勿扭弯拉索。

②如拉索弯曲，加热器控制和附件总成的工作就会出问题。

③操作加热器控制旋钮，检查控制杆在内循环和外循环位置都能停下，确认不回弹。

④从加热器控制和附件总成上拉拉索，检查外拉索应不能拉开。

⑤连接连接器，安装加热器控制和附件总成。

⑥将控制臂置于FACE位置，如附图128所示。

⑦当控制臂位于FACE位置，在控制杆上安装内拉索。

⑧按附图128中箭头方向轻轻压下，安装外拉索于拉索夹箍上。

注意：

①勿扭弯拉索。

②如拉索弯曲，加热器控制和附件总成的工作就会出问题。

③操作加热器控制杆，检查控制杆在FACE和DEF位置都能停下，确认不回弹。

④控制杆臂位于最大制冷位置，如附图129所示。

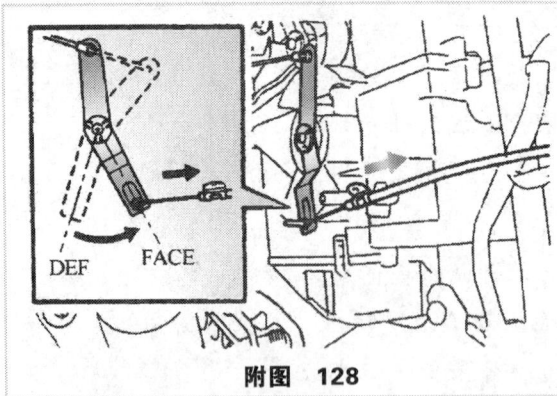

附图 128

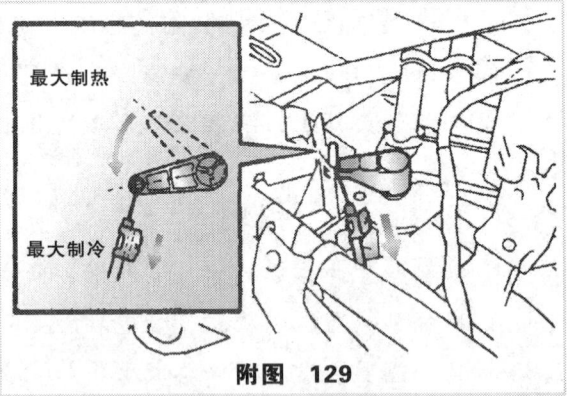

附图 129

⑤当杆臂于最大制冷位置，在控制杆上安装内拉索。

⑥按附图129中箭头方向轻轻压下，安装外拉索于拉索夹箍。

注意：操作加热器控制杆，检查控制杆在内循环、外循环位置都能停下，确认不回弹。

⑦将控制臂置于内循环位置，如附图130所示。

⑧当控制臂处于内循环位置，在控制杆上安装内拉索头。

⑨按附图130中箭头方向轻轻压下，安装外拉索于拉索夹箍。

注意：

①勿扭弯拉索。

②如拉索弯曲，加热器控制和附件总成的工作就会出问题。

③操作加热器控制杆，检查控制杆在内循环外循环位置都能停下，确认不回弹。

（9）拆下除雾器风窗控制拉索总成。

（10）拆下空气混合风窗控制拉索总成。

（11）拆下进气风窗控制拉索总成。

（12）安装仪表板总成。

（13）安装空调管路总成。

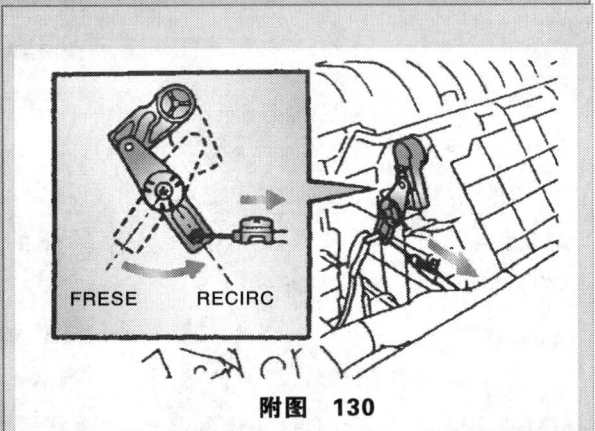

附图 130

①给2个O形环和空调管路总线的接触面上涂上足够压缩机机油。压缩机机油：NO-OIL8或类似物。

②在空调管路总成上安装2个O形环。

③螺钉安装空调管路总成，拧紧力矩：9.8N·m。

（14）加注制冷剂。加注量：420g±30g。

（15）发动机暖机。

（16）检查制冷剂有无泄漏。

➤ 动 ✕ 手 ✕ 实 ✕ 操

1. 抽空、检漏、加注

1）抽真空、检漏

操作步骤：

（1）先把压力组表高压软管接到空调系统高压维修阀上，再把低压软管接到低压维修阀上，把中间管接到抽真空机上，如附图131所示。

（2）打开压力组表高压手动维修阀与低压手动维修阀，启动真空泵，并观察低压表指针，直到将压力抽真空至79.8~100kPa。

（3）关闭压力组表上的手动高低压阀，关闭真空泵电源开关，观察真空表压力是否回升。如回升，则表示空调系统泄漏；若压力表指示针不动，则再打开真空泵，连续抽真空15~30min，使其压力表指针稳定。

（4）抽真空完毕后，先关闭压力组表高低压手动维修阀，再关闭抽真空机。

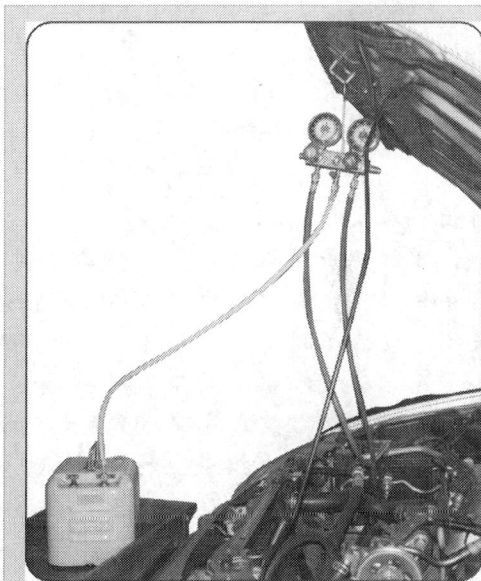

附图 131

2）制冷剂的充注

（1）高压端充注法（液态制冷剂充注）

特点：安全、快捷、用于第一次充注，即经检漏抽真空后的系统充注，如图132所示。

操作步骤：

①当系统抽真空后，关闭压力组表上的高、低压手动阀。

②将中间软管的一端与制冷剂罐注入阀的接头连接起来，如附图132所示，打开制冷剂罐开启阀，再拧开压力组表中间软管上端的螺母，让气体溢出几秒钟，把空气赶走，然后再拧紧螺母。

③打开高压侧手动阀至全开位置，将制冷剂罐倒立，以便从高压侧充注液态制冷剂。

注意事项：

1.充注时不能启动压缩机，而且制冷制罐要倒立；

2.禁止在充注时打开低压开关。

附图 132

④从高压侧注入规定量（标准：420g±30g）的液态制冷剂后，关闭制冷剂罐注入阀及压力组表上的手动高压阀，然后将仪表卸下。特别要注意，从高压侧向系统充注制冷剂时，发动机处于不起动状态（压缩机停转），更不可拧开压力组表上的手动低压阀，以防止产生液压冲击。

（2）低压端充注法（气态制冷剂充注）

通过压力组表上的手动低压阀，可向制冷系统的低压侧充注气态制冷剂。

特点：充注速度慢，通常补充制冷剂的情况下使用。

操作步骤：

①如附图133所示，将压力组表与压缩机和制冷剂罐连接好。

②打开制冷剂罐，拧松中间注入软管在压力组表上端的螺母，直到听见有制冷剂蒸气流动的声音，然后拧紧螺母。目的是排出注入软管中的空气。

③打开手动低压阀，让制冷剂进入制冷系统。当系统的压力值达到0.4 MPa时，关闭手动低压阀。

④启动发动机，将空调开关接通，并将风机开关和温控开关都调至最大。

⑤再打开压力组表上的手动阀，让制冷剂继续进入制冷系统，直至充注量达到规定值。

⑥在向系统中充注规定量制冷剂之后，从视液玻璃窗处观察，确认系统内无气泡、无过量制冷剂。随后将发动机转速调至2000 r/min，冷风机风量开到最高挡，若气温在30～35℃，系统内低压侧压力应为0.147～0.192 MPa，高压侧压力应为1.37～1.67 MPa。

⑦充注完毕后，关闭压力组表上的手动低压阀，关闭装在制冷剂罐上的注入阀，使发动机停止运转，将压力组表从压缩机上卸下。卸下时动作要迅速，以免过多制冷剂排出。

注意事项：

1.确保制冷罐直立，防止制冷剂从负压端进入系统，对压缩机造成损伤；

2.充入到规定量后，关闭低压侧手动阀，再关闭制冷剂注入阀；

3.不要充注过多的制冷剂，否则会引起轴承和皮带的故障。

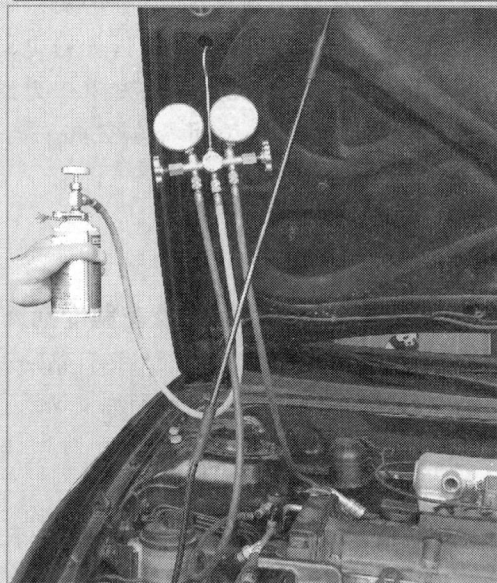

附图 133

2. 制冷性能检查

启动发动机使其转速为1500 r/min，并将控制旋钮置于最大位置，且使鼓风机为最高转速，然后打开汽车全部风窗和车门进行检查。

（1）高压表读数应在1.373～1.575 MPa之间，低压表应在230～320 kPa之间。

（2）在出风口插入一只温度计，在空调的进风口放置一干湿球湿度计。

（3）作相对湿度曲线图：沿垂直坐标标出送风温度，沿横坐标标出进入空气的温度，确定某一点，利用进风口干湿球温度计的度数画出通过该点的相对湿度曲线(一般为由左至右的斜上曲线，如附图134中的送风温度相对湿度曲线)，再画出比该相对湿度高10%和低10%的相对湿度曲线，则送风温度随进风口温度的变化，应该落在这两条相对湿度曲线之间，说明制冷系统性能正常。

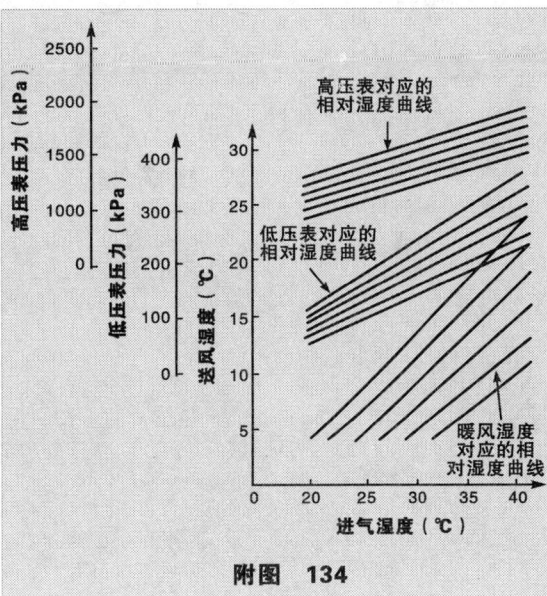

附图　134

附录八 自动空调控制系统的检修实训指导与实操工单

以卡罗拉轿车为例

→ **1. 自动空调故障码读取**

1）指示灯检查

（1）将点火开关置于OFF位置。

（2）按住空调控制开关"AUTO"和"R/F"的同时，将点火开关置于ON（IG）位置。按住2个开关，直到出现指示灯检查屏幕，如附图135所示。

（3）激活面板诊断时，将自动执行指示灯检查。检查并确认指示灯每隔1s依次亮起和熄灭，并且持续4次，如附图136所示。

附图 135

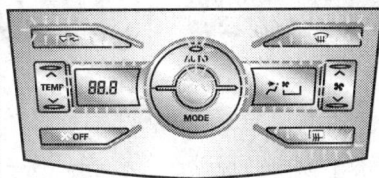

指示灯闪烁方式

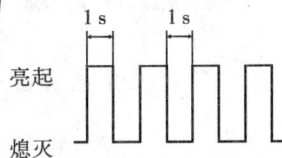

亮起

熄灭

附图 136

提示：

①当指示灯检查完成时，传感器检查自动开始。

②按下"OFF"开关取消检查模式。

③如果安装了导航系统，指示灯将闪烁且蜂鸣器鸣响。

2）DTC检查（传感器）

（1）启动发动机并暖机。

（2）执行指示灯检查。

提示： 指示灯检查完成后，系统自动进入DTC检测模式。

（3）读取在面板上显示的代码，如附图137（在温度显示屏上输出故障代码）所示。

小心：

①在传感器检测模式（可从指示灯检测模式自动转换为传感器检测模式）中，可部分进行故障排除。确保进行执行器检查，然后再次检查传感器。

②如果在暗处进行检查，即使系统正常也可能显示DTC 21或24。

提示：有关代码的详细信息，请参考诊断故障码表。

无故障时，输出DTC 00。例如，附图137中表示显示输出代码21。

（4）如果步骤因自动改变而难以读取，则按"DEF"开关可逐步显示步骤，便于读取。每按下"DEF"开关时，逐步显示项目，如附图138所示。

①按"OFF"开关结束面板诊断。

②按"R/F"开关进入执行器检查模式。

DTC

附图 137

附图 138

3）清除DTC

在检查传感器时，同时按下"FRONT DEF"开关和"REAR DEF"开关，如附图139所示。

4）用智能检测仪检查DTC

（1）将智能检测仪连接到DLC3。

（2）将点火开关置于ON（IG）位置。

（3）打开检测仪。

（4）进入以下菜单项：Body/Air Conditioner /DTC。

（5）检查DTC的详情。

（6）清除DTC。

提示：维修故障后，清除DTC。

①将智能检测仪连接到DLC3。

②将点火开关置于ON（IG）位置。

③进入以下菜单项：Body/Air Conditioner/DTC/Clear。

④按下"YES"按钮。

附图 139

→ 2. 数据流分析

使用智能检测仪读取数据表，可以读取开关、传感器、执行器及其他项的数值或所处状态，而无需拆下任何零件。

（1）将智能检测仪连接到DLC3。

（2）将点火开关置于ON（IG）位置。

（3）打开检测仪。

（4）进入以下菜单项：Body/Air Conditioner/Data List。

（5）参考附表36，检查数值。

附表36

检测仪显示	测量项目/范围	正常状态
Room Temperature Sensor (Room Temp)	车内温度传感器 最小：-6.5℃(20.3°F) 最大：57.25 ℃(135.05 °F)	显示实际的车厢温度
Ambient Temp Sensor (Ambi Temp Sens)	环境温度传感器 最小：-23.3 ℃(-9.94 °F) 最大：65.95 ℃(150.71°F)	显示实际的环境温度
Adjusted Ambient Temp (Ambi Temp)	调整后的环境温度 最小：-30.8 ℃(-23.44°F) 最大：50.8℃(123.44°F)	—
Evaporator Fin Thermistor (Evap Fin Temp)	蒸发器散热片热敏电阻 最小：29.7℃(-21.46°F) 最大：59.55℃(139.19°F)	显示实际的蒸发器温度
Solar Sensor(D side) (Solar Sens-D)	驾驶员侧阳光传感器 最小：0 最大：255	驾驶员侧阳光传感器数值随着亮度的增加而增加
Engine Coolant Temp (Coolant Temp)	发动机冷却液温度 最小：1.3℃(34.34°F) 最大：90.55℃(194.99°F)	在发动机暖机时，显示发动机冷却液的实际温度
Set Temperature(D side) (Set Temp-D)	驾驶员侧设置温度 最小：0℃(32°F) 最大：30℃(86°F)	显示驾驶员侧温度设置
Blower Motor Speed Level (Blower Level)	鼓风机电动机速度等级 最小：0 最大：31	等级随鼓风机电动机转速的增加而增加（在0级和31级之间）
Regulator Pressure Sensor (Reg Press Sens)	1. 调节器压力传感器 最小：0kgf/cm²G 最大：38.25kgf/cm²G 2. 调节器压力传感器 最小：0.45668MPaG 最大：3.29437MPaG	显示实际的制冷剂压力
Regulator Control Current (Reg Ctrl Currnt)	压缩机可变输出电流 最小：0A 最大：0.997A	—

续上表

检测仪显示	测量项目/范围	正常状态
Air Mix Servo Targ Pulse(D) (Air Mix Pulse-D)	驾驶员侧空气混合伺服电动机目标脉冲 最小：0 最大：255	MAX.COLD：92（脉冲） MAX.HOT：5（脉冲）
Air Outlet Servo Pulse (D)(Air Out Pulse-D)	驾驶员侧出气风门伺服电动机目标脉冲 最小：0 最大：255	FACE：47（脉冲） B/L：37（脉冲） FOOT：17（脉冲） FOOT/DEF：9（脉冲） DEF：5（脉冲）
Air Inlet Damper Targ Pulse (A/I Damp Targ Pis)	进气风门目标脉冲 最小：0 最大：255	左驾驶车型： RECIRCULATION：19（脉冲） FRESH：7（脉冲） 右驾驶车型： RECIRCULATION：7（脉冲） FRESH：25（脉冲）
Number of Trouble Codes (#Codes)	故障码数量 最小：0 最大：255	显示DTC的数量

→ 3. 执行器动作检查

（1）启动发动机并暖机。

（2）进行指示灯检查。

（3）按下"R/F"开关进行执行器检查，如附图140所示。

提示： 发动机启动以后，一定要进行执行器检查。

（4）当执行器检查以1s的间隔重复执行显示代码由0到9的显示时，通过目视和用手检查温度和气流，如附图141所示。

提示：

①在逐步操作中，显示屏每隔1s闪烁一次。

②按"OFF"开关结束面板诊断。

③按下"AUTO"开关进入传感器检测模式。

附图 140

附图 141

→ 动 手 实 操

1. 混合模式控制电路的检测

空气混合风门伺服机构发送脉冲信号，将风门位置告知空调放大器电路如附图

142所示，测量结果应符合附表37的要求。空调放大器根据信号激活电动机（正向、反向），将空气混合风门（乘客座椅）移动到任何位置，调节通过蒸发器后流过加热器芯的空气流量，以控制鼓风温度。当混合模式控制电路出现故障时，会显示故障码B1441/14，说明故障发生在空气混合控制伺服电动机、空调线束、空调放大器。检测步骤如下：

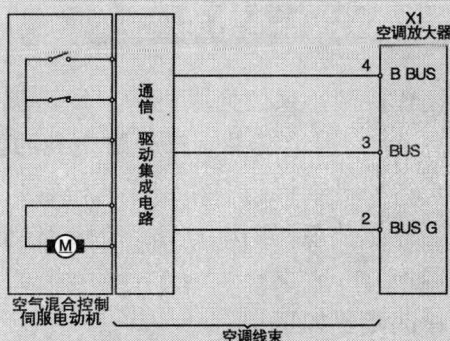

附图 142 空气混合控制伺服电动机

附表37

检测仪显示	测量项目/范围	正常状态
Air Mix Servo Targ Pulse(D) (Air Mix Pulse–D)	驾驶员侧空气混合伺服电动机目标脉冲 最小：0 最大：255	MAX.COLD：92（脉冲） MAX.HOT：5（脉冲）

（1）读取智能检测仪的值。

①将智能检测仪连接到DLC3。

②将点火开关置于ON（IG）位置，并打开智能检测仪主开关。

③操作温度调节开关。

④选择数据表中的项目，并读取智能检测仪上显示的数值。

（2）当显示值与正常状态列中的数值相符时，更换空调放大器；否则，更换空气混合控制伺服电动机。

（3）更换空气混合控制伺服电动机步骤。

①断开连接器。

②拆下3个螺钉和空气混合控制伺服电动机，如附图143所示。

提示：由于从车上拆下时不能对伺服电动机进行检查，应使用正常件将其更换。

③使用参考点，用3个螺钉安装上空气混合控制伺服电动机，如附图144所示。

（4）检查DTC，如再次出现B1441/41故障码，则更换空调线束。

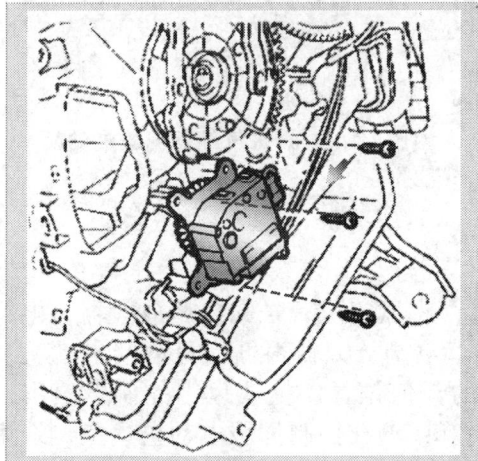

附图 143

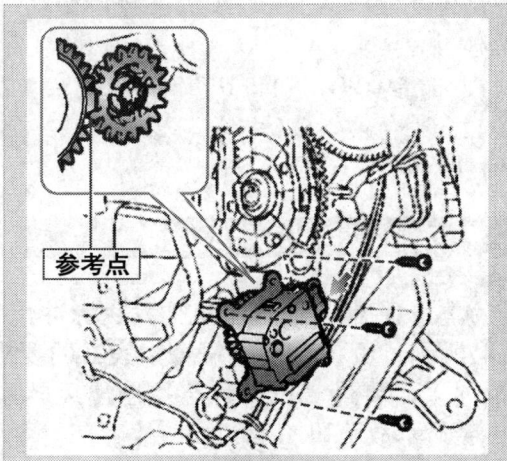

附图 144

2. 进气模式控制电路的检测

进气模式控制（风门伺服机构）发送脉冲信号，将风门位置告知空调放大器，电路如附图145所示，测量结果应符合附表38的要求。空调放大器根据信号激活电动机（正向、反向），将进气风门移动到任何位置，以控制进气设置。当进气模式控制电路出现故障时，会显示故障码B1442/42，故障部位主要有：进气控制伺服电动机、空调线束、空调放大器。

电路检测步骤如下：

（1）读取智能检测仪的值。

①将智能检测仪连接到DLC3。

②将点火开关置于ON（IG）位置，并打开智能检测仪主开关。

③操作R/F（再循环/新鲜空气）开关。

④选择数据表中的项目，并读取智能检测仪上显示的数值。

（2）当显示值与正常状态列中的数值相符时，更换空调放大器；否则，更换进气控制伺服电动机。

（3）更换进气控制伺服电动机步骤：

①拆下2个螺钉和进气控制伺服电动机，如附图146所示。

提示： 由于从车上拆下时不能对伺服电动机进行检查，应使用正常件将其更换。

②拧上2个螺钉，装上进气控制伺服电动机。

（4）检查DTC，如再次出现DTC B1442/42，则更换空调线束。

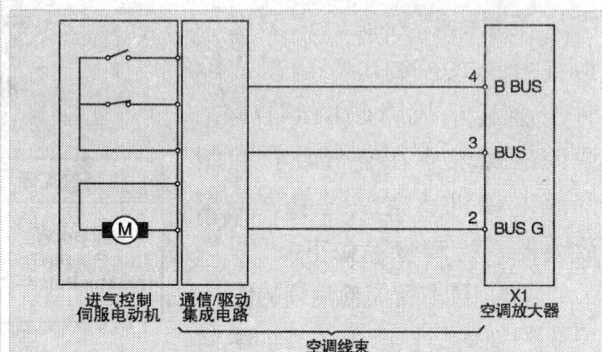

附图 145 进气模式控制电路

附表38

检测仪显示	测量项目/范围	正常状态
Air Inlet Damper Targ Pulse (A/I Damp Targ Pls)	进气风门目标脉冲/ 最小：0 最大：255	左驾驶车型： RECIRCULATION：19（脉冲） FRESH：7（脉冲） 右驾驶车型： RECIRCULATION：7（脉冲） FRESH：25（脉冲）

附图 146 拆进气控制伺服电动机

3. 气流模式控制电路的检测

气流模式控制风门伺服机构发送脉冲信号，将风门位置告知空调放大器，电路如附图147所示，测量结果应符合附表39的要求。空调放大器根据信号激活电动机（正向、反向），将进气风门移至控制出风转换的任何位置。模式风门控制电路出现故障时，会显示故障码B1443/43，故障部位主要有：出气控制伺服电动机、空调线束、空调放大器。

（1）读取智能检测仪的值。

①将智能检测仪连接到DLC3。

②将点火开关置于ON（IG）位置，并打开智能检测仪主开关。

③操作MODE开关。

④选择数据表中的项目，并读取智能检测上显示的数值。

（2）当显示值与正常状态列中的数值相符时，更换空调放大器；否则，更换出气控制伺服电动机。

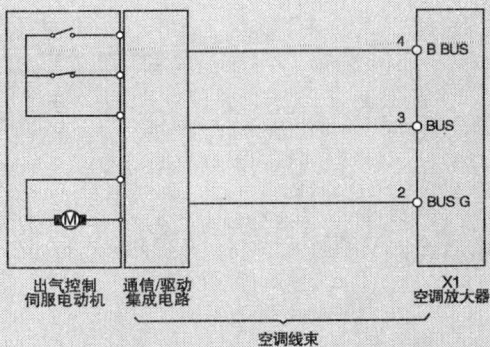

附图　147　气流模式控制电路

附表39

检测仪显示	测量项目/范围	正常状态
Air Outlet Servo Pulse(D) (Air Out Puise–D)	驾驶员侧出气风门伺服电动机目标脉冲 最小：0 最大：255	FACE：47（脉冲） B/L：37（脉冲） FOOT：17（脉冲） FOOT/DEF：9（脉冲） DEF：5（脉冲）

（3）更换出气控制伺服电动机步骤：

①断开连接器。

②拆下3个螺钉和出气控制伺服电动机，如附图148所示。

提示：由于从车辆拆下时不能对伺服电动机进行检查，应使用正常件将其更换。

③使用参考点，用3个螺钉安装出气控制伺服电动机，如附图149所示。

④连接连接器。

（4）检查DTC，如仍出现故障码B1443/43，则更换空调线束。

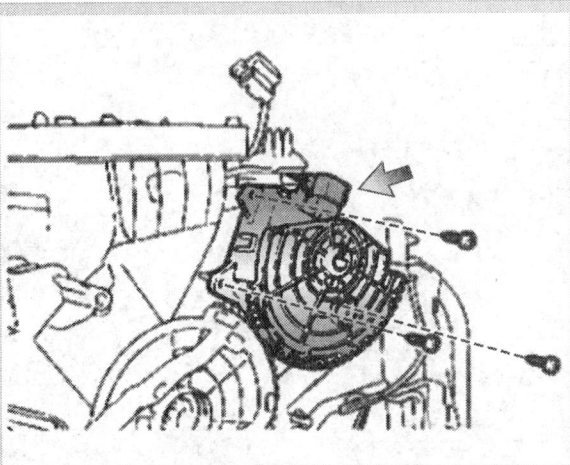

附图　148

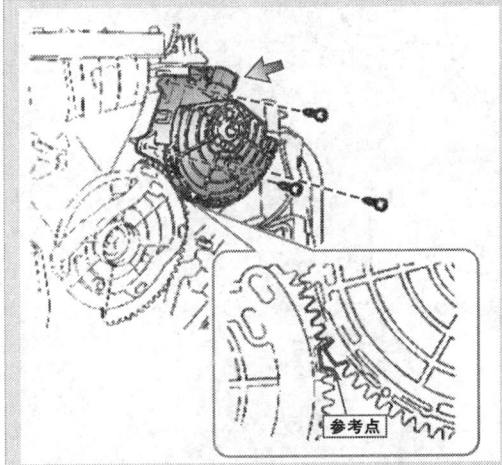

附图　149

附录九 空调暖风系统的检修实训指导与实操工单

▷ 动 手 实 操

加热器或鼓风口控制总成的检修

1）拆卸

（1）打开加热器控制和附件总成。

①松开6个锁扣，拉出加热器控制和附件总成，如附图150所示。

②用螺丝刀打开拉索夹箍的锁扣，拆下进气风窗控制拉索总成，如附图151所示。

注意：勿扭弯拉索。如拉索弯曲，加热器或附件总成工作就会有故障。操作前，在螺丝刀头部缠上胶带。

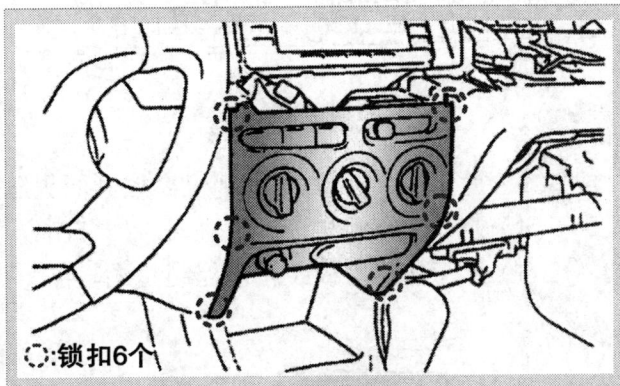

○:锁扣6个

附图 150

③用螺丝刀打开拉索夹箍的锁扣，拆下空气混合挡控制拉索总成，如附图152所示。

注意：勿扭弯拉索。如拉索弯曲，加热器控制和附件总成动作就会有故障。操作前，在螺丝刀头部缠上胶带。

附图 151

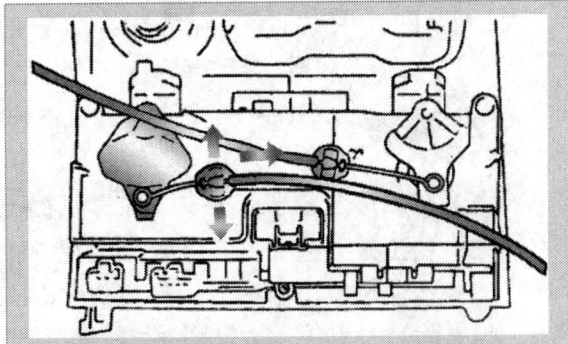

附图 152

④用螺丝刀打开拉索夹箍的锁扣，拆下除雾风挡控制拉索总成，如附图153所示。

注意：勿扭弯拉索。如拉索弯曲，加热器或附件总成工作就会有故障。操作前，在螺丝刀头部缠上胶带。

⑤断开所有连接器，拆下加热器控制和附件总成。

（2）拆下3个加热器控制旋钮，如附图154所示。

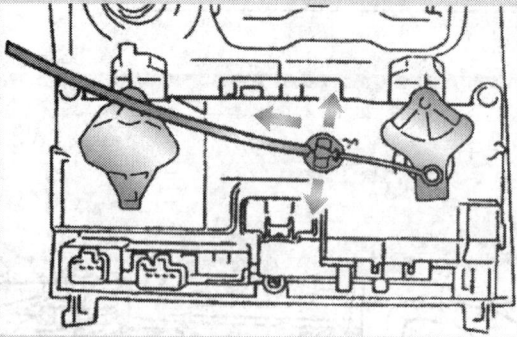

附图 153

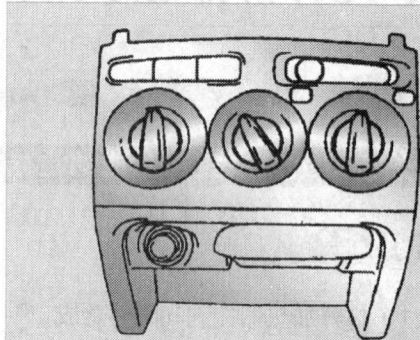

附图 154

（3）拆下2个螺钉和中下部仪表控制面板总成，如附图155所示。

（4）松开固定锁扣，拆下进气风挡控制杆，如附图156所示。

（5）拆下加热器或鼓风口控制总成。

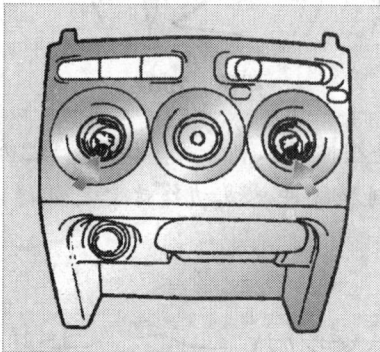

附图 155

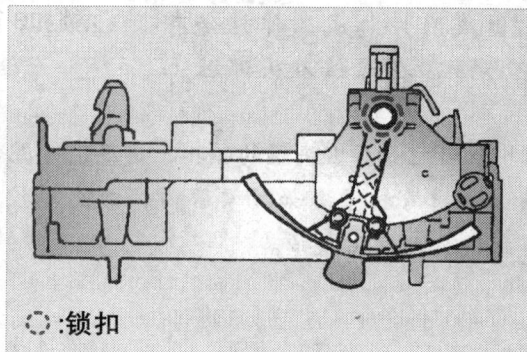

:锁扣

附图 156

2）安装

（1）在加热器控制杆上安装除雾风挡控制拉索总成内拉索端头。

（2）在拉索夹箍上安装除雾风挡控制拉索总成（附图153）。

（3）在加热器控制杆上，安装空气混合风挡控制拉索总成的内拉索。

（4）在拉索夹上，安装空气混合风挡控制拉索总成的外拉索（附图152）。

（5）在加热器控制杆上，安装进气风挡控制拉索总成的内拉索。

（6）在拉索夹上，安装进气风挡控制索总成的外拉索（附图151）。

注意：勿扭弯拉索。如拉索弯曲，加热器控制和附件总成就会出现故障。

（7）连接各连接件，安装加热器控制和附件总成（附图150）。

注意：

①勿扭弯拉索。如拉索弯曲，加热器控制或附件总成会出现故障。

②操作加热器控制旋钮，检查控制杆在内循环和外循环位置都能停下，确认无回弹。

③从加热器和附件总成拉动拉索，检查外拉索应不能拉动。

附录十 威驰音响检修实训指导与实操工单

→ **1. 收音机总成的更换**

零件图如附图157~附图159所示。

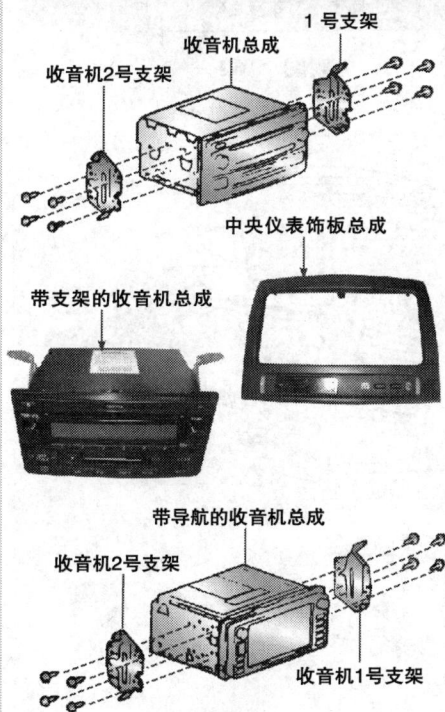

1号支架

收音机总成

收音机2号支架

中央仪表饰板总成

带支架的收音机总成

带导航的收音机总成

收音机2号支架

收音机1号支架

附图 157

导航天线总成

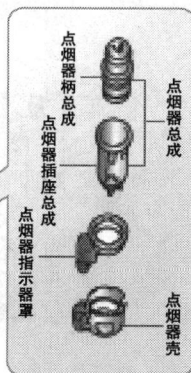

点烟器柄总成

点烟器总成

点烟器插座总成

点烟器指示器罩

点烟器壳

附图 158

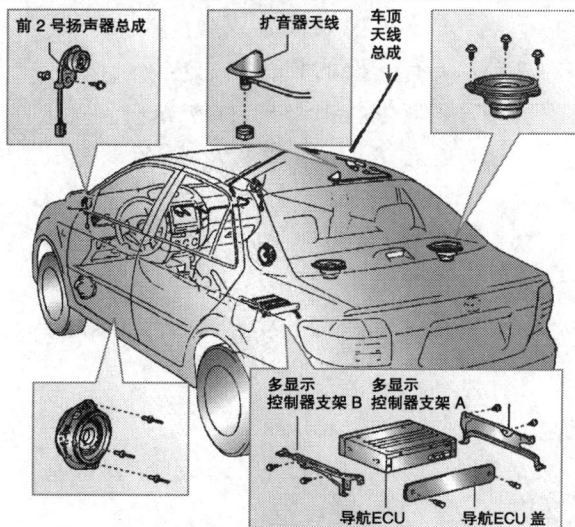

前2号扬声器总成

扩音器天线

车顶天线总成

多显示控制器支架B　多显示控制器支架A

导航ECU　导航ECU盖

附图 159

1）带支架的收音机总成的更换

（1）拆下中央仪表板总成。

（2）拆下有支架的收音机总成。

①拆下4个螺钉，如附图160所示。

②断开连接器，拆下有支架的收音机总成。

（3）拆下1号收音机支架。拆下4个螺钉和1号收音机支架，如附图161所示。

（4）拆下2号收音机支架。拆下4个螺钉和2号收音机支架，如附图162所示。

（5）拆下收音机总成。

安装按与拆卸的相反顺序进行。

附图　160

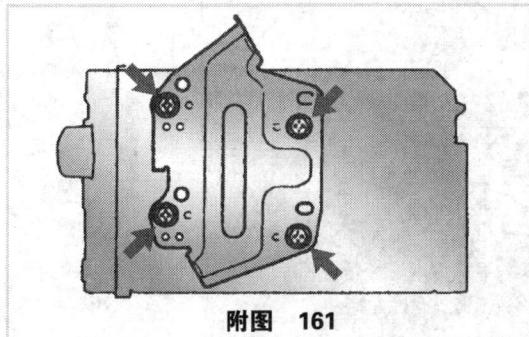

附图　161

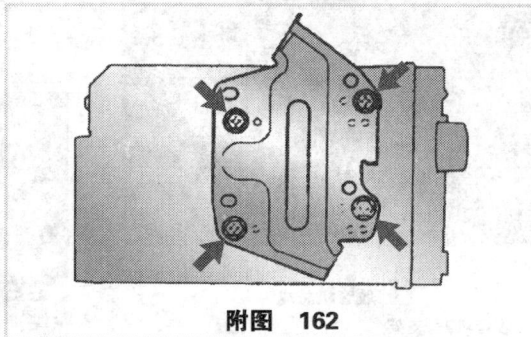

附图　162

2）带导航的收音机总成的更换

（1）拆下中央仪表板总成。

（2）拆下有支架的收音机总成。

①拆下4个螺钉，如附图163所示。

②断开连接器，拆下有支架的收音机总成。

（3）拆下1号收音机支架。拆下4个螺钉和1号收音机支架。

（4）拆下2号收音机支架。拆下4个螺钉和2号收音机支架。

（5）拆下收音机总成。

安装按与拆卸的相反顺序进行。

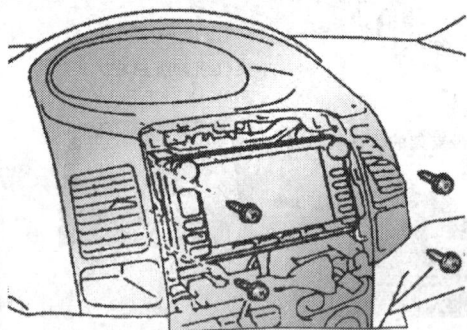

附图　163

→ 2. 天线的更换

1）天线总成的更换
天线总成

（1）拆下仪表板总成。

（2）拆下车顶篷内衬总成。

（3）拆下滑动天窗轨道总成（有滑动天窗的车型）。

（4）拆下天线总成，如附图164所示。

①拆下螺钉，断开连接器。

②没有滑动天窗的车型：拆下20个夹钳和天线总成；有滑动天窗的车型：拆下16个夹钳和天线总成。

（5）安装车顶篷内衬总成。

（6）安装后座椅靠背总成。

（7）安装仪表板总成。

2）天线放大器总成的更换

（1）拆下车顶篷内衬总成。

（2）拆下柱状天线杆总成。

（3）拆下天线放大器总成，如附图165所示。

①拆下夹钳和天线螺母。

②断开连接器。

③松开2个装配卡钳，拆下天线放大器总成，如附图166所示。

（4）安装天线放大器总成。

①把天线放大器总成安放到天花板的孔中，把天线线索放在天线螺母的缺口里，如附图167所示。

②拧紧天线螺母，安装好天线放大器总成，拧紧力矩：5N·m。

③安装4个夹钳，如附图168所示。

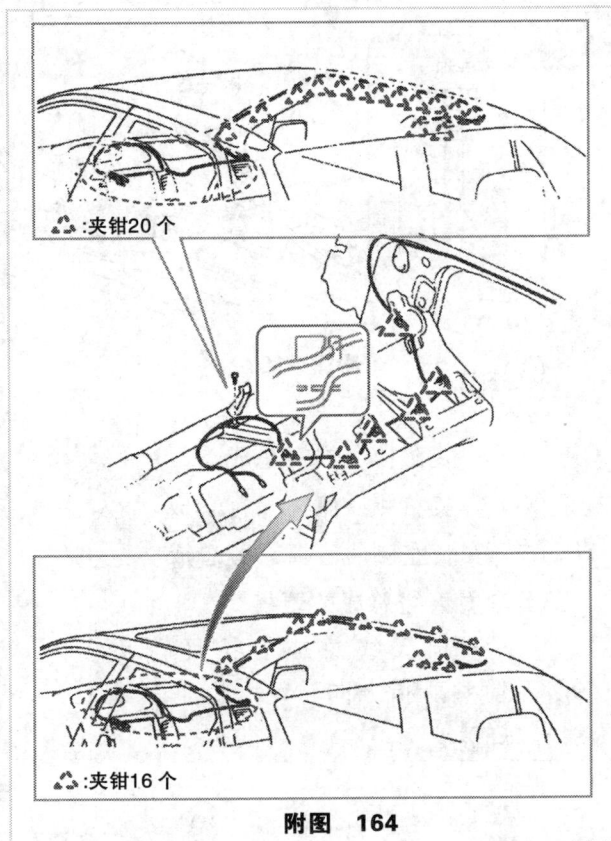

🔺:夹钳20个

🔺:夹钳16个

附图 164

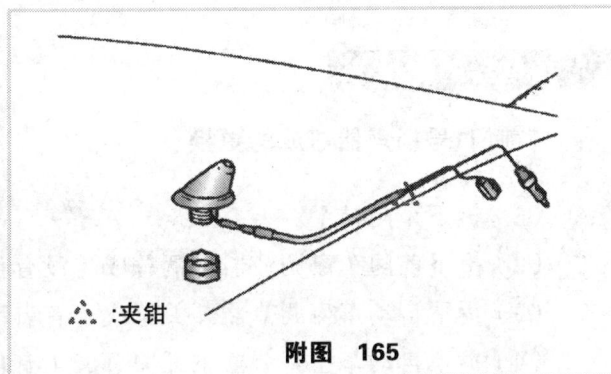

🔺:夹钳

附图 165

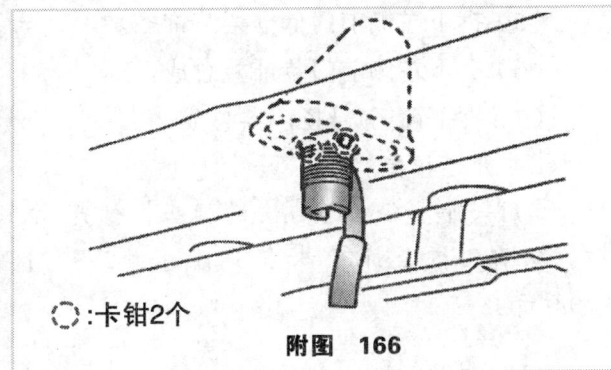

⬭:卡钳2个

附图 166

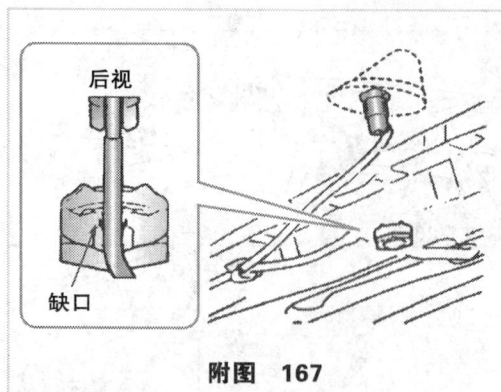

附图 167

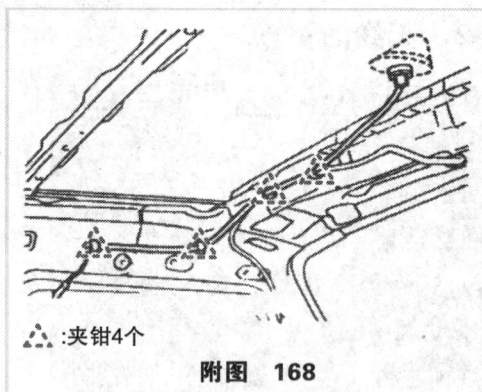

:夹钳4个　附图 168

（5）安装车顶篷内衬总成。

（6）安装右侧后座椅靠背总成。

（7）安装左侧后座椅靠背总成。

3）车顶天线总成的更换

拆下车顶天线总成。按照附图169所示箭头所指方向转动，拆下车顶天线杆总成。

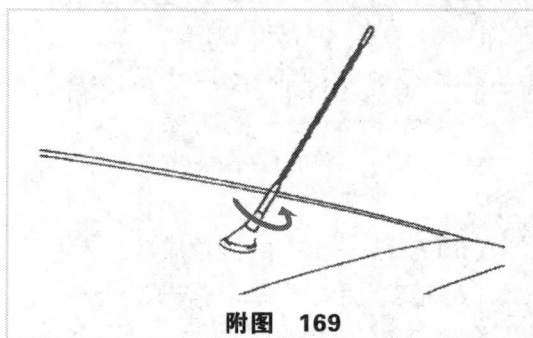

附图 169

▶▶ 动 手 实 操

扬声器的更换

1. 前门1号扬声器总成的更换

（1）拆下车门拉手。

（2）拆下前门车窗调节器手柄总成（没有自动车窗的车型）。

（3）拆下自动车窗调节器开关总成（有自动车窗的车型）。

（4）拆下自动车窗调节器主开关总成（有自动车窗的车型）。

（5）拆下左侧前门低框架装饰条。

（6）拆下左侧前门装饰板总成。

（7）拆下前门1号扬声器总成。

①断开连接器。

②用一个直径小于4mm的钻头，钻开3个铆钉，从前门板上拆下1号扬声器总成，如附图170所示。

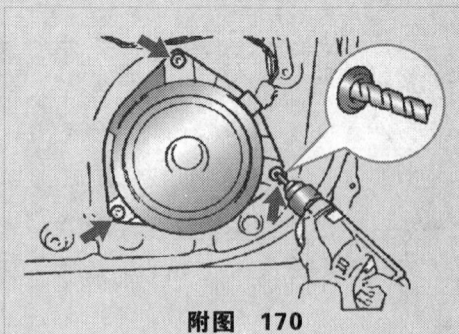

附图 170

③轻轻地并且垂直地把钻头放到铆钉上切掉凸缘。

注意:

a.用钻头去撬开洞会损坏铆钉孔或者钻头。

b.小心,切下来的铆钉是热的。

④把凸缘带出来以后,继续钻动,把剩余的碎片也带出来。

⑤用真空清洁器把钻下来的铆钉和灰尘从车门板内部带出来。

(8)安装前门1号扬声器总成。

①用空气铆钉枪或手动铆钉枪打入3个新的铆钉,把前门1号扬声音器总成安装到前门板内。

注意:

a.不要撬开铆钉,否则铆钉会损坏,造成结合不紧密或者使它的棒芯弯曲。

b.在使用铆钉枪从板上把铆钉断开时,不要让铆钉枪倾斜,否则会使材料结合不紧密。

c.如果材料结合不紧密,在安装铆钉时把它们压紧。

②接上连接器。

2. 前门2号扬声器总成的更换

(1)拆下车门拉手。

(2)拆下前门车窗调节器手柄总成(没有自动车窗的车型)。

(3)拆下自动车窗调节器开关总成(没有自动车窗的车型)。

(4)拆下自动车窗调节器开关总成(有自动车窗车型)。

(5)拆下左侧前门底框架装饰条。

(6)拆下左侧前门装饰板总成。

(7)拆下前门2号扬声器总成。

①断开连接器。

②拆下螺母和前门2号扬声器总成,如附图171所示。

安装按与拆卸相反顺序进行。

3. 后扬声器总成的更换

(1)拆下右后门踏板。

(2)拆下左后门踏板。

(3)拆下右后门装饰条。

(4)拆下左后门装饰条。

(5)拆下后座椅垫总成。

(6)拆下后座椅背总成。

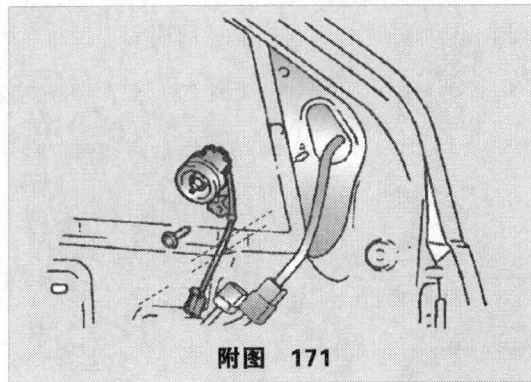

附图 171

（7）拆下储物箱装饰板总成。

（8）拆下后扬声器总成。

①断开行李舱内的连接器，如附图172所示。

②拆下3个螺钉和后扬声器总成，如附图173所示。

（9）拆下右侧后座椅背总成。

（10）拆下左侧后座椅背总成。

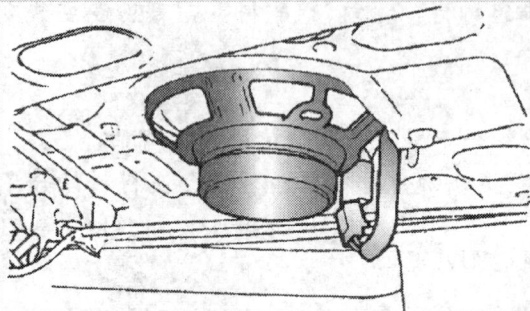

附图 172

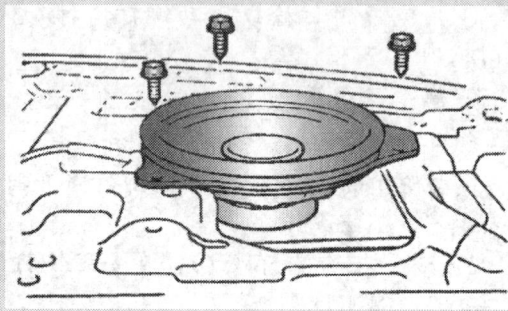

附图 173

安装按与拆卸相反的顺序进行。

参 考 文 献

[1] 谭本忠，陈聪．汽车安全舒适系统原理与维修图解教程[M]．北京：机械工业出版社，2008.

[2] 柴慧理．汽车ABS结构与检修[M]．北京：电子工业出版社，2008.

[3] 陈家瑞．汽车构造[M]．北京：人民交通出版社，2009.

[4] 迟瑞娟．汽车底盘构造与维修[M]．北京：电子工业出版社，2006.

[5] 蔡兴旺．汽车构造与原理[M]．北京：机械工业出版社，2004.

[6] 王大伟，董训武．捷达电喷系列轿车维修手册[M]．北京：机械工业出版社，2005.

[7] 陈勇．汽车中控门锁及防盗系统结构原理与维修[M]．南京：凤凰出版传媒集团，江苏科学
    技术出版社，2007.

[8] 孔令来．汽车底盘构造与维修[M]．北京：机械工业出版社，2007.

[9] 吴文琳，吴丽霞．汽车车载网络系统原理与维修精华[M]．北京：机械工业出版社，2008.

[10] 鲁植雄，赵兰英．汽车多媒体和导航系统结构原理与维修[M]．南京：凤凰出版传媒集团，
     江苏科学技术出版社，2007.

[11] 李京申，刘波．悬架和转向系统[M]．北京：教育科技出版社，2004.

[12] 吴基安，吴洋．汽车电子新技术[M]．北京：电子工业出版社，2006.

[13] 舒华，姚国平，曹斌．汽车SRS气囊系统[M]．北京：北京理工大学出版社，2001.

[14] 张月相，赵英君．电控汽车安全气囊培训教程[M]．哈尔滨：黑龙江科学技术出版社，2007.

[15] 张月相，赵英君．电控汽车ABS培训教程[M]．哈尔滨：黑龙江科学技术出版社，2007.

[16] 张军．汽车舒适与安全系统检修[M]．北京：人民邮电出版社，2009.